世界主要国家政治体制与安全体制研究

Research on the Political System and Security System of Major Countries in the World

刘胜湘 等◎著

时事出版社
北京

上海外国语大学“双一流”建设项目资助
上海高校一类智库建设项目资助

CONTENTS

目录

第一部分　安全理论

第二部分 国家政治体制与安全体制

第一部分

安全理论

第一章

西方国际安全理论主要流派及评估

20 世纪 80 年代起，国际安全研究在西方国际政治研究领域搅起了一道漩涡，并开始风行起来，国际政治研究大有被国际安全研究取代之势。为此，笔者力图对西方国际安全理论的三大主流学派，即自由主义安全论、现实主义安全论和建构主义安全论做初步的介绍、分析和评价，以引起国内学术界的重视，希望借此对国内的国际安全研究有所裨益。

第一节　西方国际安全理论主要流派

西方国际安全理论主要流派包括自由主义学派、现实主义学派和建构主义学派，三大学派虽然同属西方国际安全研究，是西方理性思维的结果，但其立论和特点各不相同。

一、国际安全研究的自由主义学派

自由主义者追求一种永久和平与安全的途径。该理论从人性善或人性是可以变善的观点出发，声称要唤醒误入歧途者的良知，要消除国家间的误解，这样世界和平与安全就有希望，他们欢庆国家主权的衰落，寻求通过多边主义超越权力政治、狭隘的国家利益及从根本上超越民族国家本身的方法，他们倡导世界民主和庆祝国际相互依赖。[1] 反映自由贸易思想的经济依存安全论源于亚当·斯密。斯密发现了存在于利己的竞争性经济行为背后的一种根本的利益和谐。当代经济依存安全论产生于19世纪50年代。英国曼彻斯特经济学派的代表人物理查德·柯布登（Richard Cobden）认为，自由贸易的发展和各国经济相互依赖的加强，将会维持持久的世界和平。因此，建立国家间永久和谐的唯一条件是消除贸易障碍。美国学者诺尔曼·安吉尔通过战争成本的分析方法，论证了贸易与战争的关系。他认为，经济相互依赖使战争被视为非理性的，战争过时的那一天将会到来。[2] 因为国家间经济的高度相互依存使它们不可能彼此发动战争。[3] 20世纪70年代初，基欧汉和奈在《国际组织》杂志刊登专辑就曾指出了多国商业公司、罗马天主教会和恐怖组织在世界政治中的重要意义。[4] 他们在《权力与相互依赖》中进一步指出，在20世纪70年代之后的国际社会中，国家间的关系不再是相互孤立的，而是处于一种复合性的相互依赖状态。因而，影响国家间安全关系的因素不仅仅是政治，还有经济等因素。国际行为体不仅仅有国家，还有国际组织、跨国公司等非国家行为体。因此在相互依存时代，国际联系是多渠道的，有国家间联系、跨政府联系和跨国联系。这类联系的紧密化和多层次化使武力在大多数情况下已成为不相干的或无足轻重的政策工具。[5] 以军事问题为中心的国家安全概念越来越难以准确地反映现实情况，其象征性作用也在下降。[6] 在纯

---

① Charles Krauthammer, "The Unipolar Moment Revisited," *The National Interest*, Winter, No. 3, 2002, p. 12.

② Robert O. Keohane and Joseph S. Nye, "Power and Interdependence," (3rd ed.), Pearson Education Asia Limited and Peking University Press, 2004, p. 215.

③ 约翰·米尔斯海默著，王义桅等译：《大国政治的悲剧》，上海世纪出版集团2003年版，第15页。

④ 罗伯特·基欧汉、约瑟夫·奈著，门洪华译：《权力与相互依赖》，北京大学出版社2002年版，第37页。

⑤ Robert O. Keohane and Joseph S. Nye, "Power and Interdependence," (3rd ed.), Pearson Education Asia Limited and Peking University Press, 2004, pp. 29 – 32.

⑥ Ibid., p. 6.

粹复合相互依赖的条件下，武力的作用将无足轻重。[①] 冷战结束以后，国际体系发生了根本性的变化，“经济依存安全论”也得到相应发展。有学者认为，贸易是实现全球相互依赖的主要工具，因此它可能是加强全球家庭相互信任和利益粘合之路。[②] 美国著名学者罗斯克兰斯把国家分成“贸易国家”和“领土国家”两类。他认为，经济依存越来越深的国家成为贸易国家，反过来又促进了相互依存。相互依存使贸易的价值上升，战争的可能性变低，因为战争的成本太高了。

国际制度安全论主张通过建立对国家具有约束力的国际制度确保国际安全。国际机制是连贯一致并相互关联的（含正式的或非正式的）成套规则，这些规则规定行为者的角色，限定行为者的活动，并影响行为者期望的形成，是有关国际关系问题领域的、政府同意建立的有明确规则的制度。[③] 在新自由派学者的眼中，国际体系实际上是一种制度的分布（distribution of institution）。国际制度安排可以对国家行为进行规范，并通过谈判、合作促进了解、增进互信来减少彼此间的恐惧感。在全球化时代，世界各国相互依赖日益加深产生了对建立国际制度的需求，这极大地影响着国际安全关系。国际制度安全论的先驱威尔逊在其著名的《十四点和平方案》中就提出必须根据专门公约成立一个普遍性的国际联合组织，这样所有人民和一切民族，不论强弱都能享受自由和安全的生活的公平原则（principle of justice），否则国际法的整个体系与效力将永远受损。[④] 制度理论跟现实主义一样，也是功利主义和理性主义的。[⑤] 理性的国家为了求得自己的利益而寻求制度合作，以获取绝对收益。国际制

① Robert O. Keohane and Joseph S. Nye, “Power and Interdependence,” (3rd ed.), Pearson Education Asia Limited and Peking University Press, 2004, p. 86.

② Dr. Louise Diamond Ambassador and John Mc Donald, “Multi-Track Diplomacy, A Systems Approach to Peace,” (3rd ed.), Kumarian Press, Inc 1996, p. 52.

③ Robert O. Keohane, “International and State Power,” Boolder: Westview Press, 1989, pp. 3 – 4.

④ 《美国历史文献选集》，美国驻华大使馆新闻文化处 1985 年版，第 133 页。

⑤ Robert O. Keohane and Lisa L. Martin, “The Promise of Institutionalist Theory,” *International Security*, Vol. 20, No. 1, p. 39.

度安全论的代表人物罗伯特·基欧汉根据理性选择理论提出，有关国家在国际关系某一特定领域存在共同利益，而这一共同利益只能通过合作才能获得。为合作提供信息和制定国际规则的国际制度是国际合作的最佳途径。基欧汉在《霸权之后》一书进一步提出了“后霸权合作理论”，其基本观点是通过多国合作形成的国际制度来维持国际秩序，用国际制度取代霸权。基欧汉一直强调合作可以通过制度培育起来。[①] 他认为，尽管无霸权的合作是困难的，但合作仍然可能，因为有互补利益，而国际机制的形成取决于共同的或者相互补充的利益的存在。当共同的利益足够重要，以及其他的条件都满足时，没有霸权，合作也可以出现，国际机制也可以创设。当霸权衰落时，对国际机制的需求甚至会上升。随着霸权的衰落，一个缓慢的从霸权合作到霸权后合作的转化就可能发生。在霸权时期遗留下来的大量的国际机制为合作创造了更有利的制度环境。同时国际机制使各国政府一起谈判拟定协议的成本更加低廉。[②] 建立世界政府是自由主义国际制度安全观的重要内容。自由主义者认为，战争之所以发生是因为国际无政府状态所致。在国际社会无政府状态下，没有一个具有权威的力量阻止发动战争的国家的挑衅行为。如果建立世界政府，国际上就会有一个公共权威，世界上所有国家的行为就会受世界政府约束，国家之间的战争就不容易发生，世界安全就会有保障。由于建立世界政府非一日之寒，于是自由主义者尝试通过建立集体安全体系克服“安全困境”。[③] 国际联盟和联合国就是理想主义（自由主义）集体安全思想的两次试验。国际联盟的试验已经失败，联合国还在苦苦挣扎，其集体安全体系越来越接近于“人道主义援助体系”这主要是由于美国等少数国家不遵守联合国基本原则导致的。即便如此，联合国在国际社会的作用仍不可忽视。

---

① 罗伯特·基欧汉著，苏长和等译：《霸权之后：世界政治经济的合作与纷争》，上海世纪出版集团 2001 年版，第 79 页。

② 罗伯特·基欧汉著：《霸权之后：世界政治经济的合作与纷争》，第 60—291 页。

③ 1950 年，约翰·赫兹在《世界政治》第二期上发表的《理想主义者的国际主义与安全困境》一文中，首次提出了安全困境的概念。参见《大国政治的悲剧》，第 48 页。

二、国际安全研究的现实主义学派

现实主义理论是安全研究中最为广泛的分析视角，[1] 该理论从马基雅维利关于人性恶的观点出发，认为国家在国际上有追求权力的本性。在国际政治的权力争夺中，如何摆脱国家争夺权力的困境维持国际安全？现实主义提出的设想之一是权力均势。现实主义认为，国际均势结构其实是国家间权力的分布（distribution of power）。在一个以主权国家对权力的追求作为动力的世界中，维护和平与安全的一个重要方法是社会力量自我约束机制，它在国际舞台上表现为各个国家的权力斗争，即权力均衡。[2] 一些国家无论试图维持现状还是推翻现状，都表现出对权力的追求。这种权力欲势必导致权力均衡的状态和旨在维护这种均衡的政策。权力均衡和维护这种均衡的政策，不仅是无法避免的，而且也是使由主权国家构成的社会得以稳定的基本因素，国际权力均衡的稳定，不是由于该原则的错误，而是因为该原则在一个主权国家构成的社会中运行时，无法摆脱特定的情形。[3] 沃尔兹认为，不管是一些国家还是所有国家有意识在寻求建立和维持平衡状态，或者，不管是一些国家还是所有国家有意识想要征服世界，均势形成的趋势还是会出现。均势理论把国际政治描述成一个竞争性的领域。均势一旦受到破坏，就会以这种或那种方式重建起来。[4] 建立均势截断了进攻的后路。[5] 均势体系虽不能避免危机甚或战争，但如能做妥善安排，其作用则在于使一国宰制他国的能力及发生冲突的规模受到限制。它所追求的是稳定缓和，甚

---

① 彼得·J. 卡赞斯坦著，李小华译：《文化规范与国家安全》，新华出版社 2002 年版，第 25 页。

② Hans J. Morgenthau, *Politics Among Nations, The Struggle for Power and Peace*, Third Edition, Alfred. A. Knopf, New York, 1961, p. 23.

③ Ibid., p. 167.

④ Kenneth Waltz, *Theory of International Politics*, McGraw Hill Publishing Company1979, pp. 90 - 150.

⑤ 约翰·米尔斯海默著：《大国政治的悲剧》，第 42 页。

至是和平。[①] 而制度对国家行为的影响很小，[②] 制度由权力现象造就，因权力而存在，是权力的一种体现方式。[③]

霸权安全论亦称霸权稳定论。“霸权稳定论”这个词最早是由基欧汉创造的。[④]“霸权稳定论”的思想则是由美国经济学家查尔斯·金德尔伯格首先在经济领域提出，后于20世纪80年代初被罗伯特·吉尔平应用于国际安全领域。金德尔伯格认为，世界经济要想保持稳定，必须拥有一种“稳定器”，即某个国家能负责为亏本商品提供市场，让资本稳定地（不是逆循环地）流动。开放和自由的世界经济需要有一个居霸主或主宰地位的强国。[⑤] 吉尔平等学者指出，霸权是指一个非常强大的国家统治体系中所有其他国家，[⑥] 霸权国体系不仅有利于世界经济的稳定，而且有助于国际体系的稳定。霸权国家与国际体系稳定与安全密切相关，霸权国实力越大，世界和平与安全就越有可能。历史上出现了三种霸权体系，即“古罗马治下的和平”“英国治下的和平”及“美国治下的和平”。像罗马统治下的和平一样，英国统治下的和平与美国统治下的和平保证了一种相对和平与安全的国际体系。霸权体系使体系内所有国家受益，因为霸权国家的政策在给霸权国自己带来好处的同时，也使那些期望并能够利用国际政治和经济现状的国家得到好处。[⑦] 因此，只有建立霸权体系，世界才是稳定和安全的。国际关系领域最大限度地获取权力的欲望是普遍存在的，追求权力的国家外表是追求均势，实际上是追求权力的优势（superiority of power），只有这样它们才有可能得

---

① 亨利·基辛格著，顾淑馨等译：《大外交》，海南出版社1997年版，第5页。

② John Mearsheimer, “The False Promise of International Institutions,” *International Security*, Winter1994/1995, p. 7.

③ Susan Strange, “Cave! Hic Dragones: A Critique of Regime Analysis,” *International Organization*, Vol. 36, 1982, p. 345.

④ 罗伯特·吉尔平著，杨宇光等译：《国际关系政治经济学》，经济科学出版社1989年版，第103页。

⑤ 同上书，第87—91页。

⑥ Robert Gilpin, *War and Change in World Politics*, Cambridge University Press, 1981, p. 29.

⑦ Ibid., p. 145.

到最大的安全系数。[①] 吉尔平在《全球政治经济学》中通过回击霸权稳定论的批评者进一步论述了霸权安全思想。吉尔平认为，自由国际经济需要一个能致力于自由经济原则的霸权国。[②] 霸权是国际和平与安全存在的必要条件，领导或霸权有助于国际合作。[③] 如果没有霸权，就没有一个领导国来执行世界经济顺利运转所必须的几项任务。吉尔平进一步指出，安全不仅指霸权国本身的安全，还包括盟国的安全。他认为，使用希腊语中的"霸主"而不是"领导国"来说明领导国时常不得不动用权力来实现建立和管理自由世界经济的目标。霸主定义为联盟的领导国。霸主建立自由世界经济主要是为了促进自身的利益，特别是政治和安全利益。我们认为霸主的安全利益中可能包括盟国的经济和军事利益。[④]

三、国际安全研究的建构主义学派

建构主义起始于20世纪80年代，兴起于20世纪90年代，21世纪已成为国际关系理论的主流学派。建构主义的思想源于社会学理论。法兰克福学派的批判社会理论、安东尼·吉登斯的结构社会理论和马克斯·韦伯的政治社会学是建构主义的主要思想来源。20世纪80年代，建构主义在吸取了批评理论，即后现代主义、女性主义、新马克思主义、后殖民主义等理论研究成果的基础上，用社会学视角看待国际安全，注重国际社会规范结构而不是传统主流学派的物质能力结构。奥勒夫（Ole Waever）首先将建构主义引入国际关系。1989年，他提出国际关系的第一个建构主义理论。[⑤] 1999年，亚历山大·温特的《国际政治的社会理论》的出版，确立了建构主义在国际安全理论中的主流地位。建构主义

---

① *Politics Among Nations, The Struggle for Power and Peace*, p. 210.

② 罗伯特·吉尔平著，杨宇光等译：《全球政治经济学》，上海世纪出版集团2003年版，第100页。

③ 同上书，第109页。

④ 同上书，第104—105页。

⑤ Maja Zehfuss, *Constructivism in International Relations*, Cambridge University Press, 2026, pp. 10 – 11.

者强调规范、文化和认同。规范表明了各行为体的利益和对利益的认同，文化是由不同规范和认同构成的，认同则是用来指行为者对安全的认知和学习，国家利益不是如现实主义者所言由权力界定的，而是由认同或身份界定的。[①] 因此，国际体系的结构并不仅仅与物质资源的分配相关，也包括社会相互作用，这一切便塑造了行为体的身份和利益，而不仅仅是其行为。国家有多重的、变化的认同和利益。[②] 建构利益的观念又是被国际体系中的共有观念或文化建构的。[③] 建构主义也承认国际社会的无政府状态，只是强调社会建构对国家行为和国家安全的影响，[④] 认为这种状态是一种文化、一种观念现象，即所谓“观念的分布”（distribution of idea）。[⑤] 亚历山大·温特认为，这些社会结构具有三要素：共有知识、物质资源与实践。共有知识涉及该体系中行为者之间相互关系的性质。国家间关系是“敌对模式”还是“友善模式”很重要，因为国家是否安全取决于各方作为不同的身份认同。当国家相互敌对时，它们习惯于猜测对方；当彼此友善时，它们之间合作的可能性就大。如果选择作为盟友，彼此是安全的；如果选择对手，彼此就处于不安全状态。这就是美国认为拥有核武器的英国对其不构成威胁、而拥有核技术的朝鲜是美国的敌人的主要原因所在。国家还可以在相互关系中通过学习扮演、认同自己的角色身份，国家还可通过改变观念变敌对关系为友善关系。这一切则取决于“观念分配”，而不是新现实主义或新自由主义所认定的物质能力的分布和制度的分布。建构主义虽然认同国际结构中的物质性因素，但认为物质因素是有限的。温特认为，建构利益的物质力量就是人的本性，但物质建构只占很小部分，即

① 郭树勇：《建构主义与国际政治》，长征出版社 2001 年版，第 17 页。

② 约瑟夫·拉彼德主编，金烨译：《文化与认同：国际关系回归理论》，浙江人民出版社 2003 年版，第 127 页。

③ Alexander Wendt, *Social Theory of International Politics*, Cambridge University Press, 1999, p. 125.

④ 巴瑞·布赞等著，朱宁译：《新安全论：译者序》，浙江人民出版社 2003 年版，第 6 页。

⑤ *Social Theory of International Politics*, p. 23.

所谓“弱式”（rump）物质主义。[①] 其余的建构利益的因素是观念因素，因为计划和设想是由共有观念和文化观念建构的。利益本身就是认知或观念所致。国际政治权力分配的意义在很大程度上是由利益分配建构的，利益的内容在很大程度上又是由观念建构的。权力和利益之所以具有它们实际上所具有的作用，是因为造就权力和利益的观念起了作用，权力和利益理论是以观念为先决条件的。[②] 物质性因素只有通过社会性结构才能对行为体的行为起到有意义的影响。与物质结构比较起来，行为更受主体间观念的影响。国际安全文化并不是固定不变的，而是可以随着环境的变化而不断建构，民族和国家并不是必然趋势，可通过建构而成。无政府状态就是制造的。[③] 同样，安全困境也是国际社会建构的结果。既然如此，国家也可以通过建构形成另外的国际状态，如国际安全共同体。安全共同体是建构主义探求实现国家安全的手段。建构主义者认为，行为体之间如果互相高度猜疑，就形成“安全困境”，如果行为休间高度信任，就会形成所谓的“国际安全共同体”。

第二节　对西方国际安全研究的几点评价

西方国际安全研究各主流学派有不同的理论特点和贡献。然而由于其理性思维的特点所决定，其缺陷也是显而易见的，如“西方中心”“国家安全中心”“理性思维解释的单一性”等。

一、西方国际安全研究呈现出历史的自然演进过程

现实主义理论对安全研究的主要贡献在于提出了权力与安全的关系。在无政府状态的国际社会中，权力较大的行为体将对国际安

① *Social Theory of International Politics*, p. 110.

② Ibid. , p. 23.

③ Alexander Wendt, “Anarchy Is What States Make of It: The Construction of Power Politics,” *International Organization*, Vol. 46. p. 39.

全局势的发展起决定性的作用，在现实主义看来，国家在国际社会的权力越大，其国家就越安全。现实主义的国际安全理论对国家间军事对抗做出了较好的解释。安全困境理论较好地解释了20世纪两次世界大战和冷战对抗。现实主义的缺陷也是显而易见的，该理论把安全同主权国家联系在一起，将安全概念局限于军事层面，使其难以解释因经济全球化发展而出现的国际相互依存趋势。均势安全论完全没有涉及制度对安全的影响。[①] 自由主义安全论改变了现实主义片面强调国家和军事在国际安全中作用的缺陷，更为关注经济，尤其是国际相互依存关系对国际安全的影响，并提出了相互依存安全论，进而提出了国际制度安全论。自由主义安全论较好揭示了国际相互依存趋势和国际制度现象。然而，无论是现实主义还是自由主义均忽视了国际政治中的文化观念因素。建构主义则从社会文化层面对国际安全做了新的解释，建构主义超越了现实主义和自由主义安全理论模式。建构主义认为，国际安全状态是社会建构而成。建构主义虽不否认物质力量的重要性和相互依存对战争的制约作用，但认为对国际关系起着关键作用的是观念、文化、认同和规范等因素。建构主义者认为，把安全理解为国家安全忽视了处于国家威胁之下的人所处的不安全状态。一方面，个人的安全依赖于国家的安全，另一方面，个人的安全又可能受到国家的威胁。建构主义描绘的“安全共同体”的蓝图被许多学者认为是走出“安全困境”的理想途径。然而建构并非易事，为何几千年的世界历史建构出的几乎都是同一结果——均势、霸权与对抗？[②]

二、国家安全是西方国际安全理论分析国际问题的前提和基础

在西方国际安全研究问题上，三大主流国际关系学派在国家安

---

① Robert O. Keohane, “Alliance, Threats and the Uses of Neo-realism,” *International Security*, *Summer* 1988, No. 1, pp. 174 – 175.

② 刘胜湘：《国家安全观的终结?》，《欧洲研究》，2004年第1期，第11页。

全占据其理论的核心位置这一点上是相同的。无论是现实主义还是新现实主义均强调国际社会处于无政府状态，这一状态导致国家间的竞争和冲突，国家必须通过自助来维护自己的安全。主权国家是国际政治活动的主要行为体，国家安全是最重要的目标，加强军事实力与军事结盟是维护国家安全的主要手段，现实主义理论重视物质性权力对安全政策的影响，特别是对某一个特定国家的安全政策而言。① 可以说，现实主义理论是地地道道的国家安全观。相互依存安全观和制度安全观的基本出发点是国家安全。依存主要是指国家之间的相互依存。制度安全观谋求通过国家之间的合作摆脱安全困境，实现国家安全，国家安全是制度安全观的最终目的。虽然制度主义者强调国际组织等非国家行为体对国际关系进程影响的重要性，但国际制度一般是国家间谈判的结果，其权力也是国家让与的，国家才是国际社会的主要行为体。基欧汉认为，制度理论的一个基本的假设是，国家是世界政治的首要角色。② 建构主义理论也没有跳出国家安全的传统框架，建构主义者提出的安全共同体指的是由主权国家组成的安全共同体，它没有侵蚀国家的合法性，也没有取代国家。③ 规范是由国家认同和遵守的规范，认同也是国家对自己身份的认同和国际规则的认同，国家是建构主义分析的主要对象，建构主义着重解释国家为什么会那样行动的原因。④ 因此，国家安全仍然是其分析国际问题的前提和基础。有学者指出，尽管温特认为国家有多重的、变化的认同和利益，物质利益分配对这些认同和利益的影响并不大，可是，他的出发点还是现实主义和理性主义的国家主义。⑤ 和沃尔兹

---

① 彼得·J. 卡赞斯坦著，李小华译：《文化规范与国家安全》，第25页。

② Michael Brecher and Frank P. Harvey, *Realism and Institutionalism in International Studies*, Michigan University Press, 2002, p. 155.

③ 袁正清：《从安全困境到安全共同体：建构主义的解析》，《欧洲研究》，2003年第4期，第45页。

④ Martha Finnemore, *National Interests in International Society*, Cornell University Press, 1996, p. 142.

⑤ 约瑟夫·拉彼德主编，金烨译：《文化与认同：国际关系回归理论》，第127页。

一样，温特提出的是一个国家中心结构理论。[①] 米尔斯海默说，虽然没有什么是永恒的，但认为主权国的时代已经过时是缺乏依据的。[②] 因为如果国家消失了，可以预测某种新的政治实体取代它，但好像还没有能说出怎样替代。[③]

三、西方国际安全研究的新动向

20 世纪 90 年代起，西方国际安全研究出现两大变化，即安全内涵从军事安全转向包括军事安全在内的综合安全，安全研究主体从国家单一主体转向包括国家在内的多元主体。传统安全研究主要是强调军事力量的运用，国家安全是军事安全。20 世纪 90 年代，西方的安全研究发生了重大变化，学界普遍承认军事力量不是安全的唯一潜在威胁，恐怖主义、移民、污染、贫困及文化等非军事议题已成为西方安全研究中不可缺少的内容。“哥本哈根学派”的研究者们认为，安全主要涉及五个相互关联的方面，它们是军事、政治、经济、社会和环境。[④] “批判安全研究”的安全议题包括政治、经济、社会、性别、环境、军事等。[⑤] 美国布鲁金斯学会 1998 年底出版保罗·斯代尔斯主编的《新安全议程——全球纵览》指出，安全具有国家安全和社会安全两重特性，前者将主权当作终极目标，后者则强调不同认同观念的协调。[⑥] “巴黎学派”“关注（不）安全化进程、重视内部安全与外部安全的融合的三大原则体现了其独特的研究视

---

① Maja Zehfuss, *Constructivism in International Relations*, Cambridge University Press, 2002, p. 15.

② 约翰·米尔斯海默著，王义桅等译：《大国政治的悲剧》，第 512 页。

③ 同上书，第 51 页。

④ 巴瑞·布赞等著，朱宁译：《新安全论》，浙江人民出版 2003 年版，第 10 页。

⑤ 郑先武：《人的解放与“安全共同体”》，《现代国际关系》，2004 年第 6 期，第 57 页。

⑥ Bill Mcsweeney, *Security*, *Identity and Interests*, Cambridge University Press, 1999, p. 69.

角，并得以对新时代的安全现象做出新的解释”。[①] 哥本哈根学派、威尔士学派（批判安全研究）和巴黎学派逐渐成为欧洲安全研究的主流学派，统称为欧洲学派。

综上所述，冷战结束以后，西方安全研究的内涵经过数十年的发展已包括经济安全、文化安全及社会安全等非军事安全问题，它们和传统安全一同构成综合安全。传统国家安全观过分强调安全的军事因素，而综合安全观则强调安全的全面性、交织性和社会性，安全不再局限于军事层面和国家层面，当今西方安全研究正在发生重大变化，这一变化突破了传统安全概念，即安全观念正从狭义的传统安全观扩展到整个人类社会的广义安全观，传统安全观正让位于综合安全观，这一研究趋势大大降低了传统安全研究的学术地位，总体来看也有利于世界的和平与安全发展大势。然后在进入 21 世纪后，世界局势已发生了重大变化，俄罗斯 2014 年吞并克里米亚、美国 2017 年制定“美国优先”战略、中国提出“一带一路”倡议、新型国际关系和人类命运共同体理念等，大国竞争加剧，美俄关系、中美关系、欧美关系、中欧关系等出现新变化，这促使大国政治“重回”世界舞台，鉴此，传统安全研究也将有所加强。

① 李明月、刘胜湘：《安全研究中的巴黎学派》，《欧洲研究》，2016 年第 2 期。

第二章 西方综合安全研究

20 世纪 60 年代末 70 年代初，经济发展、环境生态、恐怖主义、全球性疾病等“非对称威胁”对国际安全的影响日益加大，重新界定安全概念势在必行。20 世纪 80 年代开始，西方学者开始用综合安全（comprehensive security）、非传统安全、新安全观念等概念描述新的国际安全现象，西方综合安全研究兴起。① 这一安全研究新趋势将会对传统国际安全研究带来巨大冲击。国内学术界虽然对综合安全、传统安全等问题的探讨已蔚然成风，但鲜有关于西方综合安全研究的介绍、分析和评价，笔者旨在弥补这一缺憾，并借此推动国内学界对综合安全研究的深入。

第一节　西方综合安全研究的缘起与发展

西方综合安全研究起源于 20 世纪 60 年代末 70 年代初。爱德华·卡尔曾在《20 年危机》就提出过，国家之间的交往也并非全是政治交往。国家相互合作，比如维持邮政或交通业务，或是防止流行病的传播，或是禁止贩毒活动。这些活动被称为“非政治”活动，

① 日本东京大学教授山本吉宣研究考证，“综合安全”的概念是由日本首先提出来的，“综合安全”最早出现于 1976 年日本自民党竞选宣言中。1978 年由铃木首相组织的一个政策研究小组正式提出这一概念，参见丛鹏主编：《大国安全观比较》，时事出版社 2004 年版，第 20 页。

或是“技术性”合作。[①] 1968年，卡尔·多伊奇在《国际关系分析》中将人口、粮食、生态、环境及繁荣与贫困等十二个基本问题引入国家安全研究。[②] 1972年，基欧汉和奈在《跨国关系与世界政治》一书中论述了罗马教廷、福特基金会和跨国企业这样的非国家行为者。[③] 20世纪70年代初，罗马俱乐部关于人类困境的报告——《增长的极限》[④] 及1972年联合国第一次人类环境大会的非官方报告《只有一个地球》[⑤] 指出了人口、资源、生态、发展等关系到人类生存的问题。这时西方学者已认识到非军事因素在国际安全中的重要性，并着手重新界定国家安全。他们对传统国际安全理论命题进行反思，提出国家安全的概念应该扩展到包括经济发展、环境生态、恐怖主义及全球性疾病等“非对称威胁”领域，由此产生了新现实主义、新自由主义和批判理论关于国际安全问题的辩论。罗伯特·基欧汉、约瑟夫·奈等新自由主义学者认为，虽然现实主义对权力、军事的解释仍有重要意义，但它的几个前提假定与国际安全发展新趋势不相符。现实主义注重经验，不能动态地解释国际政治经济中的变化，新现实主义仍然太过于强调国家行为体的作用。罗伯特·基欧汉和约瑟夫·奈在其代表作《权力与相互依赖》中提出了国际安全的问题结构解释模式，认为军事安全并非属于问题等级制之首，[⑥] 能源、资源、环境、人口及太空和海洋的利用等问题已经与构成传统外交议程的军事安全、意识形态、领土争端等问题并

---

① Edward H Carr, *The Twenty Years' Crisis*, 1919—1939, 1964 by Harper & Row, Publishers, Incorporated 49 East 33rd Street, New York 16, N. Y., p. 102.

② 卡尔·多伊奇著，周启朋等译：《国际关系分析》，世界知识出版社1992年版，第13页。

③ 大卫·鲍德温编，肖欢容译：《新现实主义和新自由主义》，浙江人民出版社2001年版，第13页。

④ 丹尼斯·梅都斯等著，李宝恒译：《增长的极限》，吉林人民出版社1997年版。

⑤ 芭芭拉·沃德、勒内·杜勒斯著，《国外公害丛书》编委会译校：《只有一个地球》，吉林人民出版社1997年版。

⑥ 罗伯特·基欧汉等著，门洪华译：《权力与相互依赖》，北京大学出版社2002年版，第51页。

驾齐驱,[1] 军事力量的作用日趋削弱。随着世界政治行为体多元化及问题复杂性的增加，武力的效用下降，国内政策与外交政策的界线变得模糊，随着复合相互依赖的条件接近于成熟，议程形成的政治也更为微妙和多样化。[2] 新现实主义对新自由主义的挑战进行了回应。新现实主义对经典现实主义进行“修正”，他们既强调政治也强调经济，既注重冲突也注重合作，提出霸权的存在才是世界稳定与安全的关键，霸权的兴衰是结构变革的决定性因素,[3] 即所谓的霸权稳定论（亦称霸权安全论）。新现实主义也承认非国家行为体在国际安全中的作用。沃尔兹认为，国家不是而且从来不是唯一的国际性行为体。非国家行为体的重要性和跨国活动范围的广泛性是显著的。[4] 新自由主义和新现实主义之间的辩论使各自在国际安全研究中均增加了非军事议题，国际安全研究的领域大大扩展。这是西方国际政治学界对国际安全研究的一大重要贡献，他们此时虽然还没有直接提出综合安全问题，但已触及到综合安全的许多重要内容，为西方综合安全研究的提出做了重要的理论准备。新自由主义和新现实主义辩论直接推动了 20 世纪 80 年代以来西方国际安全理论的新发展。1983 年，理查德·乌尔曼在《国际安全》上发表《重新界定安全》一文指出，安全不能只限于东西方的军事对抗层面，安全应该有更广泛的议程，像大规模毁灭性武器扩散、国际规范及经济一体化等。因为单从军事力量出发定义国家安全使国家只戒备军事威胁而忽略了其他可能危害更大的危险。国家安全总体上降低了。同时它将导致国际关系军事化，这只能增加对全球安全的威胁。[5] 20 世纪 80 年代后期，随着国际形势的缓和，人们在拓展安全视角的同

---

① 罗伯特·基欧汉等著，门洪华译:《权力与相互依赖》，北京大学出版社 2002 年版，第 27 页。

② 同上书，第 33—34 页。

③ 罗伯特·吉尔平著，杨宇光等译:《国际关系政治经济学》，经济科学出版社 1989 年版，第 109 页。

④ 肯尼思·沃尔兹著，胡少华等译:《国际政治理论》，中国人民公安大学出版社 1992 年版，第 111 页。

⑤ Richard H. Ullman, “Redefining Security,” *International Security*, Vol. 8, No. 1, Summer 1983, p. 129.

时，又陆续提出了一些新的思想，并形成了所谓的“新安全观念”，其中包括合作安全、共同安全和综合安全。① 1987 年，沃特提出国家安全已经是发展意义上的国家安全，安全问题异常丰富。② 在 1989 年《外交事务》春季号杂志上，乔斯等学者还提出了环境与安全的关系。③ 同期杂志上还发表了马瑟斯的《重新定义安全》一文，强调全球发展需要拓宽国家安全定义，安全应包括世界资源、环境和人口问题。④ 同一年，《国际事务》杂志还刊登了维森特的论文：《什么是国际经济安全》，文中将非传统安全作为国际安全研究的重要内容，并指现在军事、经济、生态等其他令人担忧的各方面之间都越来越难划出清晰的分界线。⑤ 西方安全研究的内涵在悄悄发生变化。

20 世纪 70 年代到 80 年代，经济和环境议程在国际关系中地位的提升，激发了对传统安全研究的不满，20 世纪 90 年代，“认同”（identity）问题和传统犯罪研究的兴起，再次激发了这一不满。⑥ 许多批判理论和建构主义学者对新的安全问题产生了极大的兴趣。批判理论作为一个非主流国际政治理论一直处于弱势地位，20 世纪 90 年代“批判安全研究”（critical security studies）的影响日益增大。“批判安全研究”不但对“传统安全研究”进行了批判，而且提出了人的解放的观点。他们认为，人的解放是安全理论与实践的核心。在批判安全理论看来，世界是安全的并不意味着所有国家和每个人是安全的，人类安全才是安全研究的最终目的。批判安全研究对二

---

① 李少军：《国际政治学概论》，上海人民出版社 2002 年版，第 153 页。

② Stephen Walt，*The Origins of Alliances*，Cornell University Press，1987，p. 49.

③ Clime Chaos，Norman Myers，“Environment and Security，” *Foreign Affairs*，Vol. 68，Spring1989.

④ Jessica Tuchman Mathews，“Redefining Security，” *Foreign Affairs*，Vol. 68，Spring 1989，p. 162.

⑤ Cable Vincent，“What is International Economy Security?” *International Affairs*，Vol. 23，No. 4，1989，p. 351.

⑥ 巴瑞·布赞等著，朱宁译：《新安全论》，浙江人民出版社 2003 年版，第 2 页。

战后的安全研究（实际是战略研究）[①] 发起了新的攻击，并真正提出和推进了安全研究，也正是安全研究提出了什么是安全的问题。[②] 巴瑞·布赞等建构主义学者也赞成进行综合安全研究。巴瑞·布赞在《新安全论》中提出：关于安全的研究有两种见解摆上桌面，一种是宽泛的新研究路径，另一种是传统的以军事和国家为中心的研究方法。[③] 所谓“宽泛的新研究路径”其实就是综合安全研究。他还提出综合安全有两种形式：一种是日本发展起来的，另一种则是众多东南亚国家通过东南亚国家联盟发展起来的。20 世纪 70 年代后期，综合安全概念成为日本官方安全政策的基础。从传统的国家安全只关注军事问题，扩大到包括经济和政治问题，其所处理的问题包括国内、双边、地区和全球多个层面。东盟的综合安全模式是将安全的定义扩大到包括“通过在意识形态、政治、经济、社会文化和军事等社会生活的各个方面的努力，实现国家的均衡发展”这一原则。[④] 政治社会学者赫尔德也认为，冷战结束以后，在大多数发达资本主义国家中，“生活政治”——集中于环境、认同、公民权、福利、教育和健康等——获得了新的主导地位，超越了冷战时的安全政治。从这方面来说，地缘政治秩序的变迁与西方国家政治生活和国家的变革密切相关，即从国家安全状态到后军事状态。[⑤] 2003 年，美国《国家利益》春季号刊登《国家安全的转变》一文提出了安全“新定义”，认为布什政府沿袭并超越了克林顿政府把贫困、流行疾病、生物和基因危险及环境恶化列为国家安全的重要威胁。人们逐渐认识到传统的强调“国家安全”的安全观念在后冷战环境下已不

---

① 战略研究的重点不在国家安全，而是集中在大国的军事实力及其战争关系，其目的是为战争而出谋划策。安全研究则不仅仅是重视军事力量，也重视非军事力量，因为单靠军事装备保护国家安全几乎是不可能的。

② 克雷格·斯奈德等著，徐伟地等译：《当代安全与战略》，吉林人民出版社 2001 年版，第 97 页。

③ 巴瑞·布赞等著，朱宁译：《新安全论》，第 1 页。

④ 克雷格·斯奈德等著，徐伟地等译：《当代安全与战略》，第 140—141 页。

⑤ 戴维·赫尔德等著，杨雪冬译：《全球大变革》，社会科学文献出版社 2001 年版，第 206 页。

再适应。[1]

纵观西方综合安全研究历程，从20世纪60年代末以来，经过50余年的探索，综合安全已成为西方安全研究不可或缺的内容。现实主义安全研究不得不承认安全含义的扩展，自由主义学者对综合安全研究起了非常重要的作用，批判理论和建构主义则是西方综合安全研究的主力军。

第二节　西方综合安全研究所涉及的主要思想

西方综合安全研究涉及的主要思想包括安全概念、内涵及安全主体等。

一、安全概念和内涵

在传统的安全研究中，国际关系中的安全含义被理所当然地理解为军事层面，安全即是军事安全。在人类社会的历史进程中，安全即国防的观念影响很大，安全受制于国家之间的军事冲突，各国为保卫领土和扩大边界而扩军备战。加强军事实力是世界所有国家主要的安全手段。因为，在无政府状态下，国家本能地考虑的是自己会不会被他国所威胁，自己需通过"自助"的方式来防止这种威胁的出现。因此，按照传统观念，国家安全主要涉及的是军事问题。[2] 综合安全研究的安全概念并不否认传统安全中的国家安全、军事安全问题，只是在安全概念上增加了新的涵义。批判安全研究提出了人的安全，建构主义提出了安全的社会性建构，女性主义者提出了生存环境安全等，安全研究的视角在不断扩展。一些学者强调，

---

① Philip Zelikow, "The Transformation of National Security," *The National Interest*, Spring, No. 1, 2003.

② 李少军:《论安全理论的基本概念》,《欧洲》, 1997年第1期, 第29页。

传统安全研究过分强调安全的军事方面，而对历史、文化和政治等非军事方面关注太少。为了使安全研究能适应冷战后的时代，有必要转变安全思考。① 批判安全研究的安全议题包括政治、经济、社会、性别、环境、军事等。② 建构主义学派认为安全主要涉及军事、政治、经济、社会和环境五个相互关联的方面。巴瑞·布赞论述了安全分析的领域。他认为，军事安全关系到国家武装性进攻和防御能力这两个层次的相互影响和互动，以及国家对相互意图的洞察力；政治安全关系国家政府系统和意识有组织的稳定性，并且给它们以合法性；经济安全涉及到通往资源、金融和市场的途径；社会安全涉及可持续能力，以及可接受的发展条件、语言、文化、宗教、民族认同和习俗的传统模式；环境安全则关系到地方和地球生物圈的维持。每个领域只是安全本体的一个维度而已。③ 综合起来看，西方综合安全的内涵主要包括军事安全、经济安全、文化安全和社会安全。

军事安全。西方综合安全研究既不排除军事安全，也不突出军事安全，军事安全只是西方综合安全研究的内容之一。现实主义和自由主义的安全研究在强调军事安全主导地位的同时，也开始重视非军事安全问题。批判安全研究和建构主义的安全研究在承认军事安全问题重要性的同时，更加突出非军事安全问题，即所谓非传统安全问题。

经济安全。20 世纪 70 年代中期，克劳斯（Krause）和约瑟夫·奈在《国际组织》杂志上就提到集体经济安全的概念。④ 冷战结束以后，由于全球军事安全形势相对缓和，“经济安全”成为世界各国越来越关注的问题。在知识经济时代和经济全球化的影响下，各国综合国力的竞争更加激烈，维护国家经济安全成为世界各国的主要任务。20 世纪 80 年代，日本曾发表国家经济安全报告《以确立经济

---

① 克雷格·斯奈德等著，徐伟地等译：《当代安全与战略》，第 8—11 页。

② 郑先武：《人的解放与“安全共同体”》，《现代国际关系》，2004 年第 6 期，第 57 页。

③ 巴瑞·布赞等著，朱宁译：《新安全论》，第 10—11 页。

④ 罗伯特·基欧汉等著，门洪华译：《权力与相互依赖》，第 244 页。

安全保障为目标》。1992 年，桑德霍尔茨等人提出要重新界定国际安全的性质，并由此出发把国际竞争力看成核心问题。[①] 这里其实已涉及到经济安全问题。1993 年，美国政府首次将经济安全作为其对外政策主要目标。从此，粮食安全、能源安全及发展安全等经济安全成为西方国际安全研究的重要内容。还有些国外学者将经济安全区分为维护自身经济利益能力的狭义经济安全和广义的国际经济安全。1997 年东南亚金融危机后，西方出现了经济安全研究热，主要探讨金融安全问题，认为东南亚市场机制不完善是这次金融危机的主要根源。1999 年科索沃战争特别是 2003 年伊拉克战争后，西方安全研究的重点又转向打击恐怖主义、大规模杀伤性武器的扩散和能源安全。

文化安全。20 世纪 90 年代，文化安全成为西方安全研究的流行话语，文化霸权、文化扩张、文明冲突及历史终结等观点从某个侧面反映了文化安全的重要性日益突出。亨廷顿将文化引入国际安全研究领域，提出了“文明冲突论”。他认为，文化既是分裂的力量，又是统一力量。当西方试图伸张它的价值并保护它的利益时，非西方社会正面临着一个选择。其中一些试图竭力仿效和加入西方或者“搭车”。其他儒教社会和伊斯兰社会则试图扩张自己的经济和军事力量以抵制和“用均势来平衡”西方。因此，后冷战时代世界政治的一个主轴是西方的力量和文化与非西方的力量和文化的相互作用。[②]《国家安全的转变》一文针对国际社会新的现象指出了安全观念的变化趋势。文中认为，所有国家安全战略始于世界的精神现象（mental image），传统世界里的人口、政府、商业、文化和生活习惯已慢慢演进和逐渐发生变化。[③] 萨义德在《文化与帝国主义》一书分析了帝国与文化关系，认为随着文化研究扩大到大众传媒、流行文化、微观政治等领域，对权力和霸权方式的

① 保罗·赫斯特等著，张文成等译：《质疑全球化》，社会科学文献出版社 2002 年版，第 144—145 页。

② 塞缪尔·亨廷顿著，周琪等译：《文明的冲突与世界秩序的重建》，新华出版社 1998 年版，第 7—8 页。

③ Philip Zelikow, *The Transformation of National Security*, p. 17.

关注也在增强。[①] 建构主义学派的代表人物温特根据敌手、竞争对手和朋友三种不同的角色身份，将安全文化分成——霍布斯文化、洛克文化和康德文化。在霍布斯文化中，权力政治的争夺是国际政治的本质，战争成为常态；洛克文化强调国家之间主要是竞争。竞争对手不同于敌人，竞争对手不会试图征服或者统治对方。对手也不是朋友，对手之间的相互承认不等于在发生争执的时候不使用暴力；康德文化的基础是友谊。友谊不同于结盟，结盟是竞争状态下甚至敌对状态下的权宜安排，而友谊在时间上是无限制的。[②]

社会安全。冷战结束后，国际安全形势相对缓和、以军事安全为核心的传统安全地位相对下降，非军事因素如恐怖主义、种族冲突、环境恶化、粮食和能源短缺和非法移民等的威胁增加，西方国际安全研究学者将这些问题称为非传统安全，并和军事安全一起构成综合安全。由于综合安全更注重“人类安全”“全球安全”及“全面安全”，因此要求安全不应仅局限于军事领域，应该更多地关注地球生态和国民福利等社会安全问题。在 1993 年出版的《认同、移民与欧洲的新安全议程》一书中，提出“社会安全”是当前理解欧洲新安全日程的最有效工具。他们开始发展替代性安全概念。美国布鲁金斯学会 1998 年底出版保罗·斯代尔斯主编的《新安全议程——全球纵览》也认为，安全具有国家安全和社会安全两重特性，前者将主权当作终极目标，后者则强调不同认同观念的协调。[③] 传统国家安全观过分强调安全的军事层面，国家安全的主要手段就是加强自己的军事能力或削弱对手，而社会安全观则强调安全的综合性和社会性，国家安全不应仅仅局限于安全的军事层面，单纯依赖军事手段难以保证国家处于安全状态，尤其是当安全的范围急剧扩大，军事安全只是国家所追求的几个目标之一，安全不仅涉及军事，还包

① 爱德华·W. 萨义德著，李琨译：《文化与帝国主义》，生活·读书·新知三联书店 2003 年版，第 81 页。

② Alexander Wendt, *Social Theory of International Politics*, Cambridge University Press, 1999, pp. 313 – 387.

③ Bill Mcsweeney, *Security*, *Identity and Interests*, Cambridge University Press, 1999, p. 69.

括经济、环境、人权等领域时，更是如此。如果国家安全不能保证国内民众的生存条件，那么国家安全就变得没有实际意义。因此，现在各种非政府组织、跨国公司、产业协会、国际法等与国家复杂地联系在一起，对主权的转型都有重要的蕴涵。[①] 从上述分析中可见，当今西方安全研究的含义在发生重大变化，这一变化突破了传统国家安全的局限，即安全观念正从狭义传统的军事安全观扩展到整个人类社会的广义安全观，军事安全观正在被社会安全观所取代，这反映了全球化对整个国际社会影响而出现的一个新的趋势，人、民族国家和全球社会在这一趋势中似乎已找到了一条新的安全出路，人类安全观念可能面临一次全新的变革。

二、安全主体

西方关于安全主体的研究出现了从国家主体向其他主体的转变。新现实主义的代表人物之一——克莱斯勒注意到国际安全研究中的第三世界，提出第三世界支持有助于改善其地位的国际制度。[②] 新自由主义的代表人物——约瑟夫·奈在安全研究中强调非国家行为的重要性，认为国家是国际政治中最重要的行为体，但它并不是唯一重要的行为体。[③] 建构主义运用层次分析法提出了安全研究的五个层次，即国际体系、国际子系统、单元、次单元及个体。[④] 西方学者通过审视从社会或个人层面到地区或全球层面等不同层次的安全问题，对深化安全研究的进程做了探索。[⑤] 综合来看，西方安全研究的主体主要包括国家安全、个人安全、地区安全和全球安全等层次。

---

① 熊玠著，余逊达等译：《无政府状态与世界秩序》，浙江人民出版社2001年版，第252页。

② 斯蒂芬·D. 克莱斯勒著，李小华译：《结构冲突》，浙江人民出版社2001年版，第3页。

③ 小约瑟夫·奈著，张小明译：《理解国际冲突：历史与理论》，上海世纪出版集团2002年版，第301页。

④ 巴瑞·布赞等著，朱宁译：《新安全论》，第7—8页。

⑤ 克雷格·斯奈德等著，徐伟地等译：《当代安全与战略》，吉林人民出版社2001年版，第3页。

国家安全。西方传统安全理论强调国家安全和主权不可分割，安全也往往指国家安全，安全被限定于国家范围之内，国家强调本民族国家的安全利益。人们对国家安全内涵的理解比较单一，过于注重国家主权而忽视个人权利，国家安全等同于维护国家主权和捍卫国家领土。国家安全的地理学由国界决定。[①] 因此西方传统安全主要指国家安全，包括保卫国家领土、边界不受到侵犯，保护自己的国民和政权组织，保护国家主权不受到威胁，保存自己价值传统不受到破坏。与传统安全安将安全主体限制在单一层次的国家安全不同，综合安全要求从个人、国家和国际三个层次思考安全问题。即将安全的指涉对象从国家延伸到个人乃至整个人类社会的全球层面，国家只是西方综合安全研究的主题之一。因此，西方安全研究的安全主体正从国家安全向个人安全、地区和全球安全扩散。

个人安全。18 世纪中叶开始，同质性、单一性的国家观念迅速转变；形式化的国际关系概念成型，标准化的享有公民权利和义务的个人概念和较具体的关于人类的概念成型。[②] 过去主权一直是要么全有，要么全无的话，现在它已不再是如此。国家边界与过去相比，正在不断地变得模糊。[③] 随着全球化的发展和全球性问题增多，社会发展中的人道问题的严重性日益显露出来，国际社会因此变得相互依赖，国际人道合作显得更加重要，传统的主权观念难以适应这一趋势发展的要求，安全观念正从以国家为本位的安全观向以人为本位的安全观转变，国家成为维护安全的主要手段，而可能不再是维护安全的最终目的。国家可能无处不在，其触角可以伸到每一个角落和缝隙，但它的结构、进程和政策可能已经远离公民的认同感、历史感和一致感。[④] 个人安全观强调民众不受恐怖主义、种族冲突、社会犯罪、饥饿、环境及专制统治的威胁，强调保护个人的各种权

---

① Philip Zelikow, *The Transformation of National Security*, p. 19.

② 罗兰·罗伯森著，梁光严译：《全球化社会理论和全球文化》，上海人民出版社 2000 年版，第 84—85 页。

③ 安东尼·吉登斯著，郑戈译：《第三条道路》，北京大学出版社、生活·读书·新知三联书店 2000 年版，第 35 页。

④ 约瑟夫·A. 凯米莱里等著，李东燕译：《主权的终结?》，浙江人民出版社 2001 年版，第 251 页。

利。只有有了个人安全，才会有人类社会的持续发展，过分强调国家安全会牺牲个人安全。在全球化背景下，只有考虑个人安全、国家安全才可能实现，这也是国家的宗旨。个人安全观念也逐步为国际社会所接受，并有可能在人类安全观念中占据主导性地位。

地区安全和全球安全。地区安全研究源于冷战后的地区化趋势。冷战的结束以及欧洲的动荡不安进一步促进了安全事务的国际化，或者更精确地讲，是安全事务的区域化。① 欧盟、东盟、北美自由贸易协定、南亚地区合作协定、南太平洋论坛、南北发展共同体、非洲统一组织等均是安全分析的对象。② 国际安全强调彼此之间的互动，地区安全注重地区整体安全。在安全区域内，国家仍然将彼此当作潜在的威胁，但是为了减少他们之间的“安全困境”，已做了保障性安排。在这个范围的末端，存在一个“多元的安全共同体”。国家不再指望或准备在它们彼此关系中使用武力。③ 今天西方安全研究的另一变化就是全球安全。全球安全观念越来越突破了传统的国家安全边界的约束，国家安全的边界可能无处不在。④ 随着国际局势的迅速发展，威胁人类生存的各类因素已经跨越国界，这些新的威胁超越了单个国家的能力范围，他们已不再是某个国家的内部问题，而是世界所有国家面临的共同问题，国内安全与国际安全的界限因威胁节奏的加快而变得模糊和同等重要。⑤ 因此，有必要“从简单的国家安全这个归纳主义的概念转向另一个更广泛的、全球化的人类安全概念，以人类安全作为国家安全稳定与巩固的基础”。⑥ 这些变化促使人们突破过去的国家安全观念，要求人们从全球整体安全的视角来看待人类面临的共同威胁，安全观也从国家安全为主导向以全球安全为主导的方向演变。

---

① 戴维·赫尔德等著，杨雪冬译：《全球大变革》，社会科学文献出版社 2001 年版，第 176 页。

② 巴瑞·布赞等著，朱宁译：《新安全论》，第 12 页。

③ 同上书，第 17 页。

④ Philip Zelikow, *The Transformation of National Security*, p. 19.

⑤ Ibid., p. 26.

⑥ 弗·洛·塞格雷拉主编，白风森等译：《全球化与世界体系（上）》，社会科学文献出版社 2003 年版，第 293 页。

第三节　对西方综合安全研究的评价

西方综合安全研究虽然已形成很大影响，但并没有独立成派，其观点散见于国际安全研究的主流学派和非主流学派的观点中，影响较大的有欧洲建构主义学派、哥本哈根学派和批判安全学派、威尔士学派等。哥本哈根学派是冷战结束后西方国际安全研究中影响日益增大的一个分支学派，该学派的主要代表人物有巴瑞·布赞、奥利·维夫等。哥本哈根学派缘于20世纪80年代中期的“哥本哈根冲突与和平研究所”，作为创始人之一的奥利·维夫参加了“欧洲安全的非军事领域”的研究，这为后来非传统安全研究打下了基础。1990年由巴瑞·布赞等学者共同完成的《欧洲安全秩序的重建》一书出版，哥本哈根学派诞生。哥本哈根学派注重的是人的安全、人类安全及社会安全等，巴瑞·布赞还创造性地提出了“安全复合体”的概念，他认为，由国家、民族、跨国公司等构成的“一组单元”呈现安全相互依存趋势，安全相互依存从恐惧、竞争以及共享威胁认识中产生。哥本哈根学派的另一代表人物奥勒夫运用安东尼·吉登斯的结构社会学理论，提出社会是不同于国家的共同体，社会不安全是普遍存在的，社会安全即认同安全，它依赖于社会群体及个人对安全的认同，是独立于国家对安全认识的集体认同。哥本哈根学派的安全研究将社会关系置于安全分析的核心，深化了安全研究的领域，拓宽了安全研究议程。①

批判安全研究的思想源于20世纪20年代德国的法兰克福学派的“批判理论”。批判理论总是表现出对现实的不满和对主流理论的挑战。批判安全研究就是在对新自由主义和新现实主义的批判中逐渐发展起来的。批判安全研究反对安全研究话语霸权，主张在安全研究中应更加重视主流学派所忽视的环境生态、贫困及失业等。20世纪80年代，罗伯特·科克斯等学者运用批判理论分析

---

① 巴瑞·布赞等著:《新安全论》，第1—29页。

国际安全关系，[①] 国际安全研究领域出现了一个新的学派——批判安全研究。1994 年，在加拿大多伦多举办的一次国际学术会议上首次使用批判安全研究这一术语，批判安全研究的影响也日益扩大。威尔士学派是“批判安全研究”中较为显赫的一支，他们主张将安全议题扩展到政治、经济、社会、环境、人权等领域，安全的指涉对象应包括整个人类，军事力量不是安全的唯一军事威胁等。[②]

正是以哥本哈根学派为代表的建构主义和以威尔士学派为代表的批判安全研究对新安全问题的“鼓吹”和重视及传统主流学派对新安全问题一定程度上的认同，西方综合安全研究才逐渐兴起。

西方综合安全研究是国际形势发展产生的必然结果，反映了国际安全形势不断的变化过程。20 世纪 60 年代，两极对抗阵营出现松动迹象，西方阵营发生分化，戴高乐主义、新东方政策及日本自主外交纷纷登台。与此同时，中苏关系破裂，社会主义阵营瓦解，由此带来中法关系、俄法关系、中美关系等的巨大变化，国际经济关系也突破了两大阵营的严格限制，布雷顿森林体系瓦解，全球经济渗透增强。如此相伴随的是人类生存环境问题，如生态问题、人口问题、发展问题等的影响愈加严重。更为重要的是人类进入了核时代，美苏两国所拥有的核武器能将世界毁灭多次，核武器使人类面临灭顶之灾。“军事相互依存就是产生于军事竞争中的相互依赖情况。……这种相互依存随着核武器的发展和由此而来的相互确保摧毁的可能性而变得十分明显。”[③] 随着国际相互依存的发展、经济对国际关系影响的加大和全球性问题的增多，传统主义的安全理论都没能很好解释国际关系的新变化，传统主义把安全同国家主权紧密联系在一起，强调国家的自我保存，把安全概念局限于国家和军事层面，这一安全概念不能全面揭示安全的范围和内容，难以解释因

---

① 罗伯特·基欧汉编，郭树勇译：《新现实主义及其批判》，北京大学出版社 2002 年版，第 187—273 页。

② 郑先武：《人的解放与“安全共同体”》，《现代国际关系》，2004 年第 6 期，第 55—61 页。

③ 小约瑟夫·奈著，张小明译：《理解国际冲突：历史与理论》，上海人民出版社 2002 年版，第 276 页。

经济全球化发展而出现的国际相互依存趋势。新自由主义和新现实主义都对自己的观点做了调整。新自由主义开始更多关注经济及多层次的相互依存关系在国际安全中的作用，提出了著名的国际复合相互依存理论，指出国际相互依存越发展，世界就会越安全。国际制度安全论正是反映了这一趋势的发展，因为只有制度才有可能对这些复杂问题进行规范和治理。新现实主义也将经济引入国际安全研究，霸权稳定论就是这一思想的主要代表。然而新自由主义和新现实主义都没有预测到冷战的和平终结，① 对国际格局的和平转换的解释也难令人信服，经过了十多年的争论后彼此相互吸取对方的观点，出现理论上的趋同，然而当时两派对国际安全新趋势反应迟缓。20 世纪 80 年代中后期开始，国际安全形势已发生巨大变化。苏联主动推行缓和政策，戈尔巴乔夫倡导"全人类利益高于一切"，提出"外交新思维"，主张共同安全和全球安全。"外交新思维"的提出反映出苏联对国际安全认识的变化，是一种新的安全观。两大主流理论没有注意到这一新的变化，在解释国际安全新趋势上陷入困境。于是建构主义借用社会学解释的方法将规范、文化及认同等概念引入国际安全问题研究，重视安全文化的地位和作用。建构主义认为，国际安全状态是社会建构而成。建构主义超越了强调物质力量影响的现实主义安全观和注重自由、民主、相互依存的自由主义安全理论范式。建构主义虽不否认物质力量的重要性和国际相互依存对战争的制约作用，但认为规范、文化和认同等非物质因素对国际安全关系起着关键作用。20 世纪 80—90 年代兴起的建构主义对国际安全文化做了很好的解释。冷战结束以后，国际安全研究所涉及的范围在继续扩大。安全变化出现了三种基本转变形态，即从主权安全到人权安全、从国家安全到地区安全和全球安全及从军事安全到社会安全的转变。西方主流国际安全理论都不能全面反映国际安全关系的新趋势。国际恐怖主义、全球环境生态问题、世界范围内的民族主义浪潮及跨国犯罪等成为影响国际安全的重要方面，这使新现实主义的解释出现明显缺陷。新自由主义也因联合国等国际组织在解

① John Lewis Caddis, "International Relations Theory and the End of the Cold War," Winter, *International Security* 1992/1993, p. 5.

决全球问题上苍白无力而陷入危机，建构主义和批判安全研究虽然具有创新和批判精神，提出了非传统安全问题，但也缺乏对传统安全问题的足够重视，综合安全研究应运而生。综合安全强调安全主体的多层面性，实现安全目标手段的多样性，倡导包括政治、经济、军事、文化等安全领域的全面性，反映了20世纪90年代以来世界全球化的发展趋势。西方综合安全研究正是国际安全形势发展的必然结果。然而我们也应该清醒地认识到，综合安全的出现并没有改变国家安全、军事安全等传统安全研究在西方安全研究中的主导性地位，以国家为主要内容的传统主义学派仍是西方安全研究的主流。综合安全问题的提出实际上降低了传统安全在国家安全战略中的地位，因为在综合安全观念中，传统安全只是众多安全问题之一。因此，在全球化时期，虽然国家安全不能仅依靠增加军备和建立军事同盟来保证，但决不应因综合安全问题而降低甚至放弃传统安全手段。21世纪第二个十年，大国政治的回归进一步证明了这一观点。

第三章
西方现实主义安全研究

在西方国际安全研究领域，现实主义思想一直占据主导性地位。20 世纪 40 年代末，传统现实主义成为西方国际安全研究的主导理论。20 世纪 70 年代末，新现实主义思想使战后现实主义理论达到了一个新阶段，并引发了 80 年代至今 20 余年的国际安全思想辩论。现实主义理论虽受到一定冲击，但其主导地位仍无法撼动，现实主义在西方国际安全理论中的重要性可见一斑。笔者旨在对西方现实主义安全理论发展的历史脉络、主要观点做较全面地分析、介绍和评价，以飨读者。

第一节　西方现实主义安全研究的历史演进

现实主义理论一直在西方国际安全研究领域占据主导性地位，是安全研究中最为广泛的分析视角。① 西方具有现实主义传统。修昔底德的“战争论”、马基雅维利的“国家利益论”和霍布斯的“自然状态论”等是西方现实主义的主要思想渊源。19 世纪末 20 世纪初，出现了“海权论”“陆权论”的军事战略思想。从根本上看，“海权论”和“陆权论”实际上是战略研究。战略研究是一种特殊意义的安全研究。斯皮克曼的“边缘地带论”、科恩的“地缘区域论”和布热津斯基的“棋盘论”就是这些思想的继承和发展。第一

① 彼得 · J. 卡赞斯坦著，李小华译：《文化规范与国家安全》，新华出版社 2002 年版，第 25 页。

次世界大战以后，以伍德罗·威尔逊为代表的理想主义国际安全研究开始主导国际政治研究领域。20世纪20年代末，资本主义的经济危机和法西斯主义的猖獗使理想主义陷入困境。这促使现实主义思想在西方国际安全研究中再次兴起，以爱德华·卡尔和汉斯·摩根索为代表的现实主义学者对理想主义安全观进行了批判。1939年出版的《二十年危机：国际关系研究导论》及1948年出版的《国家间政治》两本书使现实主义在与理想主义的争论中占据优势，并一举成为西方国际安全研究的主导理论。从此安全研究作为一个学科从国际政治研究中分离出来，成为国际政治研究的一个分支领域，出现了安全研究的黄金时代。[①] 安全研究在20世纪80年代末90年代初开始风光起来。[②] 20世纪70年代初，罗马俱乐部关于人类困境的报告——《增长的极限》[③] 指出了人口、资源、生态、发展等关系到人类生存的问题，人们日益认识到国际安全与经济、资源和环境的关系等问题的重要性，安全概念面临扩展和重新界定的问题。一些自由派和批判理论学者开始对传统现实主义命题进行反思，他们提出国际安全的概念应该扩展到包括经济发展、环境生态、恐怖主义、全球性流行疾病等非军事领域。与此同时，他们对现实主义的安全思想进行了理论上的批判。在批判理论和自由派学者的夹击下，现实主义陷入了前所未有的困境。1979年，发展了经典现实主义的新现实主义（结构现实主义）代表作《国际政治理论》问世，使战后现实主义理论达到了一个新阶段。沃尔兹的《国际政治理论》绕开了经典现实主义中人性等难科学界定的假设，把国际安全关系研究集中在体系结构层面。结构现实主义的出现引发了20世纪80年代至今20余年的西方国际安全思想大辩论。沃尔兹使现实主义理论在国际安全研究中继续占据上风。1981年，罗伯特·吉尔平在《世界政治中的战争与变革》中进一步论证了霸权安全论，该理论加强

---

① David A. Baldwin, "Security Studies and the End of the Cold War," *World Politics*, October 1995, pp. 117 – 141.

② 克雷格·斯奈德等著，徐伟地等译：《当代安全与战略》，吉林人民出版社2001年版，第5页。

③ 同上。

了现实主义理论在国际政治研究领域的优势。新现实主义对安全的重视使其被誉为最重视安全研究的学派。

现实主义理论从马基雅维利关于人性恶的观点出发，认为国家像人一样也有人性恶的追求权力的本性，国际社会的无政府状态使国家间权力斗争成为国际社会的本质。国家在国际上总想谋求权力，只有国家间形成权力均势或在国际上建立霸权体系才有可能使国际社会处于安全状态。西方现实主义安全思想据此强调通过加强军事力量、结盟等方式达到均势状态或建立霸权，或占据具有战略意义的地理位置获得国家的安全目标。这也是自 20 世纪 80 年代以来，西方现实主义安全研究的三个主要分支，即获取权力均势的均势安全论、建立霸权体系的霸权安全论和谋取地缘优势的地缘安全论。

第二节　西方现实主义安全理论主要学派

西方现实主义安全理论包括强调大国制衡的均势安全论、强调霸权治理的霸权安全论和强调地缘政治的地缘安全论。

一、均势安全论

现实主义的均势安全论基于对人性的分析。其逻辑是，人具有权欲本性，国家像人一样也具有权欲。由于国际社会国家权欲普遍性存在，其解决办法就是通过权力均势维护国际安全。摩根索指出，政治现实主义建立在对人性多元的理解上，认识到人性具有不同的侧面，如“经济人”“政治人”“道德人”“宗教人”等。但人们必须从某一个侧面认识国际政治面目，即从国际政治的固有本质理解国际政治。[①] 这一固有本质其实就是国家类似于人的权欲本性。摩根索认为，无论国际政治的终极目标是什么，权力总是它的直接目标。

① Hans J. Morgenthau, *Politics Among Nations, The Struggle for Power and Peace*, Third Edition, Alfred. A. Knopf, New York, 1961, pp. 14 – 15.

像所有政治一样，国际政治必然是权力之争。[①] 用权力界定的利益概念是帮助现实主义找到穿越国际政治领域道路的主要路标。[②] 卡尔在《二十年危机：国际关系研究导论》中对理想主义的安全思想进行了全面的剖析，并强调了权力的重要性。他指出，理想主义注重观念、原则，忽视现实，忽视国际关系中权力的因素和事物发展的因果关系，这是该理论的致命弱点。卡尔认为，道德在国际政治中的地位是整个国际研究领域最模糊、最困难的问题。[③] 国际政治研究者虽然还不能完全抛弃理想主义，但国际研究应该将研究者对未来的雄心和当前的现实结合起来。[④] 在道德、伦理标准与权力政治、价值中的世界与真实世界的关系上，现实主义绝不能脱离实践，忽视权力因素。新现实主义避免了难以科学界定的人性分析，主要考察了国际社会的无政府状态，提出了国际体系的结构理论。在经典现实主义理论中，人性是国际安全竞争的深层原因，新现实主义理论则认为安全竞争根植于无政府状态。在新现实主义看来，国际体系内有两个变量：一是结构，二是单元。一个系统是由一种结构和相互作用着的单元组成的。[⑤] 由单元间的能力分布决定的国际体系对单元即民族国家的影响比单元对单元的影响会更大，体系随着结构的变化而变化。在沃尔兹看来，只有结构稳定，国际安全才能维护。这就像市场而不是某个公司对经济的影响更大一样。由于国际社会没有最高权力机构，国家处于自助状态，国家也只有通过自身努力才能获得安全。主要大国通过结盟等外部均衡（external balancing）和加强军备等内部均衡（internal balancing）等手段使各力量之间处于均衡状态，以此来制衡威胁安全的对手。针对国际经济竞争对国际政治的影响日益加大，国际制度开始受到重视的现象，沃尔兹认为，国际政治

---

① Hans J. Morgenthau, *Politics Among Nations*, *The Struggle for Power and Peace*, Third Edition, Alfred. A. Knopf, New York, 1961, p. 27.

② Hans J. Morgenthau, *Politics Among Nations*, p. 5.

③ Edward H Carr, *The Twenty Years' Crisis*, 1919—1939, 1964 by Harper & Row, Publishers, Incorporated 49 East 33rd Street, New York 16, N. Y., p. 146.

④ *The Twenty Years' Crisis*, p. 147.

⑤ 肯尼思·沃尔兹著，胡少华译：《国际政治理论》，中国人民公安大学出版社 1992 年版，第 93 页。

是权力、斗争和和解的领域。[1] 国际制度仅为国家间权力分配的反映，对国际安全的影响有限。国家在最关键的时候注重的是安全，而不是权力。这是新现实主义对传统现实主义理论的重要修正。[2]

在国际政治的权力争夺中，如何摆脱国家争夺权力的困境维持国际社会的安全？现实主义提出的设想之一是权力均势。权力均势是传统的维护国家安全的国际自助机制，是各国自发作用的结果。均势是各方利益暂时妥协的产物，随着力量对比的变化，均势状态就会被打破，各主要力量之间会重新组合，达到新的均势。在一个仍以主权国家对权力的追求作为动力的世界中，和平只能通过两种方法来维持。其中之一是社会力量自我约束机制，它在国际舞台上表现为各个国家的权力斗争，即权力均衡。[3] 一些国家无论试图维持现状还是推翻现状，都表现出对权力的追求。这种权力欲势必导致所谓权力均衡的态势和旨在维护这种均衡的政策。权力均衡和维护这种均衡的政策，不仅是无法避免的，而且也是使由主权国家构成的社会得以稳定的基本因素，国际权力均衡的稳定，不是由于该原则的错误，而是因为该原则在一个主权国家构成的社会中运行时，无法摆脱特定的情形。[4] 沃尔兹也这样认为，如果说有什么独特的、关于国际政治的政治理论的话，均势理论就是。有些人相信，均势是对各国的安全和世界和平的最佳保证；另一些人却认为，国家进行过的大多数战争，都是均势引起的。现实主义则相信前者。均势理论者认为，不管是一些国家还是所有国家有意识在寻求建立和维持平衡状态，或者，不管是一些国家还是所有国家有意识想要征服世界，均势形成的趋势还是会出现。均势理论把国际政治描述成一个竞争性的领域。均势一旦受到破坏，就会以这种或那种方式重建起来。[5] 建立均势截断了进攻的后路。[6]

---

① 肯尼思·沃尔兹著，胡少华译：《国际政治理论》，第 134 页。

② 肯尼思·沃尔兹著，胡少华译：《国际政治理论》，中文版序言第 2 页。

③ Hans J. Morgenthau, *Politics Among Nations*, p. 23.

④ Ibid., p. 167.

⑤ 肯尼思·沃尔兹著，胡少华译：《国际政治理论》，第 140—155 页。

⑥ 约翰·米尔斯海默著，王义桅等译：《大国政治的悲剧》，上海世纪出版集团 2003 年版，第 42 页。

现实主义认为两极均势是多极均势的一种特殊形式，认为两极均势同样有利于降低战争危险，甚至比多极更安全。因为两个领导者的体系比有多个领导者的体系更加易于管理，两极中的极谁都没有足够的武力颠覆均势，如果产生冲突将比较容易控制，在两极间比在多极间达成和执行协议更容易。在新现实主义者看来，两极体制比较稳定和安全。沃尔兹认为，自 1945 年以来，尽管国际情况并不符合理论家们的规定，（如大国数要超过两个，有一个主要国家能扮演平衡者的角色），世界一直是稳定的，大国构成的世界相安无事。① 因此，两极比多极更加稳定和安全。两极世界不但是和平的世界，也是稳定的世界。② 多极世界中不安全的因素太多，从而造成世界的不稳定状态。人类进入核时代后，传统的均势思想为核均势理论所取代。核恐怖均势（nuclear balance of terror）使两极力量实现了相对的均衡。由于核武器的巨大毁伤力，每一方实际上都具有力量上的优势，这样导致战争的可能性反而大大减少。基辛格也认为，均势体系虽不能避免危机甚或战争，但如能做妥善安排，其作用则在于使一国宰制他国的能力及发生冲突的规模受到限制。它所追求的是稳定缓和，甚至和平。③

二、霸权安全论

霸权安全论亦称霸权稳定论。“霸权稳定论”这个词最早是由基欧汉创造的。④“霸权稳定论”的思想则是由美国经济学家查尔斯·金德尔伯格于 20 世纪 70 年代首先在经济领域提出，后于 20 世纪 80 年代初被罗伯特·吉尔平应用于国际安全领域的。金德尔伯格认为，世界经济要想保持稳定，必须拥有一种“稳定器”，即某个国家能负

---

① 肯尼思·沃尔兹著，胡少华译：《国际政治理论》，第 145 页。

② 罗伯特·基欧汉编，郭树勇译：《新现实主义及其批判》，北京大学出版社 2002 年版，第 314 页。

③ 亨利·基辛格著，顾淑馨等译：《大外交》，海南出版社 1997 年版，第 5 页。

④ 罗伯特·吉尔平著，杨宇光等译：《国际关系政治经济学》，经济科学出版社 1989 年版，第 103 页。

责为亏本商品提供市场，让资本稳定地（不是逆循环地）流动。开放和自由的世界经济需要有一个居霸主或主宰地位的强国。[①] 他认为，霸权体系的存在对世界经济的稳定至关重要。因为国际经济关系中存在着一般经济生活中的公共物品，如国际货币等。每个国家都可以从中享受这些公共物品带来的好处。一般国家都不愿提供这些公共物品，霸权国有提供公共物品的意愿和能力。他认为，20 世纪 20 年代末的经济危机酿成第二次世界大战爆发的主要原因是英国霸权正在衰弱。英国从 19 世纪 70 年代、19 世纪 80 年代或 19 世纪 90 年代开始衰落，而此时的美国却在按孤立主义方式行事，直至 1936 年、1941 年或 1945 年。[②] 美国在 1936 年以前一直不太愿意从英国手中接过这一责任。吉尔平等学者运用金德尔伯格的霸权稳定理论指出，霸权是指一个非常强大的国家统治体系中所有其他国家。[③] 他认为，霸权国体系不仅有利于世界经济的稳定，而且有助于国际体系的稳定。霸权国家与国际体系稳定与安全密切相关，霸权国实力越大，世界和平与安全就越有可能。历史上出现了三种霸权体系，即“古罗马治下的和平”“英国治下的和平”及“美国治下的和平”。霸权国家的权力地位被认可是以其提供公共利益为代价的。像“古罗马治下的和平”一样，“英国治下的和平”与“美国治下的和平”保证了一种相对和平与安全的国际体系。因为霸权国家的政策在给霸权国自己带来好处的同时，也使那些期望并能够利用国际政治和经济现状的国家得到好处。因此，霸权体系下的世界是稳定和安全的。因此，只有在霸权存在的情况下，自由经济秩序才能繁荣和充分发展。吉尔平运用成本分析法论证了霸权国家的衰弱趋势，这从反面论证了霸权安全论的正确性。吉尔平认为，根据边际收益递减原则，霸权国提供公共物品的成本与从中获取的收益成反比。随着公共物品的数量增加，霸权国维持霸权的成本将逐渐高

---

① 罗伯特·吉尔平著，杨宇光等译：《国际关系政治经济学》，第 87—91 页。

② 查尔斯·金德尔伯格著，高祖贵译：《世界经济霸权 1500—1990》，商务印书馆 2003 年版，第 69 页。

③ Robert Gilpin, *War and Change in World Politics*, Cambridge University Press, 1981, p. 29.

于霸权的收益。因为领土扩张增加了财政负担。在成本增加的情况下，帝国或是分裂，或是被迫减少其领土控制和财政负担。如果帝国不能成功地收缩，从而达到成本与资源的平衡，那么它就将衰败并被下一个帝国周期所取代。[①] 当进一步扩张的建设成本开始相当于或超过边际收益时，扩张停止了，从而达到了一种平衡。这只是一种暂时的现象。[②] 随后，占支配地位的国家国内外环境的发展就开始破坏这种平衡。因此，霸权成本使霸主国不得不放弃霸主地位，让位于其新的崛起国。因此，霸权体系表现出周期性，不平衡发展规律继续重新分配权力，从而破坏上一次霸权争斗建立起来的现状。不平衡代替平衡，世界走向新一轮的霸权冲突。[③] 霸权周期论说明，国际自由经济的存在少不了要有一霸主。历史经验表明，没有一个占主宰地位的自由强国，国际经济合作极难实现或维持，冲突将成为司空见惯的现象。吉尔平认为，政治环境是国际自由经济秩序存在的条件，并指出霸主的兴衰是结构变革的重要决定因素。[④]

吉尔平在《全球政治经济学》中进一步论述了霸权安全思想。吉尔平认为，霸权稳定论主张有一个占支配地位的大国是自由国际经济兴起的必要条件。自由国际经济需要一个能致力于自由经济原则的霸权国。[⑤] 吉尔平通过回击霸权稳定论的批评者，论证了霸权是国际和平与安全存在的必要条件，认为领导或霸权有助于国际合作。如果没有霸权，就没有一个领导国来执行世界经济顺利运转所必须的几项任务。吉尔平进一步指出，安全不仅指霸权国本身的安全，还包括盟国的安全。他强调“霸权稳定”“经济大国合作”和“自由安全秩序”。他认为，使用希腊语中的“霸主”而不是“领导国”来说明领导国时常不得不动用权力来实现建立和管理自由世界经济

① Robert Gilpin, *War and Change in World Politics*, p. 145.

② Ibid., p. 155.

③ Ibid., p. 210.

④ 罗伯特·吉尔平著，杨宇光等译:《国际关系政治经济学》，第105—109页。

⑤ 罗伯特·吉尔平著，杨宇光等译:《全球政治经济学》，第100页。

的目标。霸主定义为联盟的领导国。霸主建立自由世界经济主要是为了促进自身的利益，特别是政治和安全利益。我们认为霸主的安全利益中可能包括盟国的经济和军事利益。①

传统现实主义大师摩根索也认为，由于国际社会的无政府状态特性，整个国际社会是松散的、不稳定的，国家安全处于自助状态，国家只能通过自身的努力才能获得安全。在这样一个世界中，世界安全就是一个霸权统治下的国际社会。只有建立霸权体系世界才是稳定和安全的。国际关系领域最大限度地获取权力的欲望是普遍存在的，追求权力的国家外表是追求均势，实际上是追求权力的优势（superiority of power），只有这样它们才有可能得到最大的安全系数。② 作为进攻性现实主义的代表人物之一的米尔斯海默也倾向于霸权安全。他认为，大国行为有三种模式：畏惧（fear）、自助（self-help）和权力最大化（power maximization）。大国总在寻找机会攫取超出其对手的权力，直至获取霸权。国家极其关注权力如何在它们中得以分配，并尽力使自己占有世界权力最大化。因此，国家追求的是相对权力而不是绝对权力。最大量地占有相对权力的国家主要关心物质能力的分配。③ 他们伺机牺牲潜在对手的利益为自己添加额外的权力，以此改变均势。米尔斯海默认为，对国际体系的日常生活而言，安全竞争是常有的。潜在霸主将致力于获得更多的权力，并最终赢得地区霸权直至全球霸权，因为霸权意味着对体系的控制，是国家安全目标的最终实现形式。大国认识到，保证自己安全的最佳办法是当前就争取成为霸主，这样就消除了任何其他大国挑战的可能性。只有糊涂的国家才会感到它已获取了足够的生存权力，而不愿意抓住机会争做体系中的霸主。④

---

① 罗伯特·吉尔平著，杨宇光等译：《全球政治经济学》，第104—109页。

② Hans J. Morgenthau, *Politics Among Nations*, *The Struggle for Power and Peace*, p. 210.

③ 约翰·米尔斯海默著，王义桅等译：《大国政治的悲剧》，上海世纪出版集团2003年版，第49页。

④ 约翰·米尔斯海默著，王义桅等译：《大国政治的悲剧》，第42—53页。

三、地缘安全论

地缘政治学（geopolitics）一词源自希腊语，Ge 或 Gaia 原意是地球之神，polis 是指古希腊的城邦国家，意指地球和国家以及两者之间的关系。地缘政治学这一术语源于 19 世纪后期。20 世纪 70 年代新地缘政治学发端于美国和法国，[①] 尤其与亨利·基辛格密不可分。他将地缘政治学引进有关外交政策的论述中。他认为，地理因素依然是影响国际安全的一个方面，尽管地理因素的限制已失去昔日的辉煌。[②] 在现实主义看来，控制关键的地缘战略位置是国家在国际政治中获取权力大小的一种手段。地缘因素对国家安全的影响很大，大陆国家和海洋国家、内陆国家和沿海国家就有不同的安全观。地缘因素是制定对外战略的出发点和影响国际安全的基本因素。古罗马学者西塞罗曾提出过“谁能控制海洋（地中海），谁就能控制世界”的思想。当时，一些国家为了争夺陆地在地中海地区进行过多次战争。19 世纪末 20 世纪初，逐渐形成了现代地缘安全理论，其中以马汉为代表的“海权论”、以麦金德为代表的“陆权论”、以斯皮克曼为代表的“边缘地带论”、以科恩为代表的“地缘区域论”和以布热津斯基为代表的“棋盘论”最为典型。

美国著名学者马汉强调海权是国家控制世界的关键因素，他认为谁是海洋的主人谁就是时局的主人。[③] 海权体现在海上商业及海军在海洋和可航行水道上的军事行动。[④] 马汉认为，1765 年蒸汽机的发明使其成了海上蒸汽舰动力源。随着海上动力源的革命性变化，海权对于世界历史具有决定性影响。对具有战略意义的狭窄航道的控制是影响一个国家实力的至关重要因素，其重要性甚至超过了地形、疆域、

---

① 杰弗里·帕克著，刘从德译：《地缘政治学：过去、现在和未来》，新华出版社 2003 年版，第 2 页。

② Robert Gilpin，*War and Change in World Politics*，pp. 146 – 147.

③ 杰弗里·帕克著，刘从德译：《地缘政治学：过去、现在和未来》，第 129 页。

④ 马汉著，萧伟中等译：《海权论》，中国言实出版社 1997 年版，第 277 页。

人口、民族性格和政治制度对国家的影响。另外，一个国家通过海洋进行国际贸易的能力，也是决定一个国家能否成为大国的重要因素。他提出，任何一个国家或国家联盟，其力量如果足以控制公海，即控制被大陆分割的全球水域，就能控制世界的财富，从而统治世界。因此，谁控制了海洋，谁就拥有控制世界的关键性权力的源泉，只有控制了海洋的国家才不易遭到别国入侵。[①] 大英帝国的海洋主导是海权运用的辉煌范例。帝国兴衰的历史线索是：是否掌握对海洋的控制权。海权是通向世界权力的钥匙。[②] 当己方的海军力量大大超过对方时，这样的大部队渡海远征，便能够或是全部或是部分获得安全保障。[③]

英国地理学家哈尔福德·麦金德提出了“陆权论”。1904 年，麦金德在皇家地理学会提交的论文《历史的地理枢纽》中提出了陆权安全思想。他认为，海权国家处于优势地位的时代行将结束，而陆权即将回归。海权与陆权之间总是存在一种固定均势，因此任何一方都无法获得对另一方的绝对优势地位。他们各自都有某种优势，借此他们可以重建均势。[④] 他认为，铁路使陆地在国家安全中的地位提升，陆权则取代海权成为世界关键性权力的源泉。因此谁能控制关键性陆地，谁就拥有控制世界的权力。麦金德认为，随着横贯大陆的铁路铺设改变了陆上强国的状况，铁路使欧亚成为世界地缘的心脏地带。1919 年，麦金德在《民主的理想和现实》一文中又进一步提出了“心脏地带论”。麦金德认为，心脏地带具备了成为世界权力的根本中心的潜力。而东欧是夺取世界权力的关键。谁统治了东欧，谁就主宰了心脏地带；谁统治了心脏地带，谁就主宰了世界岛；谁统治了世界岛，谁就主宰了全世界。[⑤]

美国地缘学家斯皮克曼的“边缘地带论”则是“海权论”和

---

① 克雷格·斯奈德等著，徐伟地等译：《当代安全与战略》，吉林人民出版社 2001 年版，第 46 页。

② 杰弗里·帕克著，刘从德译：《地缘政治学：过去、现在和未来》，第 150 页。

③ 艾·塞·马汉著：《海军战略》，商务印书馆 1994 年版，第 195 页。

④ 杰弗里·帕克著，刘从德译：《地缘政治学：过去、现在和未来》，第 30—31 页。

⑤ 同上书，第 138—139 页。

"陆权论"基础上的继承和发展。斯皮克曼认为，只要控制住欧亚大陆的边缘地带，就可以限制大陆心脏地带的陆权国家的扩张。他提出，谁控制了边缘地带，谁就控制了欧亚大陆；谁控制了欧亚大陆，谁就控制了世界。在斯皮克曼的地缘政治观点中，有三个主要的世界力量中心：海上世界、陆地世界和边缘地带。斯皮克曼还建议美日应在边缘地带内建立一种均势，并力求限制边缘地带国家所拥有的权力。①

美国另一地缘政治学家柯恩则提出了不同于斯皮克曼的见解，他提出了地缘政治特征是区域建构的思想。他在1964年发表的《分裂世界的地理与政治》一书中提出，世界性权力中心的第一级地缘战略区有两个，即以美国为核心的海权世界和以苏联为核心的欧亚大陆世界。其中次一级的海洋西欧和大陆中国。在两大"地缘战略"区域组成的全球框架内，新的"地缘政治"区域正在显现。他们是北美、西欧、苏联和中国。全球两极框架内的"多重权力叉点"正在显露。②

当今美国著名的地缘战略家布热津斯基提出了"棋盘论"。他认为，政治地理仍是影响国际安全事务的关键因素。冷战结束以后，美国已成为第一个也是唯一的一个真正的全球性大国，凭借其决定性力量可建立起由美国设计的全球体系，而欧亚大陆是最重要的地缘政治目标，是全球意义的地缘战略区域。布热津斯基在《大棋盘》一书中，把主要国家分为"地缘战略棋手"和"支轴国家"两类。布热津斯基认为，欧亚是个棋盘。棋盘的西部、东部、中部和南部有数个实力不等的重要棋手。③ 法国、德国、俄罗斯、中国和印度是主要和积极的地缘战略棋手，英国、日本、印尼不具备棋手的资格，乌克兰、阿塞拜疆、韩国、土耳其和伊朗是起着重要作用的地缘政治支轴国。今天，地缘政治问题已不再是欧亚哪个地理部分是控制

---

① 杰弗里·帕克著，刘从德译：《地缘政治学：过去、现在和未来》，第163页。

② 同上书，第176页。

③ 兹比格纽·布热津斯基著，中国国际问题研究所译：《大棋局：美国的首要地位及其地缘战略》，上海人民出版社1998年版，第43页。

整个大陆的出发点，或陆地力量是否比海洋力量更重要。随着控制整个欧亚大陆成为取得全球性主导地位的主要基础，地缘政治已从地区问题扩大到全球范围。[①] 根据布热津斯基的地缘战略思想，不难理解美国最重要的地缘政治目标。美国全球战略的基本着眼点：一是争夺和控制欧亚边缘地带；二是阻止一个占主导地位和敌对的欧亚大陆大国的出现。

第三节　对现实主义国际安全理论的批判

现实主义在西方国际安全研究中一直占据主导性地位，这一状况至今仍无法改变。虽然自由主义、建构主义和批判理论从不同的角度对现实主义安全理论进行了批判，但在西方国际安全研究中，现实主义的地位仍无法撼动。现实主义对国际安全研究的意义是有目共睹的。传统现实主义理论对安全研究的主要贡献在于提出了权力与安全的关系。在一个没有秩序的国际社会中，权力较大的行为体将对国际局势的发展起决定性的作用。在现实主义看来，国家在国际社会的权力越大，其国家就越安全。新现实主义的贡献主要是提出了国际结构与国际安全的关系，认为是结构而不是构成结构的单元对国家安全的影响更大。现实主义的国际安全理论对国家间军事对抗做出了较好的解释。安全困境理论较好地解释了20世纪两次大战和冷战对抗。现实主义的缺陷也是显而易见的，该理论把安全同国家主权联系在一起，将安全概念局限于军事层面，使其难以解释因经济全球化发展而出现的国际相互依存趋势。经济全球化的发展和国际安全相互依存程度的加深也制约着国家使用军事手段解决矛盾和分歧。

在经济全球化和信息数字化时代，国际贸易和技术的发展带动了国际分工，也带动了资本、人才和资源的跨国流动，世界一体化趋势加强。国际安全因素也出现了由纯军事领域向政治、经济、文

---

① 兹比格纽·布热津斯基著：《大棋局：美国的首要地位及其地缘战略》，第55页。

化、军事、环境等综合领域扩散的趋势。20世纪90年代起，国际安全已表现出一种综合性的相互安全，即个人、群体（包括国家）、国际社会之间的相互安全和政治、经济、文化、军事、环境等领域的相互安全。国际安全开始出现两大变化，即安全内涵从军事安全转向包括军事安全在内的综合安全，安全研究主体从国家单一主体转向包括国家在内的多元主体。现实主义安全论由于将安全限制在军事层面和国家层面，其结论必然是国际冲突直至战争。两次世界大战的历史表明，战争的代价和破坏性空前巨大。如果冷战结束以后的今天再通过体系战争的形式实现国际权力转移，说明世界大国丝毫没有从两次大战中汲取经验教训，况且核时代的核战争将以参与战争的国家同归于尽而告终。这使得国家将成为非理性国家，这显然是不符合现实主义关于国家是理性的假设预期。

面对新型的大国关系结构和国际安全形势，现实主义的安全理论出现了贫困。冷战后大国合作势头未变，在可预见的时期内大国在恐怖主义、大规模杀伤性武器和技术扩散等国际安全问题上的合作趋势将不断加强。同时，国家安全之间的联动性和相互依赖性也使一些非军事安全问题日益突出，大国需要合作来解决。“在每一轮国际政治周期或周期中的某个阶段结束之后，大国合作与融合都出现一次比一次加强的趋势，尤其是世界经济的一体化和世界市场的逐步统一，更是随着科学技术的跳跃式发展而呈现出螺旋式上升的强劲势头。”① 因此，大国间发生战争将损害国际相互依存关系。在经济全球化和相互依存的背景下，大国不以战争而以和平过渡方式实现新旧国际权力结构的转换是完全可能的。从冷战结束至今国际政治的实践来看，由美苏两极争霸到美国单极独霸并非由霸权战争完成，国际政治权力结构的转变不是以战争更替形式实现的。这预示着国际权力转移并不必然通过体系战争的方式，也可以通过和平方式，大国之间并不必然爆发体系战争。现实主义安全研究由于过于注重国家间安全政治而忽视了国内政治与国际安全的关系，因此，现实主义安全研究也无法解释冷战的结束以及冷战后所发生的许多

---

① 郭学堂：《国际政治周期性规律性中的新问题和新思路》，《战略与管理》，1997年第1期，第27页。

重大国际安全事件，如“9·11”事件。由于现实主义安全理论主要研究军事安全和国家安全，而忽视了其他安全现象，从而暴露了其理论的短视。在非国家安全和非军事安全等问题上，自由主义、建构主义和批判理论似乎更具有生命力。因此，只有从制度主义和建构主义的角度才有可能较好地理解并分析这个关乎人类命运的重大课题。

第四章
自由主义国际安全研究

自由主义国际安全研究是西方国际安全研究（security study）中的一个主流学派，地位“显赫”。20 世纪 70 年代开始，经济自由主义、民主自由主义及自由制度主义对国际安全研究的影响越来越大，但学术界鲜有从安全视角对西方自由主义思想的研究进行分析和总结。笔者试图对西方自由主义国际安全研究的历史轨迹、主要思想观点进行梳理，并做简要的评价，以达到抛砖引玉的作用。

第一节　西方自由主义国际安全研究的历史轨迹

当今西方自由主义国际安全研究源于第一次世界大战。一战后，理想主义（亦称自由主义）[①] 的国际安全研究开始主导国际政治研究领域，伍德罗·威尔逊是理想主义思想的主要代表。他们从人性善的观点出发，从分析国家安全入手给世界开出安全“药方”，即唤醒误入歧途者的良知、消除国家间的误解及建立集体安全和国际制度，这样人类可摆脱国际安全困境，世界和平与安全就有希望。他

---

① 自由主义对世界的和平与安全前景抱有信心。大多数自由主义者相信，极大地减少战争灾难，促进国际繁荣是可能的。有鉴于此，自由主义理论常常被贴上“乌托邦”或“理想主义”的标签。参见约翰·米尔斯海默著，王义桅等译：《大国政治的悲剧》，上海世纪出版集团 2003 年版，第 14 页。

们欢庆国家主权的衰落，寻求通过多边主义超越权力政治、狭隘的国家利益及从根本上超越民族国家本身的方法，[①] 其观点亦称“早期的跨国制度主义”。被寄予厚望的理想主义学派既未能预测第二次世界大战的爆发，也没能阻止第二次世界大战。始于20世纪20年代末的资本主义经济危机和法西斯主义的猖獗使理想主义的国际安全思想陷入困境。这促使源于修昔底德、马基雅维利的现实主义思想再次兴起，以爱德华·卡尔和汉斯·摩根索为代表的现实主义者对理想主义安全观进行了批判。1939年出版的《二十年危机：国际关系研究导论》及1948年出版的《国家间政治》使现实主义在和理想主义的争论中占据优势，并一举成为西方国际安全研究的主导理论，自由主义的国际安全研究一度陷于低潮。

20世纪70年代西方国际安全研究出现重大转折。过去安全理论最为关注的对象是国家的军事安全，国际安全关系主要指主权国家之间的关系。20世纪70年代初，罗马俱乐部关于人类困境的报告——《增长的极限》[②] 指出了人口、资源、生态、发展等关系到人类生存的问题，人们日益认识到国际安全与经济、资源和环境的关系等问题，国际安全的含义正在发生重大变化。非国家行为体、相互依存及国际规则等对国际安全的影响越来越大。一些学者开始对传统现实主义命题进行反思，他们提出国家安全的概念应该扩展到包括经济发展、环境生态、恐怖主义、全球性疾病等“非对称威胁”领域，由此产生了新现实主义、新自由主义及批判理论关于国际安全的思想辩论。罗伯特·基欧汉、约瑟夫·奈等新自由主义学者在《权力与相互依赖》一书中根据新出现的国际安全局势对现实主义安全思想进行了批判，他们认为，虽然现实主义对传统安全的解释仍有重要的意义，但现实主义的几个前提假设不符合国际安全新趋势。注重历史经验的现实主义不能动态地解释国际安全形势的新变化。对传统现实主义观点做了修正的新现实主义仍太过于强调

① Charles Krauthammer, “The Unipolar Moment Revisited,” *The National Interest*, *Winter*, No. 3, 2002, p. 12.

② 丹尼斯·梅都斯等著，李宝恒译：《增长的极限》，吉林人民出版社1997年版。

国家行为体的作用和国家间的冲突，对国际安全关系多角色的重要性、国际相互依存新趋势及国际合作的必然性对国际安全的影响的重要性仍重视不够，并提出了相互依存安全论的观点。《权力与相互依赖》的出版使自由主义的相互依存学说成为西方国际安全理论研究的一个主流学派。1984 年，罗伯特·基欧汉在《霸权之后》一书中进一步提出了后霸权安全的思想。该书在相互依存安全论的基础上进一步深化，明确提出国际制度安全论，希望在全球建立具有约束力的国际制度来获取国际安全。基欧汉提出的国际制度安全思想与美国霸权的衰落密切相关。20 世纪 70 年代，美国由于长期陷于越战，其国力出现相对下降趋势，再加上第三世界的崛起、欧盟和日本对美的离心倾向以及苏联的军备扩张加强了这一趋势，美国霸权难以维持。美国因此难以提供维持国际稳定与安全所需的国际公共物品。罗伯特·基欧汉和约瑟夫·奈等人据此提出依靠国际制度维持美国霸权结束后的国际合作，以此维持国际和平与安全。与此同时，民主自由主义安全观在西方，尤其在美国国际安全研究中的影响日益加大。20 世纪 70 年代后期，卡特的人权外交就曾竭力主张恢复美国外交政策中的自由、民主和道义传统。20 世纪 80 年代初里根政府上台之后，依然强调以西方的民主和人权价值作为对抗苏联的重要手段。民主和平是里根政府时期美国对外战略的重要内容。1982 年 6 月 8 日，里根在英国国会演讲中指出，建立在对个人自由充分尊重基础上的政府具有“克制力”和“和平的内在意图”。他要求对苏联集团发动一场促进其民主和自由观念的新十字军东征，并提出这将扩大世界和平的前景。[①] 美国政府的这一政策变化推动了西方（美国）国际关系学界将民主与安全联系起来进行思考，由此产生了反映西方价值观的民主安全论。民主安全论与经济依存安全论及国际制度安全论共同构成了当代自由主义国际安全理论的三大学派。

---

① 朱峰等:《民主和平论在西方的兴起与发展》,《欧洲》，1998 年第 3 期，第 23 页。

第二节　西方自由主义国际安全理论三大主要流派

西方自由主义国际安全理论主要包括相互依存安全论、国际制度安全论和民主安全论。

一、相互依存安全论

反映自由贸易思想的经济依存安全论源于亚当·斯密。他发现了存在于利己的竞争性经济行为表象之下的一种根本的利益和谐。① 伊曼努尔·康德（Immanuel Kant）曾指出过民族贸易往来使他们被带进彼此之间的和平关系。② 当代经济依存安全论产生于19世纪50年代。英国曼彻斯特经济学派的代表人物理查德·柯布登（Richard Cobden）认为，自由贸易的发展和各国经济相互依赖的加强，将会维持持久的世界和平。因此消除贸易障碍是建立国家间永久和谐的唯一条件。美国学者诺尔曼·安吉尔通过战争成本的分析方法，论证了贸易与国际安全的关系。他认为，经济相互依赖使战争被视为非理性的，战争过时的那一天将会到来。③ 因为国家间经济的高度相互依存使它们不可能彼此发动战争。④ 20世纪70年代初，基欧汉和奈在《国际组织》杂志上刊登专辑就曾指出了多国商业公司、罗马天主教会和恐怖组织在世界政治中的重要意义。他们在《权力与相互依赖》中进一步指出，在20世纪70年代之后的国际社会中，国

① Hans J. Morgenthau, Revised by Kenneth W. Thompson, *Politics Among Nations*, *The Struggle for Power and Peace*, Peking University Press, 2005, p.43.

② ［德］康德著：《历史理性批判文集》，商务印书馆1990年版，第122页。

③ 罗伯特·基欧汉、约瑟夫·奈著，门洪华译：《权力与相互依赖》，北京大学出版社2002年版，第257页。

④ 约翰·米尔斯海默著，王义桅等译：《大国政治的悲剧》，上海世纪出版集团2003年版，第15页。

家间的关系不再是相互孤立的，而是处于一种复合性的相互依赖状态。因而，影响国家间安全关系的因素不仅仅是政治，还有经济等因素。国际行为体不仅仅是国家，还有国际组织、跨国公司等非国家行为体。因此在相互依存时代，国际联系是多渠道的，有国家间联系、跨政府联系和跨国联系。这类联系的紧密化和多层次化使武力在大多数情况下已成为不相干的或无足轻重的政策工具。[①] 以军事问题为中心的国家安全概念越来越难以准确地反映现实情况，其象征性作用也在下降。[②] 在纯粹复合相互依赖的条件下，武力的作用将无足轻重。[③] 冷战结束以后，国际体系发生了根本性的变化，“经济依存安全论”也相应得到完善。美国著名学者罗斯克兰斯认为，经济依存使越来越多的国家成为贸易国家，反过来又促进了国际社会的相互依存。经济相互依赖使贸易的价值上升，爆发战争的可能性变低，因为没有国家有能力承担起现代战争的成本。

二、国际制度安全论

国际制度安全论认为，通过建立对国家具有约束力的国际制度能够带来真正的国际和平与安全。因为国际制度安排可以对国家行为进行规制，并通过谈判、合作促进了解，通过增进互信来减少彼此间的恐惧感。国际制度安全论的先驱威尔逊在其著名的“十四点计划”中就提出必须根据专门公约成立一个普遍性的国际联合组织，这样所有人民和一切民族，不论强弱都能享受自由和安全的生活的公平原则（principle of justice），否则国际法的整个体系与效力将永远受损。[④] 跟现实主义一样，制度理论也是功利主义和理性主义的。[⑤] 理性的国家为了求得自己的利益而寻求制度合作，以获取绝对

---

① 罗伯特·基欧汉、约瑟夫·奈著，门洪华译：《权力与相互依赖》，第35—38页。

② 同上书，第8页。

③ 同上书，第105页。

④ 《美国历史文献选集》，美国驻华大使馆新闻文化处1985年版，第133页。

⑤ Robert O. Keohane and Lisa L. Martin, “The Promise of Institutionalist Theory,” *International Security*, Vol. 20, No. 1, p. 39.

收益。当今国际制度安全论的代表人物罗伯特·基欧汉根据理性选择理论提出，有关国家在国际关系某一特定领域存在共同利益，而这一共同利益只能通过合作才能获得。为合作提供信息和制定国际规则的国际制度是国际合作的最佳途径。基欧汉的《霸权之后》一书提出了“后霸权合作理论”，其核心是通过多国合作而形成的国际制度来维持国际秩序，用国际制度取代霸权。基欧汉一直强调合作可以通过制度培育起来。[①] 他认为，尽管无霸权的合作是困难的，但合作仍然可能，因为有互补利益，而国际机制的形成取决于共同的或者相互补充的利益的存在。当共同的利益足够重要，以及其他的条件都满足时，没有霸权合作也可以出现，国际机制也可以创设。当霸权衰落时，对国际机制的需求甚至会上升。随着霸权的衰落，一个缓慢的从霸权合作到霸权后合作的转化就可能发生。[②] 在霸权时期遗留下来的大量的国际机制为合作创造了更有利的制度环境。[③] 同时国际机制使各国政府一起谈判拟定协议的成本更加低廉。[④]

建立世界政府是自由主义国际制度安全观的重要内容。自由主义认为，战争之所以发生是因为国际无政府状态所致。在国际社会无政府状态下，没有一个具有权威的力量阻止发动战争的国家的挑衅行为。如果建立世界政府，国际上就会有一个公共权威，世界上所有国家的行为就会受世界政府约束，国家之间的战争就不容易发生，世界安全就会有保障。由于建立世界政府非一日之寒，需要长时期的努力才有可能达到，于是自由主义先尝试是通过建立集体安全体系克服“安全困境”[⑤]。集体安全起源于“四国同盟”（1815—1870 年）。“四国同盟”可以被描述成一个国际安全

---

① 罗伯特·基欧汉著，苏长和等译：《霸权之后：世界政治经济的合作与纷争》，上海世纪出版集团 2001 年版，第 79 页。

② 同上书，第 95 页。

③ 同上书，第 290—291 页。

④ 同上书，第 110 页。

⑤ 1950 年，约翰·赫兹在《世界政治》期刊上发表的一篇文章中，首次提出了安全困境的概念。参见约翰·米尔斯海默著，王义桅等译：《大国政治的悲剧》，第 48 页。

制度。[①] 集体安全设想由国际社会所有成员建立国际法体系。欲违反国际法的国家必须随时想到自己有可能与由所有国家组成的共同阵线处于敌对状态，这种共同阵线自动采取捍卫国际法的集体行动。[②] 因此，集体安全体系是指通过集体的力量威慑或者制止体系内部可能出现的侵略者和侵略行为的办法来保护单个国家的安全的方法。集体安全是通往世界政府的必由之路。国际联盟和联合国就是理想主义集体安全思想的两次试验。

三、民主安全论

民主安全论强调民主国家之间比非民主国家之间更有和平倾向，主要是解释在民主国家之间没有战争，[③] 认为由人民选举而成的民主国家可通过制度约束阻止战争的爆发，当民主国家间发生冲突时不会诉诸武力，所以民主国家之间不会发生战争。当世界所有国家成为民主国家时，国家安全和国际安全就会有保障。这一观点由鲁道夫·鲁美尔和迈克尔·多伊尔（Michael Doyle）在20世纪80年代提出。20世纪90年代以后，“民主和平论”的重大研究成果体现在布鲁斯·拉西特和约翰·奥尼尔的《三角和平》（2001）中。[④] 最早将民主与和平相联系，以自由主义理论解释战争的是康德。康德竭力赞美共和制。他认为，每个国家的公民体制都应该是共和制，国际权利应该以自由国家的联盟制度为基础，世界公民权利将限于已普遍的友好为条件。这是康德实现永久和平的三个条件。康德认为，在宪法体制之下，不可避免的事实是，“国家需要公民表示同意来决定是否进行战争，这就必然使它们非常深思熟虑地去开始一场如此

---

① 戴维·赫尔德等著，杨雪冬译：《全球大变革》，社会科学文献出版社2001年版，第177页。

② Hans J. Morgenthau, Revised by Kenneth W. Thompson, *Politics Among Nations, The Struggle for Power and Peace*, Peking University Press, 2005, pp. 315 – 316.

③ Harvey Starr, Anarchy, *Order*, *and Integration*, the University of Michigan Press, 1997, p. 113.

④ 罗伯特·基欧汉编，郭树勇译：《新现实主义及其批判》，北京大学出版社2002年版，第40—41页。

之糟糕的游戏”。[①] 20 世纪 50 年代肯尼思·沃尔兹（Kenneth Waltz）从人、国家和国际三个层次指出，坏的国家容易发动战争。在民主安全论者看来，国际体系中存在“好”与“坏”的国家，好国家寻求合作政策，彼此很少发生战争；而坏的国家则挑起与其他国家的争端，倾向于用武力解决问题。因而，通向和平的钥匙在于让好的国家遍布全球。[②] 冷战后美国政府先后提出“无赖国家论”“邪恶轴心论”的理论依据就源于此。沃尔兹虽然没有明确指出好的国家就是西方民主国家，但给民主安全论者以想象的空间。在民主安全论者看来，好的国家当然是指西方民主国家，坏的国家则是指非西方民主国家。民主国家不会对其他民主国家发动战争。由民主国家组成的世界将是一个没有战争的世界。[③] 1983 年，鲁梅尔在研究了国内政治和国际安全的关系后认为，一个拥有较多民主、自由的国家，其对外的暴力成分就较少。也就在这一年，迈克尔·多伊尔认为，成功的西方民主国家拥有法治、稳定的政治和社会秩序和负责的对外政策。他认为民主国家不打仗。二战后民主国家已在世界建立起单独的和平（separate peace）。1995 年，大卫·赫尔德进一步提出了民主世界主义模式的思想。他的理论贡献就在于通过实现世界民主而不是单个国家的内部民主的途径，实现世界的和平与安全。这种模式是对不同国家和社会进行民主调控的制度框架。他认为，民族国家或地区内部民主自主性的实现所取得的成就毫无疑问是重要的，但只是通往全球范围内建立世界主义民主之路上的一块里程碑。当越来越多的国家、机构接受新的民主秩序之后，一个人作为公民服从特定共同体的管束的义务与其遵从国际认可的规则的义务之间的冲突，可能就会逐渐被克服。单个民主国家或社会的原则，将契合于世界主义民主法的原则。结果是，人们作为国家的公民和作为世界主义法主体的权利与责任，将互相契合。由此，原则上，民主国家的公民获得了普世性的地位。民主的世界主义模式是全球性的、

① ［德］康德著：《历史理性批判文集》，第 105—118 页。

② 倪世雄：《当代西方国际关系理论》，复旦大学出版社 2001 年版，第 110—111 页。

③ 约翰·米尔斯海默著，王义桅等译：《大国政治的悲剧》，第 15 页。

分化的权威体系的法律——一个由民主法造就和限定的不同权力中心重叠交叉的体系。[①] 世界主义民主必须始终是追求各自目标的各类组织、机构和社团的聚合，无论这些组织、机构和社团是经济的、社会的或文化的；而它们所追求的这些目标，也必须始终受到民主的过程及政治行动的共同结构的约束。他提出改革联合国安理会、创立联合国第二院（由国际制宪会议而产生）及建立有效的、负责任的、国际性的军事力量等来实现民主的世界主义模式。在没有强制性或霸权主义政治存在的情况下，民主世界主义模式是实现世界和平与安全的保证。因为世界主义的民主共同体并不要求各种不同类型的信念、价值、准则以定于一尊的形式实现政治和文化上的一体化。这是因为，民主的吸引力部分地正在于它强调人们自发的政治偏好的至高无上性，强调对于不同意见的公共解决方式。[②]

第三节　对西方自由主义国际安全理论的批评

经济依存安全论反映了20世纪70年代国际安全形势的新变化。由于经济因素在国际关系中的地位提升，国际交往日益密切，国际相互依存程度越来越深，共同的利益也越多，国家间也就越有合作的趋向，因为冲突和战争只会给利益各方带来更多的损害。因此，国际相互依存在一定程度上促进了国际和平与安全。然而我们也应清楚，国际相互依赖也可能招致冲突与战争。因为相互依赖的程度越高，利益各方的矛盾更加激烈和表面化，分歧也更多，这会给国际合作造成更多障碍。因此，国际相互依存给国际关系带来的是完全相反的两种影响：或是合作或是冲突；或是安全或是威胁；或是和平或是战争。现实主义对相互依存安全论的观点进行过批判。现实主义者认为，在经济相互依赖程度很深的国家之间爆发冲突是天

① 戴维·赫尔德著，胡伟译：《民主与全球秩序》，上海世纪出版集团2003年版，第246—248页。

② 同上书，第293—297页。

经地义的。芝加哥大学教授约翰·米尔斯海默认为，当安全和财富这两个目标发生冲突时，前者重于后者。[①] 肯尼思·沃尔兹在《国际政治理论》一书中对相互依存安全论的观点进行了深入剖析。他认为，经济相互依赖自然导致国际和平与安全的观点没有依据。对相互依存有不同的认识，有“非对称相互依存”“局部相互依存”“低度相互依存”和“深度相互依存”等概念，有些地区几乎不存在相互依存，如实行闭关锁国的国家之间和充满民族主义的世界里。[②] 他认为，自助状态下国家由于首先考虑自己的生存和担心依附性增强使别国控制自己的恐惧会阻碍国际合作的进一步深化。由于对安全的考虑是首要问题，因此，经济利益被置于政治利益之下。相互依存并不一定带来和平与安宁，因为紧密的相互依存意味着接触的紧密以及偶然冲突机会的增加。最激烈的内战和最血腥的国际战争都发生在非常相似而且有着密切关系的人们之间。如果相互依存的发展速度超过中心控制的发展速度，那么相互依存便会加快战争的到来。

国际制度安全论与相互依存安全论不同。相互依存安全论是必然性安全论，只要有国际相互依存，国际安全就会必然到来。而国际制度安全论并不认为国际相互依存必然会导致国际安全，而是设想建立一种有权威性的国际制度来约束国家发动战争的行为，而相互依存和国家间共同的利益关系为建立国际制度提供了机遇。因为，在相互依存和全球化时代，世界各国相互依赖日益加深产生了对建立国际制度的需求，这一切极大地影响着国际安全关系。因此，随着国际社会相互联系的增多，需要全球治理来解决国家间逐渐增多的问题，摆脱国际安全的困境需要有超越国家的行为体，国际制度正是适应这一趋势而产生的。随着时间的推移，国际制度在国际安全中的作用也越来越大，自由主义的国际安全思想也越来越在实践中发挥着重要作用。“国际制度安全论”不仅论述了摆脱国际安全困境的新方法，还拓展了缔造国际和平与安全的主体，国际安全的可能性因国际制度的出现而增加了。然而，我们也应清楚国际制度作

① 约翰·米尔斯海默著，王义桅等译：《大国政治的悲剧》，第60页。

② 肯尼思·沃尔兹著，胡少华译：《国际政治理论》，中国人民公安大学出版社1992年版，第190—193页。

用的局限性。我们决不要幻想，只要国际制度建立起来了，世界就安全了。制度规则的制定往往由强国决定，国际制度有时也成为少数大国谋利的工具。国际联盟、联合国等均没有消除威胁国际安全的各类因素。国际联盟没能阻止德国在欧洲的侵略和日本对中国的侵略，联合国对美国在伊拉克的军事行动也无能为力。肯尼思·沃尔兹就曾警告过，在一个由国家组成的、没有多少凝聚力的国际社会里，所有要建立世界政府的努力，只会以这种混乱局面而告终：建立起来的中央权力想通过调节和管理它的各组成部分，来维持系统的统一，但却无力调动所需的资源。世界政府的美好前景，只能是一张准备世界内战的请帖。①

民主安全论无论在历史上还是在逻辑上都是难以成立的。从历史和实践上看，西方民主国家的民主过程就是其对外扩张的过程，其发展的历史就是对外侵略史。二战结束后的“民主成熟”国家的代表——美国的对外政策就是军事实力政策。从 20 世纪 50 年代初的朝鲜战争到 21 世纪初的伊拉克战争，其根源在于美国的霸权战略。美国国内是“民主”的，国际上却使用霸权和战争手法。民主安全论只是为美国的对外战争提供了理论依据。从逻辑上看，民主与安全之间也没有必然联系，民主并不必然导致无暴力的结果。选择领导的过程是民主的，领导的决策可能是专断的。决策是民主的，并不意味着总是做出反战争的决策，进行战争的决策也可以通过民主的程序做出，民主并不必然导致安全。不安全的根源有很多，国内制度只是众多根源之一。经典现实主义认为不安全的根源来自人性、国家和国际社会的无政府状态。新现实主义认为国际权力结构才是影响国际安全的主要根源，还有不同的观念、宗教冲突、民族冲突及领土争端都可能被认作是国际战争的根源。私有制也曾被马克思主义认为是战争的根源。显然，不安全的根源不具有唯一性，国际安全需要多方面的维护，不应仅仅将其与国内制度联系起来。而赫尔德的民主世界主义模式恐怕只能是一种理想模式，因为今天只有中国等少数国家提出了国际关系民主化的观点。

---

① 肯尼思·沃尔兹：《国际政治理论》，第 127—167 页。

第五章 国家安全观的终结？——新安全观质疑

冷战结束以后，由于苏联的解体和美苏对抗的消失，军事因素在国际关系中的地位相对下降。与此同时，全球化的快速发展、全球性问题的出现和相互依存程度的加深，使国际社会面临着更复杂的安全挑战，传统以国家为本位的军事安全只是国际社会面临的众多安全问题之一，人们的安全观念正在发生重大转变。国内外学者敏锐地注意到这一变化，并提出综合安全、全面安全、新安全观等概念来解释这一现象。这一解释使人们对安全问题的认识容易发生误解和偏差，易于忽视或忘却国家安全和军事安全问题，甚至有贬低传统安全之嫌疑。笔者拟从国家安全的缘起、分析安全观的不同视角及国家安全观的转变形态等方面探讨现今国家安全的地位，并对新安全观提出质疑，以便更加准确地认识冷战后安全问题的新发展，同时提醒人们警惕忽视传统国家安全的现象。

第一节 国家安全的缘起与传统安全观

以国家安全、军事安全为核心的安全观古已有之，但其含义与今天的安全观相比已有很大的差异，因此，要认识传统安全观，还得从国家安全的缘起和含义说起。

一、国家安全的缘起

中国历史上就存在古代国家安全观。当时的国家安全主要包括两方面的含义，即统治者政权的安全和外来侵略引起的“国家安全”问题。“水可载舟，亦可覆舟”属前一类安全，“战国七雄”“春秋五霸”及“三分天下”等指的是后一种安全。古代欧洲也曾出现过两种不同的安全问题。凯撒被刺后的罗马政局变化属前一种安全，雅典与斯巴达之间的伯罗奔尼撒战争以及古罗马与迦太基之间的布匿战争属后一种安全。现代的国家安全则起源于欧洲。17 世纪，欧洲在王权摆脱了教权的控制后，又陷入了领土和国际权力的争夺，君主国之间兵戎相见，国家没有安宁可言。领土没有保障，民众常常成为战争的牺牲品。大国干涉他国内政是常见现象。与此同时，由于资本主义的发展和垄断资本的扩张，欧洲国家间因对外扩张、扩大对外贸易和投资及抢占新领土而发生了一系列战争。为了使民族国家能享有主权独立和安全保障，1648 年欧洲在三十年战争结束后签订了《威斯特伐利亚和约》，国家主权的存在有了法律上的依据。在国际上，该和约第一次从法律上肯定了各诸侯国的主权地位，规定缔约国不得破坏和约条款，对违约国家可以实施集体制裁，罗马教会不再享有任意干涉各民族国家内部事务的权利，王权因此脱离了神权的束缚。这也是以国家主权为核心的现代国家安全的缘起之时。

二、传统国家安全的含义

传统国家安全的含义大致可归结为：第一，国家安全是军事安全。在人类社会的历史进程中，安全即国防的观念影响很大，安全受制于国家之间的军事冲突，各国为保卫领土和扩大边界而扩军备战。加强军事实力是世界所有国家主要的安全手段。在无政府状态下，国家本能地考虑的是自己会不会被他国所威胁，自己需通过“自助”的方式来防止这种威胁的出现。因此，按照传统观念，国家安全主要涉及的是军事问题，[1] 国家安全是军事安全，即国家军事力量是否强大，是否面临军事威胁。第二，国家安全是保卫国家领土、边界不受到侵犯。在历史上，中外国家均为扩大边界和保护边界而战。第三，国家安全是保护自己的国民和政权组织。保卫国民不受外来侵犯是国家成立的最初动因之一，因为当国际社会处于丛林状态下，国家的首要任务是保护自己的财产和成员免于外来干扰。政权是国家的四大要素之一。如果没有政权，就不可能将抵御外敌和惩罚各类犯罪的力量集中起来，臣民同样处于不安全状态。第四，国家安全是指国家主权不受到威胁。国家主权属近代概念，源于欧洲，是在欧洲签订《威斯特伐利亚和约》之后才有的，这也是传统国家安全观与古代国家安全观的主要区别。第五，安全主要是客观安全问题。有学者认为，安全包括主客观两个方面。所谓安全，就是客观上不存在威胁，主观上不存在恐惧。[2] 其实，安全主要是客观安全问题，与心理的关系不大。无论你是否恐惧，威胁就是威胁，安全就是安全。主观安全可能是假想的、臆造的，有可能是不存在的威胁，如果没有安全威胁，恐惧是没有必要的，这种对不存在的“威胁”的恐惧感是一种心理上的反应，而不是安全威胁，因为事实上这种威胁根本不存在。“中国威胁论”就属这种恐惧感，是制造出来的恐惧感，中国的崛起被安全化（securitization）了。[3] 事实上，自20世纪80年代起，中国一直在谋求和平崛起的道路。同样，如果没有恐惧感，只要威胁存在，也是不安全的。如在二战前的绥靖政治，当时欧亚已存在巨大的法西斯威胁，尽管英国、法国及美国等国家领导人没有恐惧感，然而威胁并没有因为他们没有恐惧感就不存在。事实上，这些国家均受到了法西斯国家的打击。因此，假想威胁有两种情况，即事实上存在的威胁（不安全状态）和事实上

① 李少军：《论安全理论的基本概念》，《欧洲》1997年第1期，第29页。

② 同上，第25页。

③ 安全化（securitization）和非安全化（desecuritization）是由哥本哈根学派提出的。该观点认为，安全是一种所有政治之上的特殊政治，通过使可能不属于安全的某些问题安全化可获得社会资源。因此，不应随意扩大安全范围，而应朝非安全化方向努力。参见巴瑞·布赞等著，朱宁译：《新安全论》，浙江人民出版社2003年版，第13—15页。

不存在的威胁（安全状态）。假想安全也有两种情况，即事实上存在的安全状态和事实上不存在的安全状态。

三、国家安全与传统安全观

到15世纪末，在反对罗马教会干涉的过程中，西欧逐渐形成民族国家，然而当时各种分裂因素和国外的干涉势力依然存在。为了维护国家的统一，加强王权，近代国家主权理论应运而生。众所周知，法国著名政治思想家让·博丹首先提出了国家主权理论，他认为，国家主权是“不受法律约束的、对公民和臣民进行统治的最高权力”，国家主权是绝对的、永久的、不可分割的和不可让与的，除了受制于自然法则之外，主权的行使不受限制。荷兰著名法学家格劳秀斯则从国际法的层面发展了国家主权理论。他认为，所谓主权就是国家行为不受另外一个权力的限制。主权国家平等相待，战争被证明只是用来保卫主权的。[①] 目前主要有两种国家主权观，即“国家主权无限论”和“国家主权有限论”。从当今国际关系的现实来看，“国家主权有限论”较符合实际。总之，传统安全观将安全理解为国家安全，坚持国家安全至上主义。它以传统现实主义理论为基础，认为国际社会处于无政府状态，国家是国际社会的主要行为体，国家的国际目标是谋取最高权力。国家安全也主要限于军事领域，军事实力是维护国家安全的主要手段，国家的军事力量越强大，维护国家安全的能力也越强。

第二节　分析安全问题的三重视角

在安全问题上，三大主流国际关系学派——现实主义、理想主义和建构主义的理论观点存在很大差别：现实主义强调权力与安全，理想主义则注重制度、利益与合作，建构主义却看重规范、文化和

---

① Robert D. Kaplan，“TheWorld of Achilles,” *The National Interest*，No. 2，2001，p. 38.

认同。然而在三大学派关于安全问题的分析中，国家安全占据其理论的核心位置这一点是相同的。

一、现实主义的安全观

现实主义是安全研究中最为广泛的分析视角，[①] 该理论从马基雅维利关于人性恶的观点出发，认为国家在国际上总想谋求权力。无论国际政治的终极目标是什么，权力总是它的直接目标。[②] 由于国家安全处于自助状态，国家只有通过自身的努力才能获得安全。只要对手存在，国家就会有安全恐惧感。20 世纪 70 年代兴起的新现实主义认为，国际经济竞争对国际政治的影响日益加大，国际合作开始受到重视，国际制度仅为国家间权力分配的反映，对国际安全的影响有限。国家在最关键的时候注重的是安全，而不是权力。这是新现实主义对传统现实主义理论的重要修正。[③] 具体来看，现实主义强调均势安全和霸权安全，实力不足时可谋取权力均势，实力强大时可建立霸权体系。均势安全观认为，由于国际关系的现实呈现无政府性、多样性和对抗性，因此，几个主要大国通过结盟、加强军备或削弱对手等手段使各力量之间处于均衡状态，以此来制衡威胁安全的对手。权力均势是传统的维护国家安全的国际自助机制，是各国自发作用的结果。均势是各方利益暂时妥协的产物，随着力量对比的变化，均势状态就会被打破，各主要力量之间会重新组合，达到新的均势。在国际社会处于互不信任的状态之下，有关各方彼此之间相互猜疑，任何一方采取措施都会刺激他方采取反措施，造成国际局势的紧张，出现“安全困境”。在这一背景下，国家安全的维护是一场零和博弈，一方所得为另一方所失，一国的安全建立在他

---

① 彼得 · J. 卡赞斯坦著，李小华译:《文化规范与国家安全》，新华出版社 2002 年版，第 25 页。

② 汉斯 · J. 摩根索著，徐昕等译:《国家间政治——寻求权力与和平的斗争》，中国人民公安大学出版社 1990 年版，第 35 页。

③ 肯尼思 · 沃尔兹著，胡少华等译:《国际政治理论》，中国人民公安大学出版社 1992 年版，第 2 页。

国不安全的基础之上。因此，均势安全状态是一种非常脆弱的稳定状态，是对权力追逐中的稳定。[①] 均势状态中的各方只是获得暂时性的安全，各方处在被他方侵略的恐惧阴影之下，国家之间互为人质。霸权安全观则强调霸权体系的重要性。霸权体系是指由综合国力远大于其他国家并有要求别国做某事的能力（硬权力）的霸权国领导和统治的国际体系。霸权体系与国际安全之间有非常密切的关系，霸权国实力越大，世界就越安全。历史上出现了三种霸权体系，即"古罗马治下的和平""英国治下的和平"及"美国治下的和平"，这几种体系是对该理论的有力支撑。按照社会科学（包括经济学）的标准来看，该理论始终保持旺势，没有衰微。[②] 用历史的观点看，霸权体系表现出周期性，不平衡发展规律导致重新分配权力，世界走向新一轮的霸权冲突。[③] 无论是现实主义还是新现实主义均强调国际社会处于无政府状态，这一状态导致国家间的竞争和冲突，国家必须通过自助来维护自己的安全。主权国家是国际政治活动的主要行为体，国家安全是最重要的目标，[④] 加强军事实力与军事结盟是维护国家安全的主要手段，重视物质权力对安全政策的影响，特别是对某一个特定国家的安全政策而言。[⑤] 可以说，现实主义理论是地地道道的传统国家安全观。

二、理想主义（或称自由主义）的安全观

理想主义者从人性善的观点出发，声称要唤醒误入歧途者的良知，要消除国家间的误解，这样世界和平与安全就有希望。他们欢庆国家主权的衰落，寻求通过多边主义超越权力政治、狭隘的国家

---

① 许嘉：《权力与国际政治》，长征出版社 2001 年版，第 76 页。

② 罗伯特·吉尔平著，杨宇光等译：《全球政治经济学》，上海世纪出版集团 2003 年版，第 103 页。

③ 罗伯特·吉尔平著，武军等译：《世界政治中的战争与变革》，中国人民大学出版社 1994 年版，第 207 页。

④ 罗伯特·基欧汉等著，门洪华译：《权力与相互依赖》，北京大学出版社 2002 年版，第 7 页。

⑤ 彼得·J. 卡赞斯坦著，李小华译：《文化规范与国家安全》，第 25 页。

利益及从根本上超越民族国家本身。① 理想主义认为，不能简单地以军事因素等硬权力来衡量一国是否强大，以文化为基础的软权力（想让别国做某事的能力）对国家安全的作用可能更大，维护国家安全不仅在于军事力量，文化、制度等因素对国家安全的影响也同样重要。理想主义的安全观主要强调通过建构国际制度和建立全球民主制度的方式来获得国家安全，即国际制度安全观和民主安全观。跟现实主义一样，制度理论也是功利主义和理性主义的。② 制度安全观认为，以军事问题为中心的国家安全概念越来越难以准确地反映现实情境，其象征性作用也在下降。③ 安全不应仅仅局限于军事领域和单纯依靠军事实力，通过建立在相互遵守的原则、规范和规则之上的国际制度能够带来真正的国家安全和全球安全。全球化进程的加快和“全球性问题”日益增多及国家间相互依存程度的加深，为全球性的国际制度的产生提供了条件，国际制度安排可以对国家行为进行规制，并通过谈判、合作达到互信来减少彼此间的恐惧感。民主安全观则认为由人民选举而成的民主国家可通过制度约束阻止战争的爆发，当民主国家间发生冲突时不会诉诸武力，所以民主国家之间不会发生战争。当世界所有国家成为民主国家时，国家安全和国际安全就会有保障。④ 制度安全观和民主安全观的基本出发点是国家安全。制度安全观所建构的是由国家组成的国际体系，谋求通过国家之间的合作摆脱国家安全困境，实现国家安全，国家安全是制度安全观的最终目的。虽然制度主义者强调国际组织等非国家行为体对国际关系进程影响的重要性，但国际制度一般是国家间谈判的结果，其权力也是国家让与的，国家才是国际社会的主要行为体。民主安全观则将西方民主制度设计为国际安全的必要条件，西方民主国家的安全才是其追求的最终目标。

---

① Charles Krauthammer, “The Unipolar Moment Revisited,” *The National Interest*, Winter 2002, No. 3, p. 12.

② Robert O. Keohane and LisaL. Martin, “The Promise of Institutionalist Theory,” *International Security*, Vol. 20, No. 1, p. 39

③ 罗伯特·基欧汉等著，门洪华译：《权力与相互依赖》，第 8 页。

④ Harvey Starr, *Anarchy*, *Order and Integration*, The University of Michigan Press, 1997, p. 113.

三、建构主义的安全观

建构主义者强调规范、文化和认同。规范表明了各行为体的利益和对利益的认同，文化是由不同规范和认同构成的，认同则是用来指行为者对安全的认知和学习，国家利益不是如现实主义所言由权力界定的，而是由认同安全或身份界定的。[①] 国家有多重的、变化的认同和利益。[②] 建构利益的观念又是被国际体系中的共有观念或文化建构的。[③] 建构主义也承认国际社会的无政府状态，只是强调社会建构对国家行为和国家安全的影响，[④] 认为这种状态是一种文化，一种观念形态，即所谓“观念的分布”（distribution of idea）。安全文化并不是固定不变的，而是可以随着环境的变化不断建构的；民族和国家并不是必然趋势，可通过建构而成。同样，安全困境也是国际社会建构的结果。既然如此，国家安全也可以通过建构形成另外的国际规则，如国际安全共同体。[⑤] 国家则可以在相互关系中通过学习扮演、认同自己的角色身份。国家是否安全取决于各方的观念，取决于国家作为不同的身份认同，如对手身份或盟友身份。如果选择作为盟友，彼此是安全的；如果选择对手，彼此就处于不安全状态。

建构主义理论与现实主义、理想主义理论一样也没有跳出国家安全的传统框架，建构主义者提出的安全共同体指的是由主权国家组成的安全共同体，它没有侵蚀国家的合法性，也没有取代

---

① 郭树勇：《建构主义与国际政治》，长征出版社2001年版，第17页。

② 约瑟夫·拉彼德主编，金烨译：《文化与认同：国际关系回归理论》，浙江人民出版社2003年版，第127页。

③ 亚历山大·温特著，秦亚青译：《国际政治的社会理论》，上海世纪出版集团2000年版，第156页。

④ 巴瑞·布赞等著，朱宁译：《新安全论》，第6页。

⑤ 安全共同体的概念源于20世纪50年代早期卡尔·多伊奇的著作：《政治共同体和北大西洋地区》，参见Bill Mcsweeney，*Security*，*Identity and Interests*，Cambridge University Press，1999，p. 69。

国家。[1] 规范是由国家认同和遵守的规范，认同也是国家对自己身份的认同和国际规则的认同，国家是建构主义分析的主要对象，建构主义着重解释国家为什么会那样行动的原因。[2] 因此，国家安全仍然是其分析国际问题的前提和基础。

第三节　安全观的三种转变形态

冷战结束以后，安全观念正处于巨大的变化之中。安全威胁、安全战略、安全概念以及人们的安全观念正在经历深刻的变革。影响安全的非国家因素、非军事化因素正逐渐增强，国家因素有所减弱，安全不再被简单地理解为国家安全和军事安全，安全问题出现了全球化、社会化和人道化趋势，并相应出现了人权安全、全球安全和社会安全等概念，这一趋势大致可归结为安全变化的三种基本转变形态，即从主权安全到人权安全、从国家安全到全球安全及从军事安全到社会安全的转变。

一、从主权安全到人权安全的转变

传统国家安全观强调国家安全和主权不可分割。人们对国家安全内涵的理解比较单一，过于注重国家主权而忽视个人权利，国家安全等同于维护国家主权和捍卫国家领土。18 世纪中叶开始，同质性、单一性的国家观念迅速转变；形式化的国际关系概念成型，标准化的享有公民权利和义务的个人概念和较具体的关于人类的概念成型。[3] 如果说过去主权一直是要么全有，要么全无的话，现在它已

① 袁正清：《从安全困境到安全共同体：建构主义的解析》，《欧洲研究》，2003 年第 4 期，第 45 页。

② 玛莎·费丽莫著，袁正清译：《国际社会中的国家利益》，浙江人民出版社 2001 年版，第 166 页。

③ 罗兰·罗伯森著，梁光严译：《全球化社会理论和全球文化》，上海世纪出版集团 2000 年版，第 84—85 页。

不再是如此。国家边界与过去相比，正在不断地变得模糊。[①] 随着全球化的发展和全球性问题的增多，社会发展中的人道问题的严重性日益显露出来，国际社会因此变得相互依赖，国际人道合作显得更加重要，传统的主权观念难以适应这一趋势发展的要求，安全观念正从以国家为本位的安全观向以人为本位的安全观转变，国家成为维护安全的主要手段，而可能不再是维护安全的最终目的。国家可能无处不在，其触角可以伸到每一个角落和缝隙，但它的结构、进程和政策可能已经远离公民的认同感、历史感和一致感。[②] 个人安全观强调民众不受恐怖主义、种族冲突、社会犯罪、饥饿、环境及专制统治的威胁，强调保护个人的各种权利。只有有了个人安全，才会有国家安全和人类社会的整体安全，过分强调国家安全会对个人安全造成损害。在人类经历了无数战争的摧残和长期的专制统治之后，以人道为主要内容的个人安全观念也逐步为国际社会所接受，并有可能在各类安全观念中占据主导性地位。

二、从国家安全到全球安全的转变

在主权安全向人权安全转变的同时，国际关系中的安全观也在经历着从国家安全向全球安全的演变。在过去，由于国家处于自助状态，国家要保护自己的主权、领土、居民和政权不受到外来力量的威胁，要保存自己既定的价值观不受到攻击，国家只有通过单边行动加强自身军事能力来保护国家安全。安全也往往指国家安全，安全被限定于国家范围之内，国家强调本民族国家的安全利益。国家安全的地理边界由国界决定。今天，国家安全的边界可能无处不在。[③] 随着国际局势的迅速发展，威胁人类生存的各类因素已经跨越

① 安东尼·吉登斯著，郑戈译:《第三条道路》，北京大学出版社 2000 年版，第 35 页。

② 约瑟夫·A·凯米莱里等著，李东燕译:《主权的终结?》，浙江人民出版社 2001 年版，第 251 页。

③ PhilipZelikow, "The Transformation of National Security," *The NationalInterest*, Spring 2003, No. 1, p. 19.

国界，这些新的威胁超越了单个国家的能力范围，它们已不再是某个国家的内部问题，而是世界所有国家面临的共同问题，国内安全与国际安全其界限变得模糊，并显示出同等的重要性。① 这些变化促使人们突破过去的国家安全观念，要求人们从全球安全的视角来看待人类面临的共同威胁，安全观也从国家为主导向以全球安全为主导的方向演变。

三、从军事安全到社会安全的转变

安全具有国家安全和社会安全两重特性，前者将主权当作终极目标，后者则强调不同认同观念的协调。② 传统国家安全观过分强调安全的军事层面，国家安全的主要手段就是加强自己的军事能力或削弱对手，而社会安全观则强调安全的综合性、全面性和社会性，国家安全不应仅仅局限于安全的军事层面，单纯依赖军事手段难以保证国家处于安全状态，尤其是当安全的范围急剧扩大，军事安全只是国家所追求的几个目标之一，安全不仅涉及军事，还包括经济、环境、人权等领域时，更是如此。如果国家安全不能保证国内民众的生存条件，那么国家安全就变得没有实际意义。因此，现在各种非政府组织、跨国公司、产业协会等与国家复杂地联系在一起，对主权的转型都有重要的蕴涵。③ 当今安全观的含义正在发生另一重大变化，这一变化同样突破了传统国家安全的局限，即安全观念正从狭义传统的军事安全观扩展到整个人类社会的广义安全观，军事安全观正在被社会安全观所取代，这反映了全球化对整个国际社会影响而出现的一个新的趋势，人、民族国家和全球社会在这一趋势中似乎已找到了一条新的安全出路，人类安全观念可能面临一次全新的变革。从国家安全观基本的三种转变形态可以看出，人类的安全

---

① PhilipZelikow, "The Transformation of National Security," *The NationalInterest*, Spring 2003, No. 1, p. 26.

② Bill Mcsweeney, *Security, Identity and Interests*, p. 69.

③ 熊玠著，余逊达等译：《无政府状态与世界秩序》，浙江人民出版社2001年版，第252页。

观念的确正在发生重大变化，也许正处在新安全观念到来的转折时期。过去，太过于强调国家安全和军事安全，而忽视了安全的其他方面，如个人安全、全球安全及社会安全等。由于冷战的结束，全球化的迅猛发展，这些安全问题从美苏军事、政治对抗的背后走上前台，并日益成为影响人类社会生存的重大问题。即使如此，国际关系中的国家安全本位仍将难以改变，只是过去对国家安全、军事安全、主权安全强调得太过了，现在只需将天平的砝码向个人安全、全球安全、社会安全一边稍稍移动罢了。人权安全需要国家安全的保护，全球安全只有在民族国家参与的条件下才能获得，社会安全更不可能在没有国家安全的情况下而存在。因此，主权国家在这一历史进程中仍担当着主要角色，传统国家安全观的主导性地位没有发生根本性变化。

第四节　国家安全观的终结？

冷战结束以后，人类社会的确正面临着更加复杂的安全挑战，世界安全的威胁变得更加严重。特别是由于全球化和世界各国相互依存进程的快速发展，国际安全威胁呈现多样化特征。人们日益感到，只注意安全的军事层面已经远远不够，因为全球化带来的众多全球性问题与传统的军事安全一起对人类构成不同的安全威胁，这些威胁已成为许多国家安全战略的优先课题，并在全球化的过程中变得越来越严重并难以解决，解决这些问题需要世界各国的合作。在当代世界体系之中，越来越多的国家目标的实现因为相互依赖而需要集体行动，如应对生态挑战、国际金融及贸易的竞争与合作以及武器控制和核不扩散等传统安全问题。[①] 众多国内外学者提出的新安全观试图摆脱困扰人类数千年的安全威胁。新安全观的提出是否意味着人类可以走出国家安全困境，意味着国家安全观的终结？其实，新安全观存在着难以逾越的理论和现实困境。

---

① Harvey Starr, *Anarchy*, *Order*, *and Integration*, p. 35.

一、新安全观的理论困境

概而言之，新安全观其要旨大致有如下几个方面，而其理论困境也蕴涵其中。新安全观是综合安全观。新安全观倡导包括政治、经济、军事、科技、文化等多个层面的综合安全，包括经济安全、信息安全、文化安全、生态安全、跨国犯罪与安全、核扩散与安全、民族主义与安全、移民与安全、社会矛盾与安全等等。[①] 这些新型安全问题的提出实际上降低了传统安全在国家安全战略中的地位，因为在新安全观中，传统安全只是众多安全问题之一。另外，综合安全观涉嫌利益，即安全的误解。综合安全观太过宽泛，如果将安全的外延任意扩展，将安全等同于利益、好处，安全将变得没有实际意义。有些利益不属于安全的范畴，如投资受损等。综合安全观有将整个国际社会安全化之嫌。安全应涉及个人、群体、国家及人类社会等安全主体的生存与发展等根本性问题，带有根本性的利益才是安全。在安全的概念方面，除了传统安全和非传统安全之外，笔者认为，国家安全和非国家安全、军事安全和非军事安全也许是更为准确的概念表达。因此，在全球化进程中，虽然国家安全不能仅依靠增加军备和建立军事同盟来保证，但绝不应该因新安全问题而降低甚至放弃传统安全手段。新安全观强调要抛弃冷战思维模式，提倡安全新视野。新安全观拒绝用对抗、寻找对手及敌友思维等传统思维模式看待当今国际关系，倡导在新背景下的新模式。如在中日关系上，有学者强调用新的视野来看待两国关系，要有“新思维”，[②] 要进行一场“外交革命”，[③] 要甩掉历史包袱，要搁置历史，[④] 超越历史问题的羁縻显然是可行之举[⑤]等等。虽然历史已成为过去，但像生

① 王逸舟：《论综合安全》，《世界经济与政治》，1998 年第 4 期，第 6 页。

② 冯昭奎：《论对日关系新思维》，《战略与管理》，2003 年第 4 期，第 1 页。

③ 周桂银：《理解对日“外交革命”》，《战略与管理》，2003 年第 4 期，第 18 页。

④ 时殷弘：《关于中日关系的战略性思考》，《世界经济与政治》，2003 年第 9 期，第 10 页。

⑤ 薛力：《中日关系能否超越历史问题》，《战略与管理》，2003 年第 4 期，第 30 页。

灵涂炭、惨无人道的集体大屠杀等反人性行为往往是难以超越的，心灵深处的创伤恐怕难以抹去。受害者曾饱受日本军国主义的危害，如何让他们超越历史？如果问题没有彻底解决而“超越”，实际上是对军国主义的纵容。新安全观是“共生共亡”的安全观。有学者认为，在核时代，战争是政治的毁灭，克劳塞维茨所谓的“战争是政治通过另一种手段的继续”的观点已经过时。二战后近半个世纪的和平从某方面说是在核武器阴影下得以维持的。战与和的意义因此发生重大变化，战则皆灭，和则共生。零和游戏不再适用了。[①] 实际上，“战争是政治通过另一种手段的继续”的观点并没有过时，零和游戏依然在发挥作用。如进行有限的核战争、常规战争、地区战争及核威慑等仍能达到政治目的。从冷战时期和冷战结束以后的国际关系来看，在许多情况下，美国通过战争和军事威慑同样达到了政治目的。新安全观是“俱损俱荣”的安全观。随着全球化的快速发展和相互依存的日益加深，国家之间的联系日益密切，信息和互联网络的发展使这一联系更加紧密。各类信息的快速传播、资本的瞬间转移及经济关系的联动反应等，被许多学者称之为“蝴蝶效应”，或称之为“一损俱损、一荣俱荣”的国际现象。他们由此得出结论，国家之间不再是零和博弈，而是双赢、多赢、共赢的局面。冷战结束以后，一些国家的政治家、学者开始将此归入安全的范畴，并称之为经济安全，将其作为新安全观的主要内容之一。然而，这一观点与冷战结束以后的国际关系现实有相当的背离。的确，许多时候经济上会出现“俱损俱荣”的现象，但也有一些时候并非如此。20世纪90年代初，美国开始走出经济发展的底谷，并出现连续110多个月的快速增长，可欧洲、日本却一直没有摆脱经济发展的困境。在发展中国家，除中国之外，很少有国家能与美国“俱荣”，“蝴蝶效应”似乎失效。新安全观是“互信、互利、平等、合作”的安全观。其实，在国际社会，绝对的相互信任几乎是不可能的，互利互惠是一个博弈过程，国家之间的平等更不可能做到，合作是有限度的。仅就相互信任而言，新安全观认为，建立在共同利益基础之上

---

① 章一平：《冷战后世界的新安全观》，《现代国际关系》，1997年第2期，第40页。

的相互信任是维护国家安全的保证，共同利益是国家合作的基石，没有共同利益的国家之间只会相互疑虑和猜忌。只有在相互信任的基础上，国家间才能长期合作，和平才能持久。这一观点存在四大疑问：第一，由于各国发展的程度不同，战略目标各异，共同利益很难持久。第二，即使存在长期的共同利益，国家间的互信也不太可能长期维持。旧的猜忌消失了，新的猜忌又会重新开始。互信是一段时间的，甚至是暂时的。第三，任何安全措施都不能消除有关国家的不信任感，国家利益仍是各国制定对外政策的核心依据，是各国采取国际行为的主要动因。因此，在涉及国家根本利益冲突时，各国的妥协就更加困难，如领土之争。冲突的危险依然存在。第四，互信观点的提出本身就表明当今世界处在一种互不信任的状态。新安全观强调个人安全、群体安全和全球安全的统一。冷战结束以后，随着人类社会的发展与进步，国际交往更加频繁，个人的生存和发展、各类人群群体的生存和发展（如一些非政府组织等）与全球整体的生存和发展等变得同等重要，因此，强调个人安全、群体安全和全球安全的统一是非常必要的。不过笔者对此还是有些异议：其一，国家安全不能仅作为群体安全的一个方面而被其“湮没”，应将其突出出来，甚至仍应着重加以强调，否则，易于让国人忽视国家安全而丧失警惕。其二，强调三者安全的统一容易造成个人可以作为国际关系行为主体的误解。在人类社会的历史长河中，个人总是归属于某个集体，或国家或民族或某个组织等。某些特殊身份的个人尽管对国际关系产生着非常重要的影响，但个人无论何时均不可能成为国际行为体。而国家只要不消失，将一直会是国际社会最主要的行为体。在今后相当长的时间内，民族国家依然是国际社会的主角，国家安全仍将是各类安全问题的核心所在。

二、新安全观的现实困境

新安全观表现出善良的目的和良好的愿望，然而这并不能掩盖其观点缺失，其主要问题不可忽视，主要表现在太过理想化，与当今国际关系的现实有很大的出人，世界仍深深陷入安全困境之中。安全困境之一——美国单极霸权与多极化趋势的冲突。美国仍旧突出强调它的军事实力、地缘政治优势等传统安全目标，谋求美国及盟国的“绝对安全”，损害别国的安全。美国在其拥有巨大军事优势的条件下，仍然强调核威慑，推进导弹防御体系及实施先发制人战略等。美国还继续增加军费，以取得和保持其在军事力量方面的“绝对优势”，实现“绝对安全”。美国继续与日本、韩国等国结盟，在亚太地区驻军并承担军事义务，扮演地区军事力量“平衡者”的角色。美国还谋求将亚太经合组织扩展到安全领域。美国已部分实现了安全目标，如联合反恐，但仍然坚持强调其军事力量和强化军事集团实现其安全目标的冷战思维方式，随意采取军事手段来解决它所声称的“恐怖活动”“武器扩散”及“地区冲突”等安全问题。2003 年 3 月爆发的伊拉克战争也再次证明国际安全困境依然存在。

安全困境之二——全球军备竞赛与军事威胁。20 世纪 90 年代中期以来，军事因素在经过前一时期的沉寂之后，其影响日益加强，各主要国家开始加强军事力量，军备竞赛的范围有所扩大。军备竞赛加剧，国际间增加军费开支和加速高科技武器的研制都是不争的事实。[①] 美国可以说是穷兵黩武。1999 年，美国国防部制订的军费增长预算使其 2000—2005 年的国防投入均高于预先计划，并增加军费 1000 亿美元。2002 年 5 月，美国国会通过了 3830 亿美元的 2003 年军费预算，这还不包括伊拉克战争花去的 500 亿美元。2003 年 9 月 7 日，布什要求国会追加 870 亿美元的拨款用于反恐。1999 年，俄罗斯在财政紧张的情况下，把国防预算由占 GDP 的 2.8% 提高到 3.5%，欧盟、日本和印度等国家的军费预算也都有所提高。2002 年度全球军费开支增幅为 6%，达到 7940 亿美元，占全世界国内生产总值的 2.5%，人均 125 美元。与此同时，有关国家重新反思军事安全战略，继续推动战略武器的研制，更加重视其核武库的小型化、安全性和可靠性。因此，人类并没有完全摆脱军备竞赛的现实困境。

安全困境之三——地区冲突与国际安全的两难。地区冲突是当今国际安全冲突的中心问题之一。冷战结束以后，每年全球有几十起局部战争和武装冲突发生。从 1991—1997 年间，世界上各种规模的地

---

① 李慎明、王逸舟主编：《2003 年：全球政治与安全报告》，社会科学文献出版社 2003 年版，第 7 页。

区战争和冲突共计245次，年均约35次，其中新产生的共计73次，每年约10场次。[①] 1999年发生了40次地区冲突。进入21世纪，全球三大地区冲突中心，中东、南亚、朝鲜半岛等地的地区冲突不仅没有丝毫缓和的迹象，反而还有愈演愈烈之势。自印巴1998年核军备竞赛引起地区局势的紧张之后，两国还一直在试射新型导弹，边界冲突不断。中东局势一直紧张，巴以局势不断面临新的威胁。伊拉克、前南斯拉夫及阿富汗等国家成为地区安全困境的牺牲品。现在伊朗、朝鲜等国家又面临着同样的危险。安全困境之四——全球性问题与国家安全利益的博弈。全球性问题的出现使人类变得相互依赖。相互依赖的发展可以在重要的政治团体中间产生恐惧感和不安全感。这会影响到国家政策。相互依赖意味着各方都要付出代价。[②] 因此，在解决全球性问题上，国家之间的博弈仍是主调。随着经济全球化的发展，各国面临的共同问题日益增多，环境污染、人口爆炸、核扩散、跨国犯罪、恐怖活动以及毒品等问题已经成为国际社会共同面临的挑战。解决这些问题既是为了全球的共同利益，同时也是为了主权国家自身的利益。在解决这些问题的过程中，各国之间需要进行谈判，由于威胁程度不同，各类问题的紧迫性也不一样，各国的政策和态度也会有巨大的差异，谈判过程就变成了博弈过程，谁该承担更多的义务？美国退出《京都议定书》就是这一困境的结果。

三、新安全观不能取代传统安全观

无论从理论上还是从国际关系的实践来看，新安全观都不能取代传统安全观。国际安全威胁多样化是否意味着国家安全观的终结？全球性问题的出现及人类相互依赖的增加意味着能走出安全困境？其实，在不同时期和不同的发展阶段，各国所受到的安全威胁是不同的。发达国家的安全利益和发展中国家的安全利益就有不同的含

① 张万年主编：《当代世界军事和中国国防》，军事科学出版社2002年版，第45页。

② 罗伯特·基欧汉等：《权力与相互依赖》，第21—42页。

义，美国的安全与中国的安全也有巨大的差别。很多发展中国家仍面临国家主权受到干涉、领土被侵犯等传统安全威胁，这些国家的主权与发展问题是国家安全的主要问题。中国就存在着国家统一问题，而美国目前面临的主要威胁是恐怖主义问题，欧盟关注的是难民威胁，非洲则面临着种族仇杀、艾滋病泛滥成灾等或旧或新的困境。如果让朝鲜和美国一样去打击恐怖主义是难以想象的，让非洲国家和欧盟一起去解决全球环境问题，和美国一起去倡导全球民主、人权，同样是难以想象的。因此，对国家来说，自身的安全永远是第一位的，它只在必要时才会去维护国际安全。国际安全表现为国家安全的外延，成了国家安全的一种表现形式和实现手段。一般说来，在安全问题上国家都是“自私”的，它们是不会无条件地去“利他”的。如果国家认为某种国际安全对其有害，它是一定会加以反对的。[①] 因此，面对威胁，国家一般会本能地套用传统的行为手段和模式来维护国家安全。从冷战结束以后的国际局势来看，国际关系中单极与多极之间的零和博弈状况没有发生根本改变，国家仍会陷入安全困境之中。主要国际政治矛盾是大国间的战略矛盾，是美国称霸与大国反霸之间的冲突，[②] 这进一步说明当今国际社会仍没有摆脱安全困境的束缚。

从安全的含义和起源、分析安全的不同视角及安全变化的三种转变形态可知，传统国家安全、军事安全仍处于各类安全问题的核心地位，新安全观本身存在着理论和现实困境。总而言之，在当今世界上，没有一个国家放弃军事安全考虑，美国没有放弃，日本没有放弃，欧盟没有放弃，俄罗斯也没有放弃，中国能放弃？虽然世界的未来存在和平与战争两种变化趋势，但未来大国间爆发战略冲突的可能性依然存在，我们一定要坚持两手准备，未雨绸缪。笔者并非反对新安全观，而是提醒大家不要忽视传统安全观的地位和作用。笔者也认为，提出新安全观、综合安全观是非常有意义和战略

---

① 李少军：《论安全理论的基本概念》，《欧洲》，1997 年第 1 期，第 26 页。

② 阎学通：《美国称霸与中国安全》，天津人民出版社 2000 年版，第 21—22 页。

眼光的，它告诉我们世界和国家面临着更多的、更加复杂的安全威胁，并提出了走出安全困境的新思路。但我们决不要因为新安全观的提出而降低传统安全在国家安全战略中的地位。“居安思危”，中国的先哲早有警示，切切不能忘记。坚持传统安全观虽然传统，但传统有时比“革新”更有价值和意义，这就是历史的辩证法。也许有朝一日，人类真能摆脱动物本能，不为名利所诱惑，地球人成为善人，善为人类的唯一本性，世界真正出现永久和平的局面，那当然也是笔者所向往的理想境界。不过，到那时，人类可能已不再属于人类了，而是所有人都达到了“佛”的新境界。

第二部分

国家政治体制与安全体制

第六章
美国政治体制与国家安全体制

1943 年,“国家安全”(National Security)一词首次在美国政坛出现，并逐渐涵盖和取代了之前国际政治中使用的“对外政策”“国防政策”等词语，1947 年《国家安全法》(National Security Act)正式将“国家安全”引入法律，使其成为一个法律概念，从此国家安全的概念在美国政府中得到普遍应用,“国家安全”一词也成为美国制裁别国的借口。在现代汉语中，安全指一种稳定、完整、没有危险，不受威胁的状态。卡尔·多伊奇将国家安全定义为和平与对和平的维护。伦敦政治经济学院研究安全问题的著名国际关系学者巴里·布赞认为，国家安全指保护国家领土完整，反对敌对势力以及免于威胁的能力。中国学者李少军认为，国家安全意味着国家不存在危险或不存在对国家的威胁。总体而言，可以将国家安全做如下定义：指国家处于一种没有内部和外部威胁、危险和侵害的，可持续存在的客观状态。随着时代的变迁和社会经济的发展，国家安全的概念已不再局限于军事、战争、国防等传统领域，逐渐囊括越来越多的非传统领域，例如，环境安全、能源安全、网络空间安全、恐怖主义等。体制则由相互协调、有机统一的制度、机构和运作流程三要素构成。与此相对应，安全体制可定义为，为使主权国家保持独立、完整，免受威胁、危险和侵害，而形成或建立的一套完整的组织机构及与其相适应的维护国家安全的根本制度，系统化、程序化和规范化的运作模式的总和。具体来说，美国国家安全体制机制(National Security System)指“经过第二次世界大战和战后初期美国政府机构的重组，特别是通过 1947 年《国家安全法》的颁布与实施，形成的与对外政策、国防政策相关的美国联邦政府官僚机构系统的总称”。由于美国的国家安全体制涉及诸多部门机构的相互运作，诚如民主理论家罗伯特·达尔所说，美国的民主过程的价值就是多重的集团共同参与的价值。因此，美国国家安全体制离不开其政治体制。同时，研究其安全体制既要考虑外部环境影响，也离不开对其国内政治体制的互动考察。鉴于美国外交决策过程中所涉及政治文化、公众舆论、利益集团、国会以及总统等的多元性复杂性，美国的国家安全政策体制也受到这些因素的互动影响。

第一节　美国的政治体制

美国国家安全体制机制与美国政治体制密不可分，它根植于美国三权分立的政治制度和强调民主与法治、保障个人的民主权利等核心理念，源于民主法治总原则下的民主与集中结合的美国国家安全体制，在运作程序、决策效率等方面都具有重要的现实意义。

一、美国政治体制的形成

依据三权分立与联邦政体两大政治思想，1787 年《美利坚合众国宪法》确立了美国立法、司法与行政三权分立的政治体制，民主与法治是其总的特征。英国学者维尔（M. J. C. Vile）曾指出：“美国这个地方对其表示羡慕的观察者所产出的巨大吸引力来自两个方面：一是在现代世界已经逐渐形成的所有政治体系中，美国的政治体系大概是最为复杂的；二是这种政治体系又是人的智能有意识地创造出来的。美国是名副其实的人工产物，是过去三百五十年间在芬芳的荒野上形成的国家……美国国民在如此短暂的时间里用如此多种多样的材料建立了别具一格的社会、国家和政治体系。”事实上，美国的政治体制并非一开始就有，而是不断自我调适最终确定的过程。

考察美国的政治体制，要考虑到一个重要的事实：美国作为一个移民国家的结构特征对其政体产生了重要影响。独立之前的美国是由松散的十三块殖民地组成，每个殖民地由代表英国王室的总督管辖。最初的美国十三块殖民地政治制度很大程度上是效仿英国的立宪制度，源于英国人建立北美殖民地时所依据的契约和民主传统，为日后美国政治体制打下了基础。

1776 年美利坚人民经过艰苦卓绝的斗争从英国手中获得独立，美国建国的政治构建正式开始。1777 年大陆会议通过的《联邦条例》确立了联邦制，规定“美利坚合众国”只是各州之间一种“亲密的联盟”，各州保持独立主权。源于对殖民统治的防范，联邦制主要是为了防止集权政治的卷土重来。当然，这种政体也有其明显的弊端，那就是，中央政府缺乏必要的权威，有效政策要依靠各州的“善意”来制定和执行。

鉴于《联邦条例》的种种缺陷产生的社会危机不断，1787 年围绕制宪和建立共和国的《美利坚合众国宪法》通过并生效，宪法确立了当下美国现代政治体制的基本框架：总统制、两院制、分权制衡、政教分离等原则。

二、美国的权力制衡原则

美国政治体制的总原则是民主法治下的三权分立与制衡。三权分立指国家权力分为立法权、司法权与行政权，根据美国宪法，立法权属于由参议院和众议院两院组成的国会，司法权属于最高法院，行政权属于总统。分权制的具体内容指政府的立法、行政和司法三种权力应由三种机构分别掌管，而这三者又彼此分立的制度；制衡制的具体内容指政府中掌握立法、行政和司法三种权力的部门行使其权力时，要以权力相互牵制，达到势力的相互平衡。美国制宪家们受欧洲启蒙思想家的影响，支持天赋人权和人民主权说，认为人民通过订立契约的形式把自己的部分天赋权利转让给国家，国家就必须建立立法、行政和司法三种权力相互分立的机构，以保障公民的自由。联邦宪法第一条第一款明确规定：“本宪法授予的全部立法权，属于由参议院和众议院组合而成的合众国国会。”但国会的立法权受到总统和联邦最高法院的限制，如国会通过的法案必须经由总统审批才能成为法律，国会的立法必须符合美国宪法的精神，被最高法院判定违宪的法律一律作废。第二条第一款：“行政权属于美利坚合众国总统。”但总统的行政权受到国会和最高法院的约束，如国会根据拨款法控制了政府的支出，总统提名、任命的高级官员必须经参议院同意批准；最高法院是宪法的保障机关，总统的一切行政命令都不得与宪法相抵触。同样的，最高法院的司法权也受到立法机关和行政机关的制约，最典型的是最高法院的大法官是由总统提名，参议院批准同意。美国政府这种复杂的权力分配，目的是为了防止政府滥用权力。每个部门都需要与其他部门合作才能使政府运转起来。当然，分权并不意味着美国政体不是最有效率的政体。实际上，正是这种合理的权力制衡政体才让美国政治决策以较高效率运作。

洛克、孟德斯鸠的分权构想，只限于单层的横向分权，没有论及国家以下机构的分权问题。美国在制定宪法时，进一步发展了分权理论，彻底贯彻分权制衡原则，不仅在联邦国家横向层面实行立法、行政、司法分立，也在联邦与州之间进行纵向分权，形成纵横交错的立体的分权网络。美国宪法第四条第三款规定："国会有权整理并制定关于合众国所属土地或其他财产的必要法规和条例。"第四条第二款规定："每一州的公民得享受各州公民的一切特权和豁免。"宪法第十条修正案有"凡宪法未授予联邦或未禁止州行使的权力，皆由各州或人民保留之。"第四条第一款："每个州对于他州的公共法律、案卷和司法程序，应予以充分信任和尊重。"由此可见，美国宪法一方面强调了联邦高于州的地位，另一方面又强调了联邦与州、州与州之间的分权。既保证了联邦对与整个国家政治、经济、文化、军事等方面统一控制与协调的权力，又保留了各州必要的自由裁量权。

总体来说，美国分权制衡体制下的政府权力比较有限，这源于美国宪法确定的人民主权原则。复杂的权力分配和相互制约结构使得美国政府是个有限的政府，政府难以滥用权力。纵观美国历史，总统虽然曾一度被视为"帝王般总统"，但从 20 世纪 70 年代以来，随着国会权力的恢复，权力"钟摆"始终在美国政体中发挥着重要影响，总统一直被约束。尼克松总统曾因被弹劾辞职，特朗普总统更是被两次弹劾，创了美国历史的记录。

三、美国政治体制的结构

美国政治体制的结构包括总统、国会和司法体制。美国是典型的总统制国家，总统在美国政治、经济和社会生活中拥有广泛的权力。因此有学者认为，美国的“民选总统是美国全国政府的突出特点”。根据美国宪法规定，行政权力赋予总统，总统为合众国陆海军总司令。作为国家元首，总统有以下权力：在行政权方面，总统通常被视为“最高行政长官”，负责内外政策制定与实施，拥有指挥监督联邦政府各部和机构的权力，联邦政府各行政机构对总统负责。具体来说其行政权体现为：第一，执法权。国会制定的法律需要经过总统下属行政机构执行，一般总统会通过发布总统行政命令指令下属机构负责执行。第二，危机处理权。包括可以不经国会同意宣布国家处于紧急状态，招募军队等。第三，立法方面的权力。根据美国宪法，总统虽然不是立法者，但可以通过否决权从而影响立法，自富兰克林·罗斯福之后，“整个国家和……国会本身都认为总统是立法的主要领导者”。国会通过的法案必须经过总统批准才能正式生效，虽然在美国宪法中有国会以 2/3 多数票对总统否决权的限制，但这种制衡作用有限。总统决定对外政策，联邦中央垄断美国外交政策与活动，各州不得分享。

国会作为权力制衡的重要组成部分在美国政治生活中有重要的影响，在内政外交中发挥着重要作用。国会由参议院与众议院组成，是最高立法机构。1789 年第一届国会在纽约召开，在此后的 200 多年历史中，国会结构得到了长期维持。作为与总统相伴相生的重要权力行为者，国会总体地位与总统权力的相对扩张比较有所下降。

美国宪法第一条列举了国会的外交权力：对外贸易权（第一条第八款第三节）；对外宣战权（第一条第八款第十一节）；规定和征收税金（第一条第八款第一节）；招募军队（第一条第八款第十二—十七节）；制定为执行各种宪法授权所必需和适当的法律（第一条第八款第十七节）。国会的第一职能是立法工作。其一般过程是：

第一，提交议案。提交议案的手续十分简单，但参议院与众议院的提交方式有所不同，众议院在起草完议案文本后，只需将议案送交众议院秘书，参议院则是在大会期间向会议的主持人提出议案申请，经主持人认可后才可进入立法程序。议案提出后国会工作人员将对议案先后进行审议。

第二，委员会审议。议案能否通过关键在于委员会的审议，审议的目的在于筛选有意义的议案。议案获初步审议通过后会被送交小组委员会审议，并提出审议意见。议案审改完成后，小组委员会将起草一份报告提交全体委员会并阐述其意见，全体委员会再次加以审议，对议案提出进一步意见，修改完毕后的议案最后交由全体委员会讨论，如获多数通过则代表议案通过。全体委员会通过后的议案最终送交国会终审。

第三，国会辩论表决。委员会提交报告后，议案回到议院，并列入议院日程表。众议院辩论程序十分复杂，除特别优秀的议案外，议案必须先由规则委员会为之制定全院审议特别规则，一项议案只有规则委员会制定了全院审议的特别规则才能由多数党领袖做出全院辩论表决的安排。两院对辩论规则有很大不同，参议院对辩论规则限制较松，众议院则相对严格。具体而言，众议院这种特别规则主要有“封闭规则”和“开放规则”。“封闭规则”严格限制辩论时间，除原来提出议案的委员会外，其他众议院议员不得提出修正案。“开放规则”对辩论时间不做规定，允许众议院议员提出修正案。参议院对特别规则没有那么多要求，议员辩论时间不受限制。在辩论过程中，议案可以延期审议。一般辩论结束后，如通过修正案，最后由全院进行表决，获半数通过即为通过。

第四，总统签署。国会通过的议案，最后由总统签署生效，正式成为法律。如总统否决议案，国会也可以2/3多数否决总统的否决权。但事实上，这种例子几乎微乎其微。从美国建国到19世纪80年代，总统否决权被国会以多数反对否决的仅有4%。

三权分立最后一项是司法权，根据美国宪法规定，司法权属于联邦法院。美国最高法院处于司法系统最顶端。《1789年司法条例》通过，最高法院成立，设大法官9名，1人为首席大法官。虽然联邦法院拥有宪法规定的司法权，但相对来说，司法权在美国政治中的分量是相对较小的，最初法院并不被视为与总统、国会并立的权力部门，正如汉密尔顿所说，司法是三权分立中最弱的一个。

联邦法院一项重要的权力是司法审查权。法院可以对国会颁布总统签署的法律进行审查，如有违背宪法精神，法院有权宣布其违宪。司法审查权在行使过程中遵循“非政治原则”，仅限于司法问题，不涉及政治问题，政治问题由立法机构与行政机构决定。典型例子是1979年戈德华特上诉最高法院要求废除《共同防御条约》法案，但最高法院认为，这涉及“不属于司法性质的政治问题”，因此不予受理。

四、美国两党制

美国是典型的两党制国家，由两党轮流执政。考察美国政治制度和国家安全制度离不开对两党制的分析。两党并不是孤立的两大集团，而是相互制约、相互联系的有机整体，其宗旨与纲领没有本质区别。两党在相互竞争的同时也常常相互合作，共同维护美国的权力地位和利益。两党制在美国政治生活中有重要影响，主要体现在两个方面：一是轮流执政，操控总统职位。美国内战以后，两党垄断了联邦一级的选举职位：总统和国会议席。大多数情况下，总统所代表的执政党控制着国会多数议席，对美国内外政策产生直接影响。二是控制议会和政府各部门。由于国会是最高立法机构，哪一党派控制国会便能将本党纲领上升为国家法律，对政治经济军事等产生约束力。鉴于此，两党争夺国会议席的斗争常常十分激烈。由于大多数情况下总统所代表的执政党控制着国会多数议席，所以控制政府各部门就显得尤为重要。

两党制是维护美国权力利益的重要政治制度，作为执政党，为长期执政会竭力避免政策的失误遭到反对党的攻讦，同时，执政党总统也会为了谋取连任或争取选票提出更多适合美国现状的政治纲领，推动社会经济改革。这种相互监督的机制对维护美国政治稳定起到了重要作用。但自特朗普总统2017年1月上任后至今，美国国内两极分化严重，国内政治被严重撕裂，美国政治稳定遭到严重破坏，甚至在2021年1月6日出现了占领国会的现象。但总体上美国政治还能保证基本运行。

总之，美国分权制衡的政治体制为国家安全体制的产生、运作提供了制度基础。作为维护国家安全的安全体制，在运作尤其是决策上必须考虑其政治体制，可以说，民主法治的政治体制是美国国家安全体制所不可或缺的制度前提。

第二节　美国政治体制与国家安全体制

战后美国国家安全体制的确立标志着其由“孤立主义”到“国际主义”的重要转变。美国的国家安全体制（National Security System）是指“经过第二次世界大战和战后初期美国政府机构的重组，特别是通过1947年《国家安全法》的颁布与实施，形成的与对外政策、国防政策相关的美国联邦政府官僚机构系统的总称”。[①] 其体制结构可归纳为四个方面：国家安全委员会体制、情报安全体制、军事安全体制和应急安全体制。

一、美国国家安全体制的结构

从构成结构—功能层面讲，美国国家安全体制主要包括国家安全委员会体系（决策层）、情报安全体系、军事防务体系与应急安全体系。

（一）国家安全委员会体系

毫无疑问，国家安全委员会体系在美国国家安全体制中处于主导地位，作为服务于“帝王式总统”的这一机构，其决策咨询功能等方面在美国国家安全体制中起着不可估量的作用。一般认为，现代国家安全委员会源于美国对战后“总体战”（total war）反思基础上的军务变革，尤其是二战的战争复杂性使美国意识到军种间战争趋于白热化，传统型缺乏有效配合的军种体制已不能适应现代性战争的需要，1945年美国军界筹划了军事改革措施，时任海军部长詹

① 《美国国家安全体制与政策决策流程》，知远战略与防务研究所，http://www.knowfar.org.cn/html/zhanlue/201309/05/353.htm。

姆斯·福雷斯特尔（James Forrestal）邀请其私人顾问埃伯斯塔特（Ferdinand Eberstadt）起草了一份《陆军部和海军部的整合以及战后的国家安全组织》，即《埃伯斯塔特报告》（Eberstadt Report），这份报告历时3个月的讨论最终获得通过，10月22日由参议院海军事务委员会印发。[①] 其中最具里程表意义的一条，即提出组建由总统领导的国家安全委员会作为美国国家安全体制的“基石”。杜鲁门总统在权衡利弊的基础上部分接受了该报告的意见，于1947年签署两院通过的《国家安全法》，美国国家安全委员会正式成立。此后经历不同时期的改造，这一机构功能与运作不断得以完善。

国家安全委员会由总统、国家安全事务助理、副部长委员会与部长委员会、跨部门政策委员会组成。

1. 总统。美国虽然是三权分立的宪政体制，但在实际决策过程中，尤其是经历“9·11”事件后的历届总统往往被赋予无限大的权力。在美国人的眼中，总统是一个“全能的总统”，詹姆斯·巴伯（James Barbour）说道，“总统是民众最强烈、最持久情感关注的焦点……总统是一位能把握人民政治前景的希望和忧虑的人物。”[②] 在对外决策中，总统面临的问题主要是如何处理集权与分权的问题，以及如何高效处理好对外政策制定中的白宫与国务院之间的平衡，一般来说，历来美国总统都注重在二者之间平衡的基础上选择一个最适合自己的决策机制。无论是以国务院、白宫为主的决策机制，抑或者两者兼有的混合体制，但毫无疑问总统都是居于最顶层的决策者。在具体讨论政策制定时，总统一般是通过国家安全事务助理这一重要环节来进行传达与最终汇报签署。

2. 国家安全事务助理。国家安全事务助理（NSA）是总统最得力的咨询与决策助手，被誉为总统“最诚实的掮客”。国家安全事务助理不是决策者，而是总统决策体系的中枢。其职责一是作为国家安全决策过程中的“中介”，可建议总统召开国安会，提出各项应该

---

① 杜鲁门著，李石译：《杜鲁门回忆录》，东方出版社2007年版，第60页。

② ［美］詹姆斯·巴伯著，赵广成译：《总统的性格》（第4版），中国人民大学出版社2015年版，第25页。

受注意或深入讨论的议题，递交副部长委员会（NSC/PC）与部长委员会（NSC/DC）讨论，并将会议最终成果汇报给总统批示，由总统签署执行。由于国家安全事务助理往往与总统关系亲密，其对总统的政策态度最为熟悉常被视为总统的代言人。[①]

3. 副部长委员会与部长委员会。国家安全委员会副部长级委员包括副国务卿、财政部副部长、国防部副部长、司法部副部长、能源部副部长、管理和预算办公室副主任、美国驻联合国副代表、国家情报副总监、参谋长联席会议副主席以及副总统。其负责指导跨部门工作小组的工作，并确保所要讨论问题交到部长级委员会之前已得到适当的分析和准备。当副部长委员会讨论文件通过后就会转到部长级委员会部门讨论，部长委员会将定期讨论当前和发展中的国家安全议题，审查和协调下属跨部门组织和受影响部门与机构制定的政策建议，给予执行指导或后续分析并最终成文，然后由国家安全事务助理呈报总统，由总统审阅签署执行。

4. 跨部门政策委员会（NSC/IPC）。跨部门政策委员会包括副部长委员会下的跨部门机构，包括经济委员会、国家对外情报委员会、国土安全委员会、管理和预算办公室等机构部门。其职责是负责讨论由国家安全事务助理提出的问题议案，对其进行日常研究与分析工作，进行初步评估筛选，明确评估制定全面的美国政策战略，最终草拟综合政策选项文件，供国家安全委员会讨论。

总体而言，美国国家安全委员在美国国家安全体制中起到关键的协调作用，可以统筹协调国防、外交、国土安全部门，减少政策执行的内部阻力与额外成本，可以更好地发挥领导层的领导力，确保决策的专业性与科学性。美国国家安全委员会结构，参见图 6 – 1。

（二）情报安全体制

美国情报安全体制是其国家安全体制的重要组成部分，在某些

① 戴维·罗特科普夫著，孙成昊、赵亦周译：《操纵世界的手：美国国家安全委员会内幕》，商务印书馆 2014 年版，第 489 页。

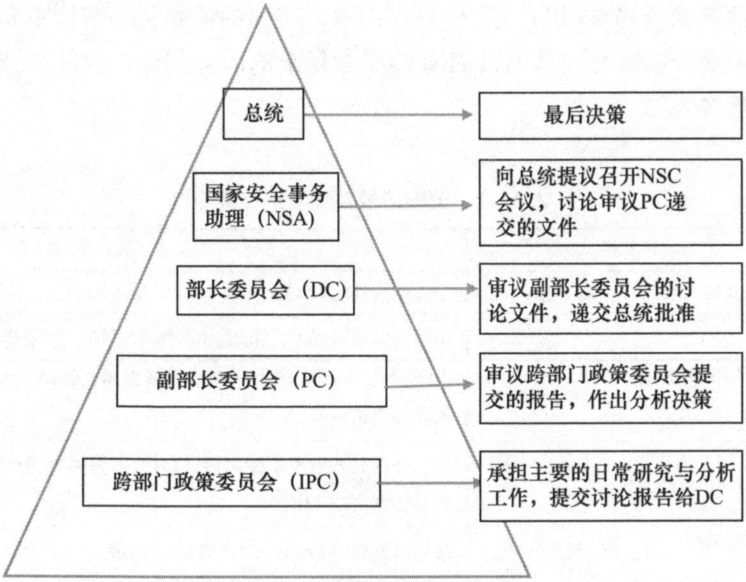

图6－1　美国国家安全委员会结构

方面，其情报功能可归结到国家安全委员会体系之中，如在NSC中就有中央情报局机构，但由于国安会侧重于决策层面，在实际过程中情报收集更多隶属于国务院和国防部，因此有必要将情报体制单独列出。1946年杜鲁门总统说道："应对联邦所有的对外情报活动进行计划发展和协调，以确保有关国家安全的情报使命得到高效履行。"[①] 事实上，在杜鲁门总统之前的美国情报机制发展一直很缓慢，直到1947年美国《国家安全法》颁布，现代意义上的美国情报体制才开始正式形成。

目前美国情报体制可分为16个单元，主要机构有中央情报局（CIA）、联邦调查局（FBI）、国家安全局（NSA）、国防情报局（DIA）、国家侦查办公室（NRO）等。按类型划分，可分为独立的情报机构，如中央情报局（CIA）；隶属国防部的情报机构，如国家安全局（NSA），国家侦查办公室（NRO）等；隶属国土安全部的机构，如海岸警卫队情报机构（CGI）；最后是其他政府部门的机构，

① 杜鲁门著，李石译：《杜鲁门回忆录》，东方出版社2007年版，第409页。

如联邦调查局（FBI）等。① 总体而言，美国的情报机构职能主要包括收集分析数据，从而及时有效应对复杂的国际形势，为其全球战略服务。

表6－1　美国情报系统类别与机构

类别	
独立情报部门（隶属NSC）	中央情报局（CIA）
隶属国防部	国防情报局（DIA）、国家安全局（NSA）、国家侦查办公室（NRO）、国家地理空间情报局（NGA）、其他陆海空情报部门
隶属国土安全部	信息分析与基础设施保护司（IAIP）、海岸警卫队情报办公室（CGI）
其他政府部门	联邦调查局（FBI）、国务院情报与研究局（INR）、情报与分析办公室（OIA）、能源不扩散与国家安全办公室（ONNS）

（三）军事安全体制

美国的军事防务体制在国家安全体制中发挥着不可或缺的作用，总体上它由总统、国家安全委员会、国防部（DOD）、中央情报系统组成。从属性上说，这一体制严格遵循了行政体制与军事体制相分离的机制。根据宪法规定，总统居于三军主帅地位，通过参谋长联席会议和参谋长统一规划，统一领导和统一指挥军事行动，但并不是直接领导军事行动。国防部（五角大楼）则是美国武装部队的最高行政领导机构，下设国防部长办公厅、美军参谋长联席会议、联合参谋部、联合作战司令部与特种作战司令部、海军陆战队司令部。军事执行机构是军事作战指挥系统，由总统下令给国防部长，国防部是总统领导与指挥美国武装力量的最高军事机关，负责防务政策、计划的制定和实施，以及全盘国防事务管理，并通过参谋长联席会

① “Intelligence Reform and Terrorism Prevention Act of 2004,” http://www.fas.org/irp/cra/RL32722.pdf.

议对全军实施作战指挥。它由国防部本部系统、军事部系统和作战指挥系统三部分组成，国防部在某种程度上是美国军事体制的军政系统，需要进一步将指令传达给参谋部联席会议，由参谋长联席会议作为军令指挥系统下达给各作战单位。此外，还有庞大的美国情报系统为作战部队提供情报与后勤保障，如空军情报局、空军情报分析中心等。美国军事安全体制，参见图6－2。

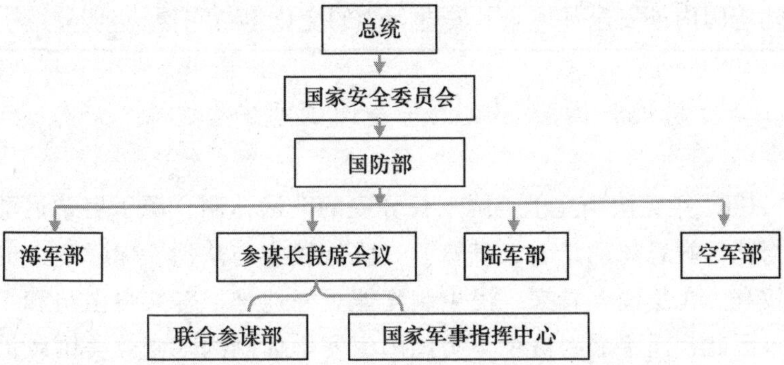

图6－2　美国军事安全体制

（四）应急安全体制

美国应急安全体制源于20世纪上半期两次世界大战时期的民防制度，1933年美国成立了第一个应急事务机构——国家应急管理委员会（National Emergency Council），主要应对当时的经济危机。1947年根据《国家安全法》又成立了“国家安全资源委员会”，主要承担国防动员职责，美国应急体制组织机构基本形成，这一时期的应急安全体制主要侧重军事安全领域。随着安全形势的发展，尤其是20世纪50年代中期美国频频出现的自然灾害，美国政府开始对国家应急安全体制进行改革，1961年“应急准备办公室”成立，主要处理自然灾害，此时期的美国应急安全体制出现了一定程度的分裂，出现了多个部门应对某一领域政出多部的分散化状态，导致应急体制效率不高。对于这一情况，1978年《应急准备计划：最终报告》规定，美国迫切需要一项全国性、综合性安全应急政策，成立一个联邦级的政府应急机构。1979年3月31日，卡特政府签署

“12127 号总统令”，正式成立内阁级的“联邦应急管理局”（Federal Emergency Management Agency），这一机构整合了以前多机构职责，统筹应急准备。“9·11”事件后，美国政府再次调整了其应急体制。面对恐怖主义的兴起，反恐成为美国应急体制中最重要的任务，依据2002年国会通过的《国土安全法》，成立国土安全部，提高美国应对处理危机能力，预防美国遭受生化或恐怖袭击，保卫美国关键基础设施，汇总分析联邦情报信息。从根本上说，美国应急安全体制随着国内外安全环境与其安全观念的变化不断完善。

二、总统、国会、政党与美国国家安全体制

1787 年宪法确立了美国三权分立的政治体制，源于启蒙运动理念与基督教思想的结合，其核心是强调民主与法治，保障个人的民主权利。在美国人看来，民主制度能更好地维护普遍自由与和平繁荣。因此，民主法制被视为美国国家安全体制的基础。美国政治体制呈现典型的分权制衡特点。基于对人性的认识与民主政府的渴望，美国的国父们致力于设计能够制约政府特权的方法和手段，从而以权力制约权力。美国制宪家们受欧洲启蒙思想家的影响，支持天赋人权和人民主权说，认为人民通过订立契约的形式把自己的部分天赋权利转让给国家，国家就必须建立立法、行政和司法三种权力相互分立的机构，以保障公民的自由。

（一）美国总统与国家安全体制

虽然在理论上美国实行三权分立的权力制衡体制，但在实践中往往具有很多不确定性，这就导致了尽管要受到国会的制约，但美国总统依旧处于国家权力的顶峰。目前，美国国家安全体制的决策层由总统和国家安全委员会系统（National Security Council System）组成。但这一体制并非建国之初就有，事实上，正是经历二战的残酷性以及战后冷战导致的危机加剧才使美国人意识到反思自身安全体制的缺陷，从而开始着手组建国家安全体制。正如克拉布（Cecil V. Crabb，Jr）所说，在 20 世纪下半叶，对国际危机的管理需求导

致了美国外交决策的核心从国务院转移到总统办公室。[①]

从总统与国家安全委员会的关系来看，总统的个人风格是决定国家安全体制变革的决定因素。从战后国家安全委员会成立之初到当代美国国家安全体制的日益成熟，总统的治理风格决定了国家安全委员会的运作机制风格。从杜鲁门总统创立国家安全委员会到如今，不同总统任期内的国家安全委员会运作机制有着很大的不同，尤其是历任总统偏爱对前任 NSC 体制进行变革。在危急时刻，总统制定决策往往主观依靠其依赖的内阁团队，尤其是对国家安全事务助理（NSA）的依赖，如在尼克松时期，基辛格权势达到顶峰，在国际事务中扮演了总统代言人角色，很多秘密政策都是通过与 NSA 秘密商定作出的。[②] 美国学者鲁宾逊（James Robinson）曾做过一项统计，从 20 世纪 30 年代到 60 年代，美国 22 项比较大的外交决策中只有 3 项是国会提出的，在关乎国家安全问题的表决中，总统的立场占上风的比例超过 50%，平均成功率为 75% 左右。根据《美国国家安全法》（No. 402）的规定，总统是国家安全委员会的主席，有权直接任命国家安全事务助理。总的来说，总统是美国国家安全体制的主要改革者，其治理风格注定了国家安全体制的运行。

（二）美国国会与国家安全体制

国会在美国内政或外交中的作用是不可忽视的。美国国会由参议院、众议院组成，其基本功能有：代表人民、制定法律、对行政和司法部门进行监督与制约。就美国国家安全体制来说，国会所起的作用非常关键。尤其是在 20 世纪 60 年代后，国会开始全面挑战总统在安全决策方面一枝独秀的局面。

一定的政治组织结构决定了其政治功能。国会在安全政策制定中扮演重要角色，其中国会各种委员会是“决定对外政策

---

① Cecil V. Crabb, *Presidents and Foreign Policy Making: From FDR to Reagan*, Louisiana State University Press, 1986, p. 39.

② ［美］詹姆斯·巴伯著，赵广成译：《总统的性格》（第 4 版），中国人民大学出版社 2015 年版，第 25 页。

的中心”[①]。国会委员会直接参与安全政策制定，左右民众与政府的安全认知。当这种安全认知形成时，由国会情报委员会搜集情报信息，评估威胁来源，预算委员会与拨款委员会进行实现安全手段政策的预算，最后由外交委员会通过政策制定执行。

总体而言，美国国会对安全政策的影响体现在：一是参与决策。国会拥有立法权，宪法授予国会的立法权是其首要权力。在美国国家安全体制的设计程序中，法律是基础，因此国会所通过的安全法律将直接影响美国国家安全体制的设计。与此同时，国会委员会在美国具体安全认知、安全政策制定上起到了重要作用。二是监督决策。国会的监督功能是指“国会必须持续地检讨行政当局是否有效执行了国会所通过的法案。”[②]美国参众两院情报委员会、参众两院军事委员会、司法机构以及民间力量是美国国会的主要监督机构。美国宪法规定对外政策行动必须征得国会同意，国会对国家安全政策具有监督职能。参众两院通过采用质询权、调查权和弹劾权等手段对国家安全政策行为实行监督，通过立法手段进行相应的法律制约。三是左右决策。美国宪法赋予国会“掌握钱袋的功能”（power of the purse）。尤其是作为掌控经费预算的机构，拨款委员会对美国安全体制的运行起到了关键影响。

（三）美国两党制与国家安全体制

美国是典型的两党制国家，民主党和共和党轮流执政，虽然在美国宪法中并未有规定政党制度的条款。在西方学者看来，现行两党制合法性更多是基于美国政治发展历史进程的政治惯例的产物。目前美国政党制度对国内政治生活有着强大的政治影响力，左右着美国国内外政策的具体执行。

美国政府历史上都是由两党轮流执政，没有出现某党长期把持政权的现象，这既有利于保持政策的稳定性，又有效防止了一党独

① James M. Lindsay, *Congress and the Politics of U. S. Foreign Policy*, The John Hopkins University Press, 1994.

② Walter J. Olezek, *Congressional Procedures and the Policy Process*, Washington D. C.: CQ Press, 1978.

裁局面的出现。从政治体制来看，美国是两党轮流执政的国家，民主党和共和党在政治决策上具有明显的分歧，这种分歧也体现在国家安全体制方面。由总统代表的执政党决定了安全决策，而在野党则监督安全决策和决策的执行。

三、美国政治体制与国家安全体制相互影响

1787 年宪法确立了美国三权分立的政治体制，民主与法治是其国家政治体制的根本。国家安全体制的制度设计与运作也基于民主法治总的原则，其国家安全体制存在其政治体制之中，是美国民主与集中，法治与威权体制的具体体现。

（一）民主法制是美国国家安全体制的基础

美国国家安全体制从安全评估、安全政策制定到安全政策执行，涉及到多部门的协作，其根本基础在于美国三权分立的民主体制。民主法制是美国国家安全体制的基础，主要体现在以下两个方面：

其一，美国国家安全体制建立在民主与法治的总原则下，虽然特殊时期随着总统的偏好，其安全体制呈现集权特征，但这并不说明它偏离了民主法治原则，也并非会因为一个强有力的国家安全体制而破坏原有的分权平衡体制。这是因为：一是国家安全体制的构成要受议会的监督，其权力来源于宪法和法律的规定；二是其决策过程有具体的法律法规规范制约，并非杂乱无章；三是决策执行必须受到法规监督。总的来说，美国国家安全体制已经成为总统施政的有力工具，且伴随反恐需求而具有更大的管辖权力，但这种权力乃至于特权的行使依然处于国会监督、法院审查和舆论批评氛围之中，使其不可能过分偏离基本的人权与法治轨道。如试图专权的特朗普总统就受到了民主党控制的众议院强而有力的约束，众议院曾两次启动弹劾特朗普程序，以制衡总统对权力的滥用。

其二，美国国家安全体制的确立为个人决策到集体决策提供了制度平台，避免了个人决策的盲目性和武断性。虽然美国总统的个人感知（perception）在对外决策中会起到直接决定作用，但毫无疑问，其集体决策制度仍是防止战略误判与政策失误的最佳选择。当

然，世界上绝没有十全十美的东西，即便是如美国拥有较为完善的国家安全体制的国家，也不可避免会出现战略误判，从而出现如福特时期的内阁大改组，基辛格被迫辞职，史称“万圣节大屠杀”①，随后出现保守主义为代表的“火神”② 主导对外政策，出现战略失误的现象。基于民主与法治总的原则，美国国家安全体制并非一成不变要遵循民主，在特殊时期有必要要求在民主基础上的集中、高效，也就是说，在运作过程中可以存在民主与集中，法治与威权之间的一种张力。③在具体运作过程中，需要合理考虑与本国政治制度相适应的前提下，更好体现自身权力结构，从而最大程度地为国家安全保驾护航。事实上，在处理特殊事件时，一种更为集权高效的安全体制往往能很好地处理好危机。这点我们可从尼克松总统任期内与中国关系缓和加以佐证。

诚然，美国国家安全体制属于美国政治中的“高级政治”（high politics），是其国家理性的重要制度承载，是总统决策和总统意志执行的重要管道，也是美国推行全球战略的有力工具，但它只有在自由政体的结构之内才能真正相对安全、高效地运转，缺乏自由传统支撑的“优良政体”这一宪政前提，其国家安全体制很可能演化为其他国家出现过的个人独裁与专制的利器。

（二）美国国家安全体制存在于政治体制之中

美国国家安全体制遵循分权与高效集中的原则，在国家安全体

---

① “万圣节大屠杀”：福特总统任期对内阁进行大规模改组，保守派全面主导内阁事件。1975 年秋，时任总统国家安全事务助理与国务卿两大要职的基辛格被迫辞去国家安全事务助理职位；基辛格在政治上的保护人、时任副总统的洛克菲勒也被迫公开声明不在 1976 年大选中谋求副总统提名，黯然退出政治舞台；时任国防部长的施莱辛格同时辞职，接替他的是总统办公厅主任拉姆斯菲尔德。

② “火神”：指以拉姆斯菲尔德为核心的共和党新保守主义集体。如果说“万圣节大屠杀”只是小试牛刀的话，那么 2001 年小布什政府时期，“火神”则开始全面走上政治前台，关于“火神”与“万圣节大屠杀”相关资料可参阅詹姆斯·曼：《布什战争内阁史》，北京大学出版社 2007 年版。

③ 张骥：《世界主要国家国家安全委员会》，时事出版社 2014 年版，第 8 页。

制中，作为中枢决定层的总统是最高决策制定者，拥有至高权威。但并非说明其安全体制不需要权力的制约，否则很难避免出现由于总统个人治理风格造成决策不客观的现象。可以将美国国家安全体制比作一个金字塔形的层级体制，总统居于最顶层，拥有直接政策决定权，其次是并列的国家安全委员会系统，军事防务系统与情报信息系统，再往下是影响政策的多种因素，如政治文化、利益集团、智库等。作为总统制国家，美国总统处于核心地位，拥有最高决策权，但绝非我们想象中的总统就一定是威风八面的，实际上总统的决策权很大程度上会受到国会等制约，甚至可以在某种程度上说总统只是政府行政当局的领导人。①

从政策制定和执行过程看，美国安全政策的制定一般经过三个程序：安全性质的判定、安全政策的制定与安全政策的执行。通常而言，由情报信息系统等部门负责搜集安全情报信息，国会委员会对安全问题进行安全认定，国家安全委员会（NSC）系统进行讨论得出初步结论，经过国会同意，总统制定最终决策，然后下达国务院、国防部等部门执行。美国的国家安全体制是一项系统复杂的决策体制，不存在某一个部门独立可以完成某一安全政策的现象。

从法制基础来看，美国的国家安全体制建立在坚实的法律基础之上。可以说，安全体制的基础在于美国宪法、《国家安全法》以及各种专门立法，尤其是随着形势不断变化而出现的《国土安全法》与历届《总统行政指令》等，都是其安全体制不可或缺的法制基础。

从权力制衡的角度说，美国国家安全体制作为行政权力的一部分，要受到立法及司法机构的制约。议会对国家安全领导机构的监督负有最高法定义务。②

（三）美国政治体制与国家安全体制相互影响

作为民主政体的典型代表，美国的政治体制与国家安全体制紧

---

① 席来旺：《美国的决策及其中国的政策透视》，九州图书出版社 1999 年版，第 8 页。

② 朱建新、王晓东：《各国国家安全机构比较研究》，时事出版社 2009 年版，第 35 页。

密联系，事实上，国家安全体制的改革也是美国政治制度不断调适的体现。

1787 年制宪之后的 200 多年时间里，美国的制度尤其是政治制度的灵活性和适应性是其成为一个强大统一的国家的重要制度原因之一，但并非主要的制度因素。事实上，美国的政治制度在初创时与别的国家的政治制度相比并没有多少优势，美国之所以能够从一个落后的美洲小国、弱国一步一步走向统一、繁荣的世界大国、强国的最主要因素是美国政治制度的灵活性和适应性，也即美国政治制度并非一劳永逸，只是坐收制度基因之利，而是依据环境的需要不断改革自己、调适自我。①

从国家安全体制来说，完善安全体制也是对政治体制完善的过程。众所周知，在美国政治体制演变过程中，处于危机时期的总统权力相比和平时期的权力要大得多，很多时候总统往往会绕过国会直接决策。这样的安全决策体制往往是对其以前政治体制做某种修补，从而使其政治体制更加完善，更好地为国家安全服务。美国之所以能成为强大的美国，正如英国学者维尔所说，“美国对外所产生的吸引力主要来自其不断自我调适的制度变革。”②其国家安全体制的运行同时也会影响其政治体制，国家安全体制运行效率的高低会反映和影响其政治体制的运行效率。同理，其政治体制效率的高低也会反过来影响安全体制的效率，美国国家安全体制与政治体制难以分割。

第三节　美国国家安全法律体系

美国国家安全法规是其安全体制的前提，其国家安全体制必然是以宪法、法律和有关战略报告为依据，考察美国安全体制必然要考察相关安全法律体系。

---

① 施雪华：《不断自我调适中的美国政治体制》，《江汉论坛》2013 年第 7 期，第 71—73 页。

② ［英］维尔著，王合等译：《美国政治》，商务印书馆 1988 年版。

一、美国国家安全法的演变

随着时代的发展，安全环境的变化与传统安全立法的缺陷是美国安全法律不断改革的根本原因。二战结束以来，美国所面临的安全环境经历了一系列性质的变化，从建国之初的美国安全法律主要强调国家领土安全到冷战后恐怖主义势力兴起，强调反恐的安全立法，美国的安全法律随时依据安全环境的变化而不断变化。

（一）建国初到二战时期的安全立法

美国有关安全方面的立法，可以一直追溯到 18 世纪末的“外侨和叛乱法”。当时为镇压日益高涨的、同情和支持法国大革命的国内民主运动，压制对敌视法国的当局的批评，根据 1789 年的《联邦宪法》，美国于 1798 年出台了四项法令:《国籍法》《归化法》《敌对外侨法》和《煽动叛乱法》，这是美国历史上最早的安全立法。

一战结束之初，总统威尔逊（Thomas Woodrow Wilson）认为，战时忠诚度是国家取得战争胜利的关键因素。在他的催促下，1917 年美国颁布了《间谍法》（Espionage Act of 1917）打击通敌卖国行为，规定可以对未经授权擅自取得、接受和传播国防资讯并对美军造成不利影响的个人加以重罚，甚至死刑。一战结束后，美国的劳工运动不断爆发，并在规模和威望方面有很大提高，所提的要求也不再仅限于传统的增加工资、减少工作时间、承认工会等，有一些甚至要求将资本家掌握的行业控制权转交政府，某种程度上接近于社会主义体制。除本国工人自发的运动外，还有一群由俄国人组成的、直接受莫斯科领导的社会主义者和无政府主义者发起的运动，他们常常出没于贫民窟和工厂的居民中鼓吹他们的信条，所提的要求更加激进。为了应对国内的“红色恐慌”，美国颁布了《移民法》，驱逐了成千上万的共产党员。被逐的外侨名单由时任总统罗斯福秘密恢复的情报机构提供。到 1936 年 8 月 25 日，因战争的需要，罗斯福和他的国务卿科德尔·赫尔（Cordell Hull）明确下令恢复联邦调查局的情报活动。由于这一指令，联邦调查局情报网络迅速扩大，各机构之间摩擦频繁。1939 年 9 月 6 日，罗斯福发表声明“我要求美国所有警官、行政司法长官和其他执法官员将所获有关间谍、破坏、颠覆活动和违反中立法的活动情报就近移交给联邦调查局的代表”。[①] 这一时期，除了总统的行政指令和口谕外，美国还相继通过了一系列法律。1939 年颁布《哈琪法》，禁止公务人员参加政治组织和政治活动；1940 年出台《外侨登记法》，规定任何人帮助或企图组织由一些鼓吹、鼓励以武力或暴力推翻、破坏美国政府的人组成的社团、集团或集会，加入或联络明知有这种宗旨的社团、集团或集会都可被处以 20 年以下监禁或 2 万美元以下的罚金，或二者并处。1943 年通过《史密斯 · 康纳利法》，又称《战时劳工纠纷法》，禁止在国家管辖的企业内罢工，并授权总统接管任何用于军事需要的物资生产的权力。

（二）冷战时期构建国家安全体制的立法

二战结束之初，随着政治、经济、军事实力的极大增强，美国开始由地区大国向世界霸权国转变。但由于美苏“冷战”，美国的这一过程受到了苏联的极大制约，为了更好地对抗苏联，美国开始了一系列加强国家安全体制的立法工作。

国家安全法。二战结束之初，安全问题非常突出，美国对安全问题的反应达到前所未有的高度。[②] 1947 年杜鲁门总统签署了两院通过的 758 号和 2319 号方案，美国历史上第一部《国家安全法》颁布。该法案对国家安全委员会的职能、构成等核心问题做出了规定。其职能是关于国家安全的内政、外交和军事政策的整合，以及跨部门的协作为总统提供建议。根据《国家安全法》，国家安全委员会成员包括总统、副总统、国务卿、国防部长、陆军部长、海军部长以及国家安全资源委员会主席，总统可以指定其他行政机构的部长出席会议。此外，还规定建立一个国家军事机构负责对武装力量进行指导，在三个军部之上成立“国家军事部”。根据 1949 年重新颁布

---

① 理查德 · 鲍尔斯著，成小琴等译：《秘密与权力——美国联邦调查局长胡佛传》，中国公安大学出版社 1989 年版，第 225—226 页。

② ［美］伯纳德 · 施瓦茨著，王军等译：《美国法律史》，法律出版社 2007 年版，第 181 页。

的《国家安全法修正法案》，规定将松散的“国家军事部”改组为内阁级的国防部，陆海空军种降格为国防部的下属部门，国防部长开始获得武装力量的管理权与指挥权。①

与情报有关的立法。战争需要情报，加上“珍珠港事件”反映了美国通讯密码体制以及情报分工上的混乱状态。1947 年 7 月 26 日，国会颁布《国家安全法》，正式确立了国家安全机构的组织体制，宣布成立中央情报局，根据 1952 年杜鲁门总统签署的《通讯情报活动》成立国家安全局。为规定这些机构的分工，通过《1949 年中央情报局法》明确了中央情报局的职能。② 针对外国情报工作，1978 年通过《外国情报侦察法》单独予以规定。它允许“美国总统可以不考虑其他法律，通过司法部长授权，进行一年以上的电子侦察以获取外国政府或政府间组织的情报信息”③。依据历年来颁布的有关法规进行职权划分的美国国家安全机构之间在实际操作中也会出现摩擦，特别是在反间谍领域，对此，1981 年，里根总统发出《12333 号总统行政指令》，明确规定联邦调查局、中情局等情报机构的职权范围，并强调该法案的“宗旨是要在获取重要情报同保护个人利益两者之间保持适当的平衡”。④ 1982 年又通过《外交使团法》，加强对外国驻美外交人员的监视。同年，美国国会还专门出台《情报人员身份保护法》，加强对情报人员身份的保护。

与技术侦察有关的立法。随着现代科学技术的发展，高技术手段和机器设备等成为获取情报的重要来源，发挥着越来越关键的作用，为此，美国对安全机构开发和利用高技术不仅予以拨款支持，也适时制定法律使其合法化。1959 年，为规范国家安全局和其他目的，国会批准了《国家安全局法》，允许国家安全局通过

---

① 黄爱武：《战后美国国家安全法律制度研究》，法律出版社 2001 年版，第 33—34 页。

② Stephen Dycus, Arthur L. Berney, William C. Banks, and Peter Rave-Hanson: *National Security Law*, Fourth Edition, Aspen Publishers, Inc., 2007, p. 358.

③ Louis Fisher, *In the Name of National Security*, University Press of Kansas, 2006, p. 149.

④ Frank Thomas, Glennon Michael, Murphy Sean, *Foreign Relations and National Security Law* (IV), West Publishing Company, 2007, p. 899.

卫星和遍及世界的监听站，截收各国的无线电通信信号，破译他们的密码，获取间谍的潜伏通信联络活动，为政府提供整理过的情报等。1968 年美国国会通过了《综合犯罪控制与街道安全法》(Omnibus Crime Control and Safe Street Act of 1968)，规定了技术侦查的期限与许可条件等，监听可针对“国外敌对势力危害我国家安全所进行的潜在的或实际的敌对行为；以武力或其他方法推翻政府的行为等”。①

与惩治间谍有关的立法。对间谍罪的认定和量刑是美国法律史上一个饱受争议的话题。1972 年，美国最高法院裁决：和平时期，间谍罪最高只可判处终身监禁。但 1985 年的“沃克间谍案”②，因牵涉美国退役海军军官，致使很多人呼吁，在和平时期，若是军人犯间谍罪可处死刑。为遏制间谍罪增长，美国参议院批准了可在和平时期对犯间谍罪的军人处以死刑的《军人间谍罪惩治法》，1986 年 2 月由里根总统签署生效后写进美国军事法。由于美国强调民主和自由，致使有关国家安全的泄密事件时有发生，造成了很大损失。为此，美国国会于 1988 年 9 月颁布《关于制裁泄露国家经济和商业情报者的法令》，用判处 3—8 年的徒刑取代之前的无作为或解雇。

（三）“冷战”后国家安全立法

1. 调整国家安全机构和职能的立法。随着冷战结束，国际局势缓和，美苏双方的斗争由政治领域转向经济领域，经济利益的争夺导致经济领域的高科技情报窃取现象非常严重。为保护经济信息安全，布什总统于 1991 年 11 月 15 日颁发第 29 号总统指令，着重强调

① Lillian R. Bevier, “The Communications Assistance for Law Enforcement Act of 1994: A Surprising Sequel to the Break Up of AT&T,” *Stanford Law Review*, Vol. 51, 1999.

② 1985 年，以约翰·沃克（John Walk）为首的美国退役海军军官及其有关亲属向苏联出卖国家机密的间谍案，该案引发美国国内关于和平时期军官出卖国家机密是否可判死刑的讨论。

经济情报的意义。1994 年 2 月，美国破获“埃姆斯间谍案”[①]，引起国际社会极大反响。时任总统克林顿迅速发布第 24 号总统命令，调查和评估此事给国家安全造成的损失，并授权政府重新审议各部门的反间谍工作。同年 5 月，克林顿宣布成立“国家反间谍政策委员会”，全面负责制定反间谍方针政策，促进两大情报机构——中央情报局和联邦调查局在反间谍工作中的合作。[②] 政府还建立了新的、由委员会全面协调和指导各反间谍部门的联合侦察间谍案体制，并在各安全机构内部也采取如严格测谎检测等措施加强防范，以避免损失。参议院依据《外国情报侦察法》于 1994 年颁布了《反情报和安全促进法》（Counterintelligence and Security Enhancements Act of 1994），成立了“国家反情报政策委员会”。1996 年 9 月，国会通过了美国历史上第一部《反经济间谍法》，规定对于为外国政府、公司或企业窃取美国商业情报的人，最高判处 25 万美元罚金，并处最高 25 年监禁；若犯罪者是法人，则罚金最高可至 1000 万美元；对于为美国公司窃取情报的美国人，可判 25 万美元罚金并处 15 年监禁，若犯罪者是法人，则罚金为 500 万美元。[③]《反经济间谍法》为美国安全部门打击经济领域的间谍、窃密等活动提供了法律依据，它的出台使美国的反间谍工作步入了新的阶段。

2. 有关国家安全教育的立法。为提高国家安全机构后备人员的素质，保持其可持续发展，长久维护国家安全，美国于 1991 年颁布了关于设立国家安全专项资金及其操作运用程序的《国家安全教育法》。其规定如：拨款 1. 5 亿美元资助美国大专院校、科研机构开设关于国家安全的课程或进行相关研究；投资 1000 万美元奖励大专院校开设适应新形势变化和挑战的课程；设置 1000 万美元资助在校研究生研究中情局等国家安全机构指定的课题等。凡此法规定的内容

---

① “埃姆斯间谍案”：1984—1991 年期间美国中情局人员埃姆斯与苏联驻美使馆人员接触以发展谍报人员，但埃姆斯从 1985 年起却不断向苏联克格勃出卖美国情报，联邦调查局 1991 年 2 月对其进行了调查，认定“埃姆斯间谍案”成立。

② 情报与国家安全课题组：《情报与国家安全——进入 21 世纪各国情报机构》，时事出版社 2002 年版，第 82 页。

③ 黄爱武：《战后美国国家安全法律制度研究》，法律出版社 2011 年版，第 52 页。

都由它授权成立的“国家安全教育委员会”负责。《国家安全教育法》的出台，不仅让国家安全人员培养、储备等有法可依，还使得美国安全成为各类学府、研究机构等的研究对象，有利于其更加科学化、规范化，也使得公众更加了解和重视国家安全。[①]

(四)“9·11”事件后的国家安全立法

构建新的国家安全情报体制的立法。2001年9月11日，美国遭到历史上最严重的恐怖袭击事件，为平息美国人对国家情报机制的不满，美国国会于2004年通过了《情报改革法》，该法成为二战以来美国最重要的情报机构改革法案。[②] 根据该法案，设立国家情报主任职位，管辖当时的16多个情报机构。同时成立国家反恐中心，加强对恐怖嫌疑人的监督力度。此外，为加强对美国本土安全的重视，2002年通过了《国土安全信息共享法》，促进国家安全部门搜集情报信息的责任。

设立新的国家安全机构的立法。2002年小布什总统签署了《国土安全法》(The Homeland Security Act of 2002)，这是美国第一部国土安全法，关于国土安全的国家策略行动主要规定：第一，改进政府间的法律协调；第二，使潜在的恐怖分子拘捕更容易；第三，建立保持一个关于美国至关重要的基础设施和关键资产的完善和精确的评估体系；第四，与州地方部门建立有效合作关系；第五，保护电脑空间；第六，利用最好的分析和建模工具发展有效保护解决方案；第七，与国际社会合作。国土安全战略目标优先考虑的是保护美国免受恐怖主义袭击，克服美国应对恐怖主义的弱点。国土安全的国家战略部署集中为六个紧急领域：情报工作和警报、边界和运输安全、本国恐怖主义、关键军事基础设施保护、恐怖主义防御和紧急突发事件的准备与反击。成立国土安全部，它承担了原有部门的职责，雇员达18万人，总预算将近400亿美元，负责美国本土安

---

① 情报与国家安全课题组:《情报与国家安全——进入21世纪各国情报机构》，时事出版社2002年版，第398—399页。

② 张长军著:《美国情报失误研究》，军事科学出版社2006年版，第80页。

全保障工作。①

打击恐怖主义立法。为更好适应反恐形势需要，2001 年小布什总统签署了《美国捍卫与加强本土安全采取有效措施与打击恐怖主义法案》，即《2001 美国爱国者法》（USA Patriot Act of 2001），该法赋予美国国家安全机构防范打击恐怖主义的特殊能力，国家安全机关可以对美国公民、绿卡持有者等实施秘密监听。2007 年美国国会颁布了《保护美国法》（Protect America Act of 2007），规定了对身在美国境外人士开展电子侦听的程序。

二、美国国家安全法的结构

《美国宪法》《国家安全法》、情报安全立法与反恐怖主义法共同构成了美国国家安全的法律体系，基于民主与法治的原则，将安全工作纳入安全法律的框架，有利于美国国家安全体制最大效率的运作。

（一）《美国宪法》是其国家安全的根本大法

所有美国国家安全法总的原则是依据《美国宪法》。美国人对其宪法的尊崇达到了偶像崇拜的地步。②独立之初的美国制宪者出于对战争与人民暴乱的恐惧，认为战争不可避免。正如汉密尔顿所言，“从人类历史来判断，我们将被迫得出结论：对战争的愤怒和破坏情感在人民心目中所占的支配地位永远超过和平的、温和的情感，根据对持久平静的推测来建立我们的政治制度，就是指望人性的比较

---

① 资料来源：http：//www. dhs. gov/laws-regulations（上网时间：2015 年 11 月 21 日）。《国土安全法》源于“9·11”后美国在白宫设立国土安全办公室，加大对恐怖主义防范与打击力度，协调危机预控工作，但由于这一机构没有法律依据与法律地位，布什总统在民主党参议员利伯曼（Joe Lieberman）提议下，批准了该法案。参见：Office of The Director of National Intelligence，Office of General Council，Intelligence Community Legal Reference Book，2007，p. 215.

② ［美］爱德华·考文著，强世功译：《美国宪法的“高级法”背景》，三联书店 1996 版，第 191 页。

软弱的原动力。”[①]《美国宪法》规定，源于宣战的决定必须得到广泛民意的支持，而立法机关是人民的代议机关，所以国会作为立法者拥有“宣战权”（declare war）。一旦国会做了宣战决定，总统将成为作战统帅。为避免总统与国会的军事行动不违背宪法精神，《美国宪法》规定“文官治军”（civilian control of the military）与军权制衡原则。

（二）《国家安全法》是美国国家安全的基本法律

《国家安全法》是美国国家安全的基本法律。现代意义上的美国国家安全体制以《国家安全法》为前提。1947 年《国家安全法》是美国国家安全体制正式成立的标志，对国家安全委员会的职能、构成等核心问题做了规定。[②] 1949 年《国家安全法修正案》重新规定了国家安全委员会成员，国防部开始获得武装力量的军事指挥权。战后美国安全法的制定对国家安全体制的机构设置、职能等均做了明确规定，将国家安全工作纳入法律框架，其目的是将安全工作效益发挥到最大。

（三）情报安全法

情报安全法是美国安全法体系的重要构成。美国情报安全法包括情报机构法律、情报侦察法律和间谍法等，具体包括《1949 年中央情报局法》《国家安全局法》《外国情报侦察法》《外交使团法》《情报改革法》《国土安全信息共享法》《军人间谍罪惩治法》和《关于制裁泄露国家经济和商业情报者的法令》等。

三、反恐怖主义等其他安全专门法

《反恐怖主义法》具体包括《美国捍卫与加强本土安全采取有

---

① 汉密尔顿、麦迪逊和杰伊著，程逢如等译：《联邦党人文集》，商务印书馆 1980 年版，第 164 页。

② “The National Security Act of 1947,” July, 1947, Oxford University Press Websites: http://global.oup.com/us/companion.website/9780195385168/resources/chapter10/nsa/nsa.pdf.

效措施与打击恐怖主义法案》《保护美国法》等。面对复杂的国际国内形势，有必要加强其他安全立法工作，与国家安全法形成重要补充，完善美国的安全体制。一般来说，这些安全法都是针对特定问题专门提出的，传统的安全立法工作由于缺乏适应性，不可避免会带来一些不足，往往会导致一些危害国家安全的问题出现，从“9·11”事件之后，美国政府加强了对情报立法与军事立法等的工作，尤其是在情报侦察方面，加强立法，加大对恐怖主义的防范力度。

第四节　美国国家安全体制的运行机制及特点

美国的国家安全体制严格遵循民主与法治的三权分立原则，民主与法治是其运作的基础。但任何政府体制都会受外界因素如国际环境等影响，当涉及国家核心重大利益以及安全事务时，因为不同的政府以及总统的个人偏好等，这个时候的国家安全体制又会呈现出集权、统一的特征。事实上，想要彻底弄清美国的国家安全体制不是一件简单的事，由于其多数安全指令与决策的高度敏感性，很多绝密资料并不能对外公开，导致美国的安全资料历来都是学界的一个“黑洞”。

一、美国国家安全体制的运作流程

不同国家的国家安全委员会在运作模式上有很大差别，总的来说，国家安全体制流程基本囊括了情报信息与预警机制、安全决策与决策执行监督机制这三大方面。

（一）情报信息与预警机制

美国情报体系是其安全体制的重要组成部分，在某些方面，其情报功能可归结到国家安全委员会体系之中，如在国家安全委员会中就有中央情报局，但在实践过程中情报搜集更多隶属于国务院和国防部。搜集情报信息是美国国家安全体制的“先锋”。1947 年美国《国家安全法》颁布后，美国情报信息预警机制逐渐形成。

情报信息预警任务主要是靠情报体制完成的。目前美国情报体制主要有四个层次：第一，国家安全委员会（NSC），为情报系统提供宏观指导；第二，中央情报局与国务院，中情局主要负责无线电广播的监听，国务院负责搜集外国政治经济军事等信息资料[①]；第三，国家情报主任（DNI），2004年《情报改革法与预防恐怖主义法》通过后，DNI逐渐取代了中情局成为美国情报体系的主要管理者；第四，执行情报系统的各行政机构，主要包括情报系统管理参谋部，国家情报委员会、联邦调查局、情报与分析办公室等。大概又可分为16个单元，主要机构有中央情报局（CIA）、联邦调查局（FBI）、国家安全局（NSA）、国防情报局（DIA）、国家侦查办公室（NRO）等。按类型划分，可分为独立的情报机构，如CIA；隶属国防部的情报机构，如NSA，NRO等；隶属国土安全部的机构，如海岸警卫队情报机构；最后就是其他政府部门的机构，如FBI等。[②] 总体而言，美国的情报机构职能主要包括搜集分析数据，从而及时有效应对复杂的国际形势，为其全球战略服务。

美国情报系统的基本职能是负责情报搜集与预警，主要依靠四种手段：第一，人力情报搜集，由中情局和国防情报局负责，主要方式是通过情报雇员或安排线人；第二，图像情报搜集，通过高科技设备如光学照相、红外传感器等对有关信息进行搜集，主要由国家侦察办公室和国家地理空间情报局完成；第三，信号情报搜集，对国外的通信信号进行处理，主要由国家安全局完成；第四，测量与特征情报搜集，主要由国防情报局和各军种情报机构完成，通过雷达、光学、声学等系统探测目标特有的特点。[③]

情报搜集至关重要，但不能有效地分析浩如烟海的情报信息，情报搜集也就失去了其决策指导价值。2000年3月《联合作战情报

---

① 胡宗和、高金虎主编：《外国情报体制研究》，军事科学出版社2003年版，第38页。

② “Intelligence Reform and Terrorism Prevention Act of 2004,” http://www.fas.org/irp/cra/RL32722.pdf.

③ JP1-02, Department of Defense Dictionary of Military and Associated Terms, 12 April 2001, as Amended through 20 March 2006, p.248; Robert M Clark, “Intelligence Analysis-A Target-centric Approach,” Washington D.C.: CQ Press, 2006, pp.10-15.

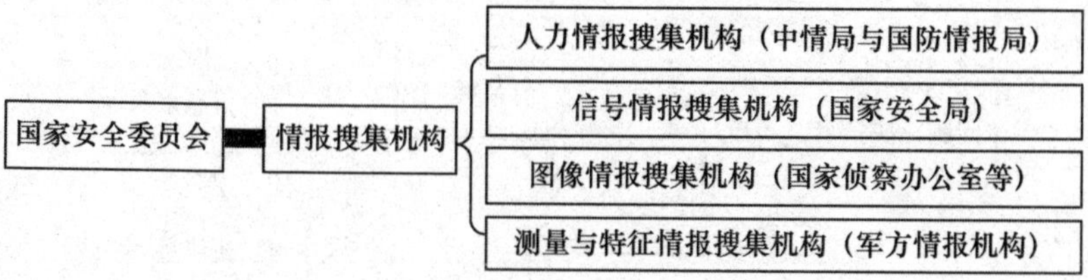

图6－3　美国情报搜集结构图

支援条例》规定，美国情报周期包括“计划与指导、搜集、处理与加工、分析与生产、分发与整合、评估与反馈”。但“9·11”事件所体现出的情报失误则暴露了美国传统情报体制的弊端——情报搜集与分析未能很好实现共享，导致执行机构未能有效采取相关行动。基于此，情报界实施了一系列改革，确立了以“目标为中心”的情报分析流程。① 该模式强调全部利益相关者（情报搜集人员、分析人员等）都要直接参与情报生产流程，共同对最终情报产品负责。

在该模式下，国土安全部“情报分析和基础设施保护办公室”作为情报分析机构，汇集联邦政府所有有关恐怖主义情报信息，制定目标性防御方案。事实上，泛泛地对威胁做出评估没有意义，只有将具体威胁与整体评估结合起来，才能阻止任意恐怖主义对美国带来的危害，从而采取相应防范措施。在目标中心模式下，情报搜集、情报分析与决策实现了有机整合，共同分析建构整体情报目标，为决策者（总统）提供服务。此外，情报分析与决策者之间，两者并非独立无联系，情报分析人员应保持与决策者的紧密联系，要让决策者理解情报信息并据此采取相关行动。

（二）安全决策机制

决策体制是政府体制的重要组成部分，它专指用制度加以固定的承担政府决策任务的机构人员的职权、结构和相互关系的总称。②

---

① Robert M Clark,“Intelligence Analysis-A Target-centric Approach,” Washington , D. C. : CQ Press, 2006, pp. 10－15.

② 曾辉尧著:《当代发达国家政治制度》，广东人民出版社 1995 年版，第 165 页。

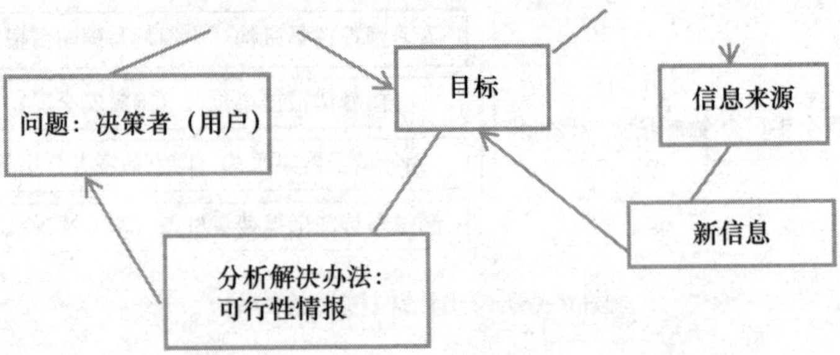

图 6－4　“目标中心”情报分析结构图

从结构—功能来说，高效的决策体制一般包括以下部分：中枢系统、信息系统与咨询系统。一个高效的决策体制离不开对信息掌握、智库咨询以及顶层决策者的政治素养三方面的共同协作。[①]

表 6－2　决策体制三大系统

中枢系统	通常由最具政治素养的人员组成，它是决策体制的核心，通过对各种备选方案进行综合分析得出最佳选择，下达执行
信息系统	信息系统是不可或缺的重要决策来源，对决策成功与否起着决定作用
咨询系统	也可称智囊系统，通过智囊团对政策出谋划策，对决策起着重要影响

美国决策体制由信息机构、咨询机构与决策机构组成。信息机构主要负责信息搜集，具体包括中央情报局等部门，情报信息是政府决策的基础。咨询机构是确保政治决策科学化的重要基础，目前美国政府决策过程实现了“三位一体”的咨询机制，即国家机关、智库、垄断集团头面人物分工合作，相互配合。[②] 具体包括如下部门：（1）总统顾问班子，由 100 多名各类高级助手组成，是协助总统处理政务的主要智囊。（2）国家安全委员会班子，主要负责国家安全政策制定，是总统依赖的重要机构，由于其在决策体制中的重

① 闫维：《简论美国政府决策体制及对我国的启示》，《江西行政学院学报》，2001 年第 3 期，第 16 页。

② 曾辉尧著：《当代发达国家政治制度》，广东人民出版社 1995 年版，第 165 页。

要影响，以至于被称为“国防内阁”。（3）国内政策班子，主要由国内政策委员会组成，负责国家政策的讨论商定。（4）其他非政府机构班子，主要由营业性研究机构与科研机构组成，负责为国家重大政策出谋划策，这类机构以兰德公司、布鲁金斯学会等为代表。

表6-3　美国决策“结构—功能”体制

结构	功能
总统顾问班子	协助总统处理政务
国家安全委员会班子	“国防内阁”，研究安全政策制定
国内政策班子	负责国内政策讨论商定
其他非政府机构班子	以智库身份为国家重大政策出谋划策

目前，美国国家安全体制的决策层由总统和国家安全委员会系统（National Security Council System）组成，其安全政策大致分为三个阶段：1. 安全性质的判定；2. 对应政策选择；3. 执行实施，可分为中枢、信息、咨询三大子系统。在中枢层，总统是最重要的决策制定者，尽管受国会的制约，但他的权力还是很大。国家安全委员会是其主要的决策机构。在信息层，各类情报机构提供信息分析服务。咨询层由国家机关、智库、垄断集团头面人物组成，为总统决策提供咨询服务。

考察美国外交决策的学者通常会用“漏斗”与“同心圆”的方法来解释影响美国决策的因素。美国对外决策的过程十分复杂混乱，涉及多个部门协作，总统作为最高权力者与其领导的内阁是首要决策者，但同时也不能忽略国会在决策中的作用。事实上美国国会与总统在决策权的争夺上经历了长时期的角力，从20世纪20年代国会占主导到20世纪70年代总统权力的膨胀，顶层决策者身份在不断发生着变化。根据《美国宪法》规定，国会制定的法案必须由总统签字才能生效，但总统的否决也可被国会2/3的多数推翻。除了总统与国会在决策中的地位，同时不能忽视的还有其他因素，如政治文化、行政机构的高级官员、利益集团以及公众舆论等辅助因素的参与。

美国决策体制参与因素呈典型的“漏斗”形特点，可分三个层级：漏斗最底层的影响因素是政治文化。美国是一个依靠政治文化传统维系起来的国家，这些政治文化构成了其人民的共同纽带，根植于人民心中的自由、平等与自治思想早已成为影响美国决策的重要因素。正如弗兰克·宁柯维奇（Frank Ninkovich）所说：“美国几乎所有的政治家都毫无例外的把文化因素考虑为其处理外交决策的重要组成部分。”[①] 中间层次的影响因素主要是利益集团与智库。利益集团对决策体制的影响主要体现在游说（lobbying）、提供竞选资金（campaign finance）支持竞选人参选来左右对外决策，但总体上看，这种影响不会太大。智库对决策体制的影响主要是通过各种正式、非正式会议提供政策建议参考，决策权依旧掌握在总统及其内阁手中。最顶层的参与者是总统与国会。毫无疑问，总统、国会是决策的最终制定者，总统通过递交外交咨文提出外交政策框架，由国会批准。在军事方面，总统作为三军统帅，掌握对外军事权力。作为国会来说，主要有制定法律与对外宣战等权力。除此之外，还有国务院、五角大楼、国家安全委员会等负责参与决策并执行政策。

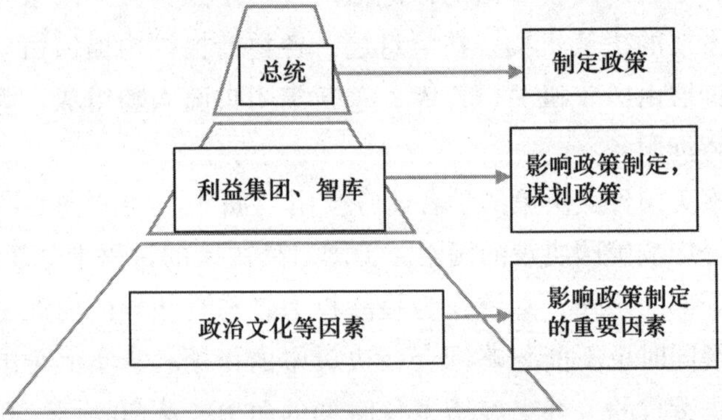

图6－5　美国“漏斗”型决策体制

① Frank Ninkovich, “Culture in U. S. Foreign Policy since 1900,” in Jongsuk Chay, ed., *Culture and International Relations*, New York: Praeger Publishers, 1990, p. 103.

（三）决策执行与决策监督

安全决策做出后由总统签署下发给各部门执行，执行机构有国务院、国防部、国土安全部等。国务院是主要外事执行机构。由于美国是超级霸权国家，处理好国际事务对美国来说至关重要，国务院的地位一直很高，国务卿是美国安全决策的核心人物之一，也是安全决策的重要执行者。国务院不仅提供政策建议，甚至可以代表美国进行外事谈判，协调、指挥及监督美国政府整体海外事务。

国防部是美国国防政策的执行者，其前身是“国家军事部”，由原来的陆军部和海军部组成。1949 年，美国国会通过《国家安全法（修正案）》正式成立国防部，下辖陆军部、海军部、空军部与参谋长联席会议。国防部主要职责是制定统一的国防政策与军事战略，通过海陆空军种部队对全军进行军事领导，通过参谋长联席会议对全军作战进行指挥。参谋长联席会议是国防部重要一环，参谋长联席会议主席下设海军参谋长、陆军作战部长、空军参谋长与陆战队司令，联合参谋部主任下设情报部、作战部、后勤部、作战计划与协调部等，参谋长联席会议主席是国防部长和总统首席军事顾问，负责制定全面的军事战略计划，协调军种作战战略，向总统与国防部长提供建议。和平时期国防部负责军事事务的合作与谈判，管理美国对外驻军，执行对外军事演习；战争时期负责指挥协调不同军种对外作战。

国土安全部是负责国土安全的部门，在“9·11”事件后成立，这是美国近 50 年来对政府机构最大的一次调整。国土安全部是由海岸警卫队、移民和归化局及海关总署等 22 个联邦机构合并而成。该部主要功能是阻止恐怖分子对美国发动恐怖袭击，加强空中和陆路交通的安全，防止恐怖分子进入美国境内。提高美国应对处理危机能力，预防美国遭受生化或恐怖袭击，保卫美国关键基础设施，汇总分析联邦情报信息。

参众两院情报委员会、参众两院军事委员会、司法机构、在野党以及民间力量在美国国家安全决策中发挥监督和信息反馈作用。立法机构和司法机构是美国安全体制的主要监督机构和信息反馈机构：一是国会。《美国宪法》规定对外政策行动必须征得国会同意，国会对国家安全政策具有监督职能。参众两院通过采用质询权、调查权和弹劾权等手段对政府的国家安全政策行为实行监督，通过立法手段进行相应的法律制约。二是司法。美国司法机构对国会和政府在国家安全决策方面进行是否符合法律规范方面的监督。三是在野党。美国是两党制国家，由共和党和民主党轮流执政，在野党发挥着重要的监督职能。四是社会监督。美国是以自由为价值理念的国家，有着充分的"舆论自由"。通过社会舆论、民意调查等方式对国家安全决策进行监督和制约。

二、美国国家安全体制运行的特点

国家安全体制是各国相关机制中成立较早，运作较完备，也是受危机考验最多的机构。其运作涉及多部门多机构协调合作，确保决策有效合理，及时应对紧急情况，为国家安全更好服务是其总的目标。

（一）决策的高效率与合理性

国家决策既要高效率，也要有合理性，两者缺一不可。高效率与合理性有利于美国政府能够快速做出决策，应对危机。总体上来看，美国安全决策能基本达到这两点。美国国家安全体制运作高效、灵活，能快速做出决策，也能有效执行决策。这源于该体制的决策程序的科学化与民主化，得益于其情报搜集与预警的强大功能和网络能力。不过近年来美国国内政治不断撕裂，两党分歧严重，这会影响美国国家安全决策的效率与合理性。如在特朗普时期，美国国家安全决策已严重偏离高效率与合理性的国家利益轨道。

（二）各部门协调性好，决策程度高

美国国家安全体制在高效集中与民主决策中呈现一种张力，危机决策权高效集中，各部门衔接协调性好，使得各部门能在国家安全委员会的协调下做到协调一致，忙而不乱，保证了危机应对的成功。各部门分工协作，在强大的情报搜集系统、高效决策系统下，能做到高效决策。但在特朗普时期美国国家安全体制各部门的协调

性已遭到一定破坏。这主要是源于部门的职位更换太过频繁，被任命新的领导人对运作机制不熟悉，一些职员对特朗普政府的抵制等所致。[①] 如美国的情报部门就不太听特朗普政府使唤，这也是特良普解职美国联邦调查局（FBI）局长科米（James Comey）的原因所在。

（三）忠诚可靠，保密性好

危机决策事关重大，最忌泄密与执行偏差，正如帕特森（Bradley H Paterson）所说："总统在采取一项没有先例的行动时，总担心他微妙的命令被其他人扭曲了，也担心消息被泄露，所以他们愿意，而且经常是渴望使用白宫人员作为他们的个人联络人与参与者。"[②] 美国国家安全体制主要由总统办事机构负责，核心决策圈子被控制在很小范围之内，做出的决策保密性很强，这能保证美国国家安全体制的有效运行。

总体来说，美国国家安全体制从设计理念到功能运转等方面都具有重要的借鉴意义。从其产生至今，机构规模越来越大，运转也基本保持高效。但这种貌似"完美卓越"的机制并非不存在缺陷：

其一，关于国家安全委员会的性质问题，其究竟是官僚机构班子还是总统的私人班子？美国《国家安全法》并未明确说明，这导致美国不同时期出现重国务院或国务卿、重国家安全委员会或国家安全事务助理、重国家安全决策的私人班底或某亲信等不同的安全决策模式。[③]

其二，美国宪法赋予总统至高的地位决定了这一体制的政策制定到执行无法有一个客观的决策，换句话说，由于无法从法律意义上说明国家安全委员的性质定位，更多时候，其只是作为总统的个人工具，因此，随着总统偏好的不同，很难保证决策的客观性。可

---

① 刘胜湘、张鹏、高瀚：《特朗普政府国家安全战略的不确定性论析》，《东北亚论坛》2020 年第 5 期。

② Bradley H Paterson，*The Ring of Power*：*The White House Staff and Its Expanding Role in Government*，New York：Basic Books，1988，p. 173.

③ 刘胜湘等：《世界主要国家安全体制机制研究》，经济科学出版社 2018 年版，第 39—63 页。

能会有总统更偏好其自身的私人幕僚而忽视其他机构，如国务卿的政策意见，造成决策不客观。如特朗普时期就表现得特别明显，其随意性地将公司、企业列入国家安全清单，导致国家安全概念的泛化，严重影响了美国国家安全决策。

其三，各机构职权界限不清。美国一些涉及国家安全与外交政策机构领导的职能划分不清，受总统的偏好影响很大，这会使其体制运行出现矛盾，甚至运转失效，如国家安全事务助理和国务卿之间。20 世纪 70 年代开始，美国一直存在国家安全事务助理和国务卿争夺外交与安全决策权力的现象。①

① 尼克松、卡特政府时期的国家安全体制，国家安全委员会权力十分大，基辛格曾经代表总统绕过官僚部门秘密会晤苏联大使与访问中国等，这引起了国务院等官僚部门的强烈不满。卡特政府时期，实行国家安全委员会为核心，国务院靠边站的体制，布热津斯基作为国家安全事务助理委以重任，国务卿万斯与布热津斯基关系曾一度十分紧张。

第七章
俄罗斯政治体制与国家安全体制

俄罗斯国家安全体制机制在继承了苏联国家安全体制机制的基础上，保留了苏联强大的军事和情报安全体制的主要结构，并在此基础上进行了改革和创新。

从20世纪90年代初开始，俄罗斯历经叶利钦和普京时代，不断丰富国家安全理论，完善国家安全体制，形成了以俄罗斯总统为核心，以联邦安全会议为主的决策方式，以《2000年俄罗斯联邦安全观》《2010年俄罗斯联邦安全法》《2020年前俄罗斯联邦安全战略》为指导思想，以军事力量为基础支撑的国家安全体制及运行机制。这一具有俄罗斯特色的国家安全体制整合了情报安全体制、军事安全体制、应急安全体制，以及经济与政治等多方面的安全体制，成为一个完整的国家安全体制机制。

俄罗斯国家安全体制与其政治体制不可分割，政治体制是其国家安全体制建设的基础和保障，其国家安全体制又有利于进一步巩固其政治体制，两者相辅相成，其国家安全体制也离不开政治体制。俄罗斯国家安全体制具有一套较完善的法律体系、完整体制结构和高效率的运行机制。

第一节　俄罗斯的政治体制

国家安全体制与政治体制不可分割。俄罗斯政治体制是在苏联解体时，根据西方民主原则和权力制衡原则建立起来的，也考虑到了俄罗斯当时的国家安全环境状况和国家安全需求。

一、俄罗斯政治体制的建立

俄罗斯在苏联解体前后，根据西方制度模式建立起了一套完整的政治体制结构。1990年6月12日，俄罗斯联邦第一次人代会通过《俄罗斯联邦国家主权宣言》，宣布俄罗斯联邦在其境内拥有“绝对主权”。1991年8月，苏联发生“8·19”事件[①]。9月6日，苏联国务委员会通过决议，承认爱沙尼亚、拉脱维亚、立陶宛三个加盟共和国的独立。12月8日，俄罗斯联邦、白俄罗斯、乌克兰三个加盟共和国的领导人签署《独立国家联合体协议》，宣布组成“独立国家联合体”。12月21日，除波罗的海三国和格鲁吉亚外的苏联11个加盟共和国签署《阿拉木图宣言》和《独立国家联合体协议议定书》。12月26日，苏联最高苏维埃共和国院举行最后一次会议，宣布苏联作为一个国家停止存在，俄罗斯联邦成为一个完全独立的国家。1993年9月23日，俄罗斯发生了流血事件[②]，此事件实质是总统与议会之间的斗争，结果以叶利钦总统的胜利而告终。1993年12月12日，经过全民投票通过了俄罗斯独立后的第一部宪法，即《俄罗斯联邦宪法》，《俄罗斯联邦宪法》规定了俄罗斯的政治体制。

二、俄罗斯政治体制的构成

1993年的《俄罗斯联邦宪法》规定：俄罗斯是共和制的民主联邦法制国家；国家政权由俄罗斯联邦总统、联邦议会、联邦政府和

---

① “8·19”事件是加速苏联解体的政变事件。1989年8月19日，苏联副总统亚纳耶夫发布命令宣布戈尔巴乔夫总统由于健康原因已不能履行职务，自即日起由他本人代行总统职务，同时宣布成立国家紧急状态委员会。此次政变很快瓦解。此次事件粉碎了戈尔巴乔夫保留一个松散体制的苏联的希望，加速了苏联解体。

② 此次事件中，有一批武装人员攻击了位于莫斯科的独联体联合武装力量参谋部，1名警官和1名平民被打死。

联邦法院组成。[1]根据宪法规定，俄罗斯政治体制以三权分立为原则，联邦议会是俄罗斯立法机关，行使立法权；以总理为代表的联邦政府是俄罗斯行政机关，行使行政权；联邦法院是俄罗斯的司法机关，行使司法权。

总统的职权。根据俄罗斯联邦宪法规定，俄罗斯总统的权力大，职能范围广。总统在征得国家杜马同意后可以委任政府总理；主持政府会议；组建和领导俄罗斯联邦安全会议；审查并通过军事决议理论；总统是俄罗斯武装力量的最高统帅等。

俄罗斯联邦立法机关。俄罗斯联邦议会由 628 名代表组成，分为联邦委员会（上院）与国家杜马（下院）。联邦委员会由来自 86（不包括克里米亚和塞瓦斯托波尔）个州、区、共和国或者莫斯科的成员组成，每个地区通过投票推选 2 名代表。根据 1996 年联邦委员会规定，这 2 名代表必须是地方立法机关首脑和地方权力执行机关首脑。根据 2000 年 8 月生效的《俄罗斯联邦议会委员会法规》，地方权力执行机关的代表由上级地方权力执行机关任期内的领导直接任免。[2]

国家杜马由 450 名代表组成，任期 4 年，其中 225 名通过各自所在地区选举产生，剩下的 225 名由各政党或者政党联盟选举产生。2005 年俄罗斯修改了选举法。根据新法，450 名国家杜马代表全部通过政党选举产生，即从此不再选举个人代表，而是从政党或者政党联盟中直接产生。[3]

俄罗斯联邦权力执行机关。俄罗斯联邦政府是俄罗斯行政机关和最高权力执行机关，其主要成员有总理、第一副总理、副总理及联邦政府各部部长。俄罗斯联邦政府总理由俄罗斯联邦总统任命并

---

① <конституционное право РФ 1993 - гого года> установляет то, что Россия представляет собой демократическое федеральное государство республиканской системы, управляемая по закону; Государственная власть состоит из федерального парламента, президента РФ, правительства РФ и суда РФ.

② 《Российская политическая система》, http://eu-russiacentre. ru/russia/political-system.

③ 参见新华网，http://news. xinhuanet. com/newscenter/2007 - 12/02/content_7183430. htm。

征得国家杜马的同意。俄罗斯政府总理在获得任命后一周内向俄罗斯总统提交关于联邦执行权力机关组成的建议和新政府成员名单。总理负责确定政府活动的主要方向，并组织政府工作。俄罗斯联邦政府的主要职能包括：“（1）制订并向国家杜马提出联邦预算并保障其执行，向国家杜马报告联邦预算执行情况；（2）保障在俄罗斯实行统一的金融、信贷和货币政策；（3）保障俄罗斯联邦在文化、科学、教育、卫生、社会保障和生态领域实行统一的国家政策；（4）管理联邦财产；（5）实施保障国防、国家安全和贯彻俄罗斯联邦对外政策的措施；（6）实施保障法制、公民的权利与自由、保护财产和社会秩序，以及与犯罪做斗争的措施；（7）履行俄罗斯联邦宪法、联邦法律和俄罗斯联邦总统令所赋予的其他职权。”①

俄罗斯联邦总统全权代表是联邦权力执行机关的重要组成部分。俄罗斯分为89个联邦主体，其中包括21个共和国、6个边疆区、49个州、2个联邦直辖市、1个自治州、1个自治区、10个民族自治专区，依照宪法，每个主体都享有平等的权力。2000年5月13日，普京以第849号总统令将俄联邦89个联邦主体划分为七个联邦区，使联邦中央与联邦主体之间增加了一个管理监督机构，然后每个区都任命一位总统全权代表，其主要职能有：协调联邦区各政府机关的工作；制定联邦区社会经济发展计划；配合联邦区政府官员的任免工作；监督联邦法令的执行情况；评估执法机关的工作效率；协调中央与地方政府机关、地方自治机构、政党、社会和宗教组织的工作。②

俄罗斯联邦司法机关。宪法法院是俄罗斯联邦最高司法机关，主要职能是解释《俄罗斯联邦宪法》，按照宪法规定的程序对诉讼案具有审判权。其他参与司法活动的机关，如司法部、内务部、检察院、联邦安全局、联邦保卫局、联邦边防局、对外情报局、国家海关委员会、联邦税务警察局以及律师组织等统称为“护法机关”。检察机关作为一种特殊的国家机关，与法院的关系密切。

---

① 参见俄罗斯联邦政府网站，http：//www. poccuu. org/0 – zhengfu – 2010. 08 – 09. htm。

② 参见行政区划网，http：//www. xzqh. org/old/waiguo/europe/2031. htm。

俄罗斯的政党体制。俄罗斯承认政治多元化，实行多党制。其主要政党有统一俄罗斯党、俄罗斯共产党、俄罗斯自由民主党等。以2001年《俄罗斯政党法》的通过为标志，经过10多年的演变与发展，俄罗斯政党体制已经基本建立起来。这表现在以下几个方面：第一，作为社会民主制度的组成部分，政党在国家政治生活中的地位被固定下来。绝大多数政党接受并认可了俄罗斯的政治制度。按照共同的“游戏规则”，各类政党主要以参与竞选和议会斗争的方式影响着国家的政治进程，议会成为政党活动的主要场所。第二，由过去维持或反对执政政权的角色，各政党已经成为政权和民众联系的沟通工具。每个政党都或多或少表达了其所代表的选民的主张。不同政党的拉票吸引选民的活动，实质都是期望获得选民的支持，民众的意图由此更加得到重视。第三，从国家的混乱到稳定，政党格局也相应地稳定下来，这对一个大国，特别是多民族复苏过程中的大国来说尤为重要。

第二节　俄罗斯政治体制与国家安全体制

俄罗斯政治体制与国家安全体制具有十分密切的联系。从体制的分类来看，俄罗斯国家体制可分为军事体制、经济体制、政治体制和安全体制等，因此，政治体制与安全体制同属于国家体制的一部分，其运行流程具有相似性。由于安全问题的内在政治属性，国家政治体制与国家安全体制也不可分割，俄罗斯政治体制是其国家安全体制的重要保障。

一、国家安全问题的内在政治属性

20世纪末，俄罗斯学术界掀起了一场研究国家安全问题的狂潮，不同专家对于国家安全问题都有自己独到的见解，其中比较有影响力的观点有：（1）将国家安全与社会民族安全的概念相结合，认为研究国家安全应该有一个必要的前提，即国家安全涉及的群体应该是一个拥有独立的领土、独特的民族文化和语言的国家或民族；

(2) 国家安全问题探讨是一个国家为了维护本国的核心利益采取的经济、政治等手段，消除威胁的问题；(3) 从历史唯物主义的角度去研究 国家安全问题，国家安全不仅具有领土上的空间性，同时也具备国家历史延续的时间性；[①] (4) 国家安全的内涵主要为在宪法基础上建立政治体制和政治集团（国家机构与非国家机构），即宪法安全。宪法安全揭示了国家安全问题包含的政治法律本质：政治机构与权力、规范政治机构活动的法律是国家安全重要组成部分。此安全问题的研究方向影响最为深远。[②]

由此可见，俄罗斯国家安全体制本质上蕴含有政治属性，研究国家安全问题必须要弄清国家的政治体制与机制，国家安全离不开政治安全，俄罗斯政治体制是国家安全体制的重要保障。

二、保障俄罗斯国家安全离不开政治体制的支持

政治体制是政策制定的载体，保障俄罗斯国家安全需要政府部门制定相应的政策，在安全领域给予足够的支持。保障国家安全活动的政策可以分为国内政策和对外政策，具体来说，当前俄罗斯安全政策，包括概念性和理论性文件都是由联邦安全会议制定，经联邦总统审核确认的。这些涉及国家安全问题的政策需要整合联邦国家机关和地方自治机关，推动和发展国家安全战略。没有政治体制，俄罗斯国家安全体制无从谈起，国家安全战略与政策的制定与执行，都离不开国家政治体制。

三、政治改革是俄罗斯健全国家安全体制的需要

苏联时期背离社会主义民主原则的“一党专政”“以党代政”、

① Дармокрик Виктор Федорович, “Политическая безопасность в современной России”, диссертация... кандидата политических наук: 23.00.02/Дармокрик Виктор Федорович; [Место защиты: Поволж. акад. гос. службы]. – Саратов, 2007. – 151 с.: ил. РГБ ОД, 61: 07 – 23/475.

② 陈丽明:《俄联邦安全局新设“宪法安全处”》,《国家安全通讯》1999年5期，第42—43页。

控制选举、干部特权的政治体制对苏联国家政治安全产生了严重威胁。而且苏共几代领导人沿用斯大林时代的政治体制，延误政治体制改革，最终导致苏联解体。[①]这也使苏联国家安全体制出现很多严重问题。

1993年俄罗斯宪法确立的国家政治体制，是按照权力制衡与多党制原则建立起来的，是为了避免中央的过度集权并实现民主。但俄罗斯国家结构的复杂性和民族分裂状况，加之受苏联体制的影响，俄罗斯国家政治体制仍是一个高度集权的体制，还需要对其进行不断的改革。鉴于其政治体制与国家安全之间的关系，其国家安全体制也需要进行相应调整。要维护国家安全和社会稳定就必须不断地改革政治体制，这也是健全俄罗斯国家安全体制的需要。鉴于苏联时期的教训，政治体制和国家安全体制弊端引发的国家安全与稳定问题十分致命。

四、总统负责组建和领导国家安全机构

在俄联邦安全体制中，总统扮演着特别重要的角色，他是国家主权的保卫者和国家安全的捍卫者。俄罗斯联邦总统被授予了组建、领导和监督俄罗斯国家安全系统的权力。总统是俄罗斯政治体制与国家安全体制的核心与领导者，也是国家武装力量的最高统帅，负责组建、领导和监督国家安全机构等。根据俄联邦宪法的规定，联邦总统有义务采取任何合理措施保护领土完整不受侵犯和国家独立。俄联邦总统是国家军事政策路线、国家安全和军事理论的制定者和监督者，同时他还领导国家军事力量和国家安全相关机构组织，负责签署国家安全法令，批准保障国家安全的政府、机构、民众活动，组建国家安全体系。当国家面临直接威胁或潜在威胁时，总统有权进行局部或全国相关人员机构的调动，宣布进入战争状态，组建战

---

① 高放：《苏联解体、苏共灭亡与斯大林的关系》，《马克思主义与现实》2010年第3期，第161—167页。

争状态下的国家权力执行机关。①

五、联邦总统全权代表制是俄罗斯国家安全体制的重要内容

总统全权代表制是俄罗斯特有的一种政治体制，其产生和发展最早可以追溯到俄罗斯联邦成立之初。1991 年叶利钦当选第一届俄罗斯联邦总统，当时政局动荡不安，出于对当时部分联邦主体领导人的不信任，为了加强管理，叶利钦于 1991 年 9 月 24 日签署第 129 号总统令，首次建立起俄罗斯总统全权代表制度。2000 年，普京刚就任俄罗斯新总统就签发第 849 号总统令，批准了《俄罗斯联邦总统驻联邦区全权代表条例》，将 76 个联邦区精简为 7 个，通过赋予联邦总统全权代表更高的法律地位和权限，维护国家统一和国家安全。

俄罗斯总统驻联邦区全权代表的基本任务如下：1. 在本联邦区内，组织国家权力机关实施俄罗斯总统规定的国内外政策和基本方针；2. 对联邦的国家权力机关决议在本联邦区内的执行情况实行监督；3. 在本联邦区内保障俄罗斯总统干部政策的贯彻执行；4. 向俄总统提交关于本联邦区内国家安全保障情况的定期报告，以及关于本联邦区内政治、社会和经济状况的定期报告，并向俄罗斯总统提出相应建议。②

俄罗斯联邦总统全权代表制作为俄罗斯特有的一种政治体制安排，从设立之初的稳定政局发展到今天以维护国家领土安全为主要目标。俄罗斯联邦总统全权代表的基本任务第四条中将全权代表的国家安全职能作为法律确定了下来。可见俄罗斯联邦总统全权代表制度是俄罗斯国家安全体制的重要组成部分，该制度对于保障地方稳定与安全，统筹中央、地方安全管理具有十分重要

---

① Национальная безопасность России и методы ее укрепления," 03 апреля 2011. http：//www. Referatik. Ru.

② 刘向文：《谈俄罗斯联邦总统的全权代表制度》，《东欧中亚研究》，2001 年第 6 期，第 24—36 页。

的现实意义。①

第三节　俄罗斯国家安全法律体系与安全观

俄罗斯联邦国家安全法律体系是俄罗斯联邦安全体制建立的法律依据。这些法律包括《俄罗斯联邦宪法》《俄罗斯联邦安全法》《俄罗斯联邦国防法》《俄罗斯联邦对外情报法》《俄罗斯联邦侦查活动法》《俄罗斯联邦反恐怖主义法》《俄罗斯联邦紧急状态法》《俄罗斯联邦战时状态法》，其中《俄罗斯联邦宪法》处于国家安全法律体系的最高地位，《俄罗斯联邦安全法》是国家安全法律体系的核心。这些法律法规与其他联邦法律法规以及地方自治机构在安全职能范围内的法律法规共同构成了俄罗斯联邦安全的法律体系。

一、《俄罗斯联邦宪法》与《俄罗斯联邦安全法》

《俄罗斯联邦宪法》处于国家安全法律体系的最高地位，对国家安全进行了具体规定。首先，规定了个人和公民安全的重要地位。《俄罗斯联邦宪法》第一章和第二章中规定，个人和公民的权利与自由具有至高无上的价值。承认、遵守和维护个人和公民的权利与自由是国家的责任。其次，规定俄罗斯国家的领土安全。第一章第四条规定，俄罗斯联邦在其全部领土上享有主权。俄罗斯联邦宪法和联邦法律在俄罗斯联邦的全部领土上具有最高的地位。俄罗斯联邦保障自己领土的完整和不受侵犯。最后，规定了禁止破坏国家的行为与活动。第一章第十三条规定，禁止其目的或活动在于用暴力手段改变根本宪法制度、破坏俄罗斯联邦的完整、危害国家安全的行为。禁止成立武装组织、煽动社会、种族、民族和宗教仇恨的社会团体的活动。

《俄罗斯联邦安全法》是俄罗斯国家安全法律体系的核心。俄联

---

① 刘向文：《谈俄罗斯联邦总统的全权代表制度》，《东欧中亚研究》2001年第6期，第24—36页。

邦国家杜马议员不止一次在会议上发表评论认为在很大程度上只有“联邦国家安全法”才是保障俄联邦国家安全专门立法的基础。[①]俄罗斯最早有关“安全”问题的文件是1992年3月5日通过的《俄罗斯联邦安全法》，并于1992年12月25日和2002年7月25日进行了修订。

20世纪90年代初，俄罗斯刚刚独立，其国家动荡不安，政局不稳。在俄罗斯逐步走向正轨步入稳定后，俄罗斯联邦公民普遍期望政府能够严格制定国家安全法规，提升公民的安全感。为了满足这一需求，俄罗斯联邦于1992年制定了《俄罗斯联邦安全法》。该法对俄罗斯国家安全体系的建立具有十分重要的意义。俄罗斯国家安全体制就是在此基础上建立和发展起来的。该法律确立和巩固了个人、社会和国家安全保障的法律基础，明确了国家安全体制及其职能，并依法设立了一系列保障国家安全的相关财务、监督等机构。[②]俄罗斯联邦安全会议就是依照《俄罗斯联邦宪法》建立的，同时在1992年安全法中再次得到规范。俄罗斯联邦安全会议作为俄罗斯安全决策体制的核心，以法律的形式确立下来。

2010年《俄罗斯联邦安全法》。研究表明，在1992年版的《俄罗斯联邦安全法》中，对于国家安全的威胁仅仅是一个笼统的定义，即一切现实或者潜在的威胁国家、社会和个人利益的国内外因素，且在一些政治权利条款中存在违宪的问题，[③]在《俄罗斯联邦宪法》改革期间，许多被总统批准的条款后来未能生效。2010年版《俄罗斯联邦安全法》正是在这样的一种背景下出台。

同1992年《俄罗斯联邦安全法》相比，2010年12月出台的《俄罗斯联邦安全法》在保留了1992年安全法中的核心部分，例如国家安全体制的主要组成、机构职能、安全会议等的基础上，对涉及国家安全法律的各个方面都进行了较大的修改和完善。新的安全

---

① Билалов А. Г. , Гатин Р. Р. Законодательное обеспечение национальной безопасности в условиях становления государственности РФ//Право и безопасность. 2002. № 4（5）. С. 108.

② Закон РФ от 5 марта 1992 г. N 2446 – I “О безопасности”.

③ 这里指的是与1993年联邦宪法存在矛盾。

法更具有现实与合理性：

第一，在内容方面，除保障国家安全、社会安全外，生态安全、经济安全等非传统安全开始明显受到重视。

第二，在法律文件的起始处突出强调了保障安全应该遵循的基本原则：遵守和保障公民的自由与权利；合法性（保障安全应该遵守相关安全法律）；政府各个部门（社会、经济、信息、法律）的机构在履行职能时应该具有系统性和综合性；保障国家安全采取的预警措施具有优先性；在处理安全问题时，国家各个部门机构以及国际机构、社会团体都应该相互合作、协同互助。①

第三，新的安全法更详细地规定了联邦安全会议各项职能，主要体现在俄联邦总统与联邦安全会议的协作上，联邦安全会议与总统协作的内涵也更加丰富。例如，联邦安全会议必须时刻准备执行总统提出的一切安全问题；联邦安全会议必须由总统授权行使职能；为了便于安全会议开展工作，总统必须授权成立联邦安全会议办事处、机关或部门；联邦安全会议做出的决议必须由总统确认批准后才能生效；总统可以根据具体情况签发总统令以配合联邦安全会议的工作。

第四，2010 年《俄罗斯联邦安全法》更加强调各部门的配合协调，以及积极参与安全领域的国际合作。因为当今世界安全问题早已不是局限于一国之内，如国际恐怖主义、走私、毒品等威胁，该法强调对于这种跨国界跨区域的安全问题，只有进行区域内或者开展全球合作才能较好地遏制。

随着《俄罗斯联邦安全法》的调整和补充，俄罗斯国家安全体制也必然随之变化。俄罗斯联邦安全法的完善为其国家安全体制的改革奠定了坚实的法律基础。

二、其他安全法

其他俄罗斯联邦安全法律框架内的法律和政策性文件还有《俄

① Федеральный закон Российской Федерации от 28 декабря 2010 г. N 390 – ФЗ，“О безопасности”.

罗斯联邦国防法》《俄罗斯联邦对外情报法》《俄罗斯联邦侦查活动法》《俄罗斯联邦反恐怖主义法》《俄罗斯联邦紧急状态法》《俄罗斯联邦战时状态法》《2010 年军事学说》等。这些法律法规或者学说不属于安全法律体系的核心内容，但不能贬低这些法律以及其他联邦法律对于国家安全执行机构（国防部、内务部、国家安全局等）和军事力量的调节作用。

三、俄罗斯联邦国家安全观

1997 年 12 月 17 日，根据俄罗斯联邦第 1300 号总统令正式确认“俄罗斯联邦国家安全观”生效。2000 年 1 月 10 日，根据第 24 号总统令，联邦国家安全观校订版生效。这些文件虽然不是正式的法律文件，但俄罗斯相关领域的专家和学者一致认为该文件对国家和社会安全具有十分重要的意义。①该文件明确了国家安全的威胁，勾勒出了保障国家安全的蓝图。根据《俄罗斯联邦宪法》第二章第一条第二部分的规定，俄联邦总统法令和指示在俄罗斯联邦全境内都具有最高执行力，因此，以总统令的形式颁布的俄联邦国家安全观的适用对象是一切俄罗斯联邦从事国家安全保卫工作的国家机构和部门。②

在整个安全法律体系内，该安全观作为一部政治性文件，和普通规范性文件和法规是有区别的。它反映的是保障俄罗斯联邦个人、社会和国家在各种不同活动领域应对外来或者内部威胁而持有的系统性的观念，并在此基础上制定、通过和修改国家安全法律法规。《俄罗斯联邦安全法》就受到俄罗斯联邦国家安全观的影响。俄罗斯联邦国家安全观有利于完善俄罗斯联邦现有保障体系类的法律框架。

---

① Собрание законодательства Российской Федерации（далее-СЗ РФ）. 1997. № 52. Ст. 5909.

② Журнал《Право и Безопасность》, номер－1（10）Март 2004Г.

第四节　俄罗斯国家安全体制的结构与运行机制

国家安全体制——一切用以维护国家安全、保障生命安全、保护国家和社会免遭国际国内威胁的国家安全机关、武装力量、法律法规以及各种方针政策的总和。①

一、俄罗斯国家安全体制的目的和任务

俄罗斯联邦安全体制以维护其国家安全，保障国家利益为最根本出发点。俄罗斯最根本的国家利益包括以下几点：确保领土完整；扩大人口规模；在国家和经济层面的民族自觉水平；经济发展、社会稳定；人民身心健康；公民权利、义务和人身自由得到保障。基于以上几点，俄罗斯联邦安全体制和机构运作的具体任务包括为维护国家安全和国家利益制定切实可行的方针、方案；维持武装力量、安全机关部门正常的运作；通过整个安全体系的运作，使正处于危险、动荡中的国家重新恢复正常。②

为了实现维护国家安全的目标，俄罗斯国家安全体制下各安全机构都有其各自的任务，总的来说主要有如下几点：及时准确预测和公布俄罗斯国内外威胁；制定长期有效的方针应对国内外威胁；保障领土完整和边境安全，确保公民、官员、国家部门、政党和社会组织严格遵守国家法律；采取切实有效措施预防外国对本国的情报收集与颠覆；强化执法机关的作用，打击境内有组织的犯罪活动和恐怖主义；扩大同国际组织在安全领域的合作，尤其是同独联体

---

① 参见俄罗斯科技百科词典（Словари и энциклопедии на Академике），http：//dic. academic. ru/。

② “Система национальной безопасности”РФ. Ярославский государственный университет имени П. Г. Демидова. Кафедра социально-политических теорий.（www. 5ballov. ru）.

成员国的交流与协作；提高解决国际争端的能力，积极参与到联合国维和行动中去；打击跨国犯罪和非法移民；履行本国在消除大规模杀伤性武器方面的义务等。①

二、俄罗斯国家安全体制结构

俄罗斯国家安全体系主要包括：俄罗斯联邦安全委会议、俄罗斯安全机关与武装力量、俄罗斯情报安全机构和俄罗斯应急安全机构。

俄罗斯联邦安全会议。俄罗斯联邦安全会议是俄罗斯国家安全决策的咨询机构，负责协调各安全部门的工作和起草国家安全议题文件，如《俄罗斯人口情势发展构想》《俄罗斯联邦食品安全构想》等文件草案就是由安全会议提出的。俄罗斯联邦安全会议由联邦总统任主席。成员分常务成员和普通成员两类。人选由安全会议秘书提议，联邦总统批准。16名普通成员仅有议事权。安全会议审议的问题囊括国家安全的所有领域。国家根据安全会议通过的决议，采取各种着眼长远目标的危机应对措施。主要工作分为国内安全问题和国外安全问题两部分。在诸多国内问题中，安全会议主抓战略性问题：从经济上保证国家安全、提高俄罗斯在世界能源市场的地位、实现经济现代化、消除社会领域的不利趋势。

俄罗斯军事安全体制。俄罗斯军事安全体制包括俄罗斯联邦国防部、俄罗斯联邦武装力量总参谋部、联邦边防局和俄罗斯联邦紧急情况部。国防部是俄罗斯军事安全体制的核心。国防部、军兵种及总司令、司令、军区及军区以下各级指挥机关及指挥官发布军事指挥法令。根据俄联邦《国防法》和《国防部条例》的有关规定，国防部是俄罗斯联邦武装力量的指挥机关，有权制定和实施国防领域的国家政策，对国防领域进行规范性法律调整，提出制定和实施国防领域国家政策方面的建议、提出制定军事学说和俄罗斯联邦军事政策方面其他文件的建议，颁布规范性法律文件和属于其职权范

① 李东：《俄罗斯安全与情报机构简介》，《国际资料信息》，2003年第4期，第20—29页。

围的其他文件等。①

近年来，俄罗斯先后出台了《俄联邦军事学说的基本原则》《俄罗斯联邦安全法》《俄罗斯联邦国防法》《俄联邦国家安全构想》和《俄联邦军事学说》等文件，对外界了解和研究俄罗斯国家安全战略及军事改革提供了重要线索。

俄罗斯军事安全战略强调其防御性，以追求和平、捍卫国家利益以及保证俄罗斯联邦及盟国的军事安全为主要任务；把加强对外交往、改善国际环境和加强军事建设、提高战斗力和战争准备作为实现国家军事安全的基本途径。

俄罗斯一方面奉行常规力量和战略核力量建设均衡发展的方针，另一方面加强经济、技术和国防工业的产业结构的调整改造，确保俄罗斯国防具有世界一流的科研创新和生产能力。俄罗斯的核威慑战略是保障其军事安全的强大武器。1993 年《俄联邦军事学说的基本原则》宣布，放弃 1982 年苏联对不首先使用核武器的承诺。②

俄罗斯情报安全体制。俄罗斯的情报机构有联邦安全局、联邦政府联络和情报局、联邦对外情报局、总参谋部军事情报总局、国家反恐委员会、联邦警卫总局、商船侦察队、军兵种和作战部队的情报机关及俄罗斯的私人情报机构和情报个体户等。其中，俄罗斯联邦安全局和对外情报局是主要的情报安全机构。

俄联邦安全局。据《俄联邦安全局机构法》和《俄联邦安全局及其机构条例》规定，俄联邦安全局是国家反间谍机构，由总统和政府领导。俄联邦安全局的主要职能和任务是向总统、总理、有关国家机构以及联邦主体机构通报安全信息；发现、预警、制止外国特工机构、组织和个人的情报侦察等活动；为保障国家安全，提高经济、科技和国防潜力而获取侦察情报；发现、预警和制止恐怖行动；开展反对腐败、非法销售武器、毒品走私以及非法武装犯罪集团的活动，通缉犯罪嫌疑人；保障各军兵种部队和国家各级政权机

---

① 李旭：《俄罗斯军事立法体制及特点》，《中共银川市委党校学报》，2011 年 6 月，第 86—87 页。

② 《俄罗斯军事学说》，http：//www. cetin. net. cn/cetin2/servlet/cetin/action/HtmlDocumentAction？ baseid = 1&docno = 412139。

构的安全；对国家机构、军队、各种所有制形式的企业、机关和组织的保密状况进行监督；与对外情报局协作，保障境外俄罗斯机构和公民的安全；与边防军协作，参与国籍管理，保卫国家边界；与内务部协作，保障俄境内外国代表机构的安全；与其他国家机构协作，保障社会政治、宗教和其他群众性活动的安全；对无线电器材和设备进行登记和集中管理，清查非法无线电发射，为俄联邦安全局机构自身培养干部。①

对外情报局。据《俄联邦对外情报法》规定，俄罗斯对外情报局是国家安全保障力量的组成部分，直接对总统负责。对外情报局的目标和任务是保证个人、社会与国家安全免受外来威胁；向总统、议会和政府提供政治、经济、军事、科技和环境等方面的情报；为实施安全政策创造有利的国际环境；促进国家的经济发展、技术进步，维护国家的军事技术安全。②

俄罗斯应急安全体制。俄罗斯应急安全体制是俄罗斯出现突发性安全危机的管理机构。俄罗斯应对危机管理组织体系和机构包括：俄罗斯联邦紧急状态预防和响应统一国家体系（USEPE）和俄罗斯联邦民防、应急与减灾部（EMERCOM）。

俄罗斯联邦紧急状态预防和响应统一国家体系（USEPE）危机管理结构，参见图7-1。

俄罗斯联邦民防、应急与减灾部于1994年1月成立，简称“紧急状态部”，直接对总统负责，主要负责自然灾害、技术性突发事件和灾难类突发公共事件的预防和救援工作，负责制定国家紧急情况下的处理措施和各类应急预案，向国民宣传并教育国民如何处理紧急情况。

俄罗斯国家安全体制包括四个部分：俄罗斯联邦安全会议、军事安全体制、情报安全体制以及应急安全体制，这是一个完整的有机整体，它们一起构成俄罗斯国家的安全系统。俄罗斯联邦安全会

---

① 李东：《俄罗斯安全与情报机构简介》，《国际资料信息》2003年第4期，第20—29页。

② 李东：《俄罗斯安全与情报机构简介》，《国际资料信息》2003年第4期，第20—29页。

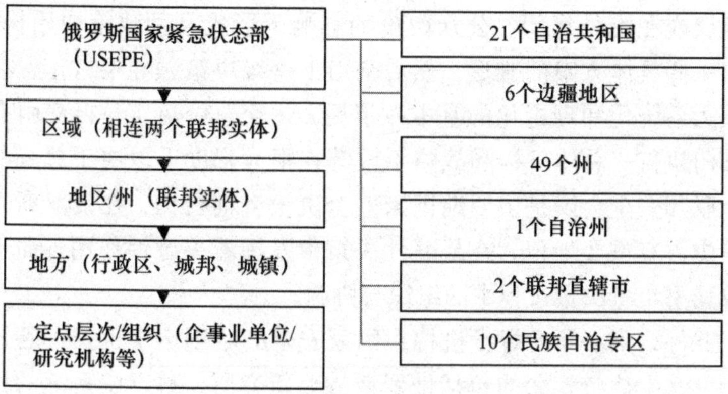

图7－1　俄罗斯危机管理体系（USEPE）

议主要提供决策和咨询建议；军事安全体制负责执行军事决策；情报安全体制负责收集和分析各类情报安全信息；应急安全体制是快速反应机制，应对各种突发安全事件。

三、俄罗斯国家安全体制的运行机制

俄罗斯国家安全体制的运行机制包括以下几个基本流程，即预警、决策、执行、评估反馈和监督，监督始终贯穿机制运行的全过程。

安全预警。俄罗斯情报机构的主要职能之一就是安全预警，即提前预报安全状况。俄罗斯的情报机构通过公开和秘密渠道搜集到各类信息，并在分析各类信息的基础上提供不同的安全预警报告。俄罗斯联邦安全局、俄罗斯联邦政府联络和情报局、俄罗斯联邦对外情报局、总参谋部军事情报总局、国家反恐委员会等情报机构，将这些安全预警报告通过不同渠道传递给俄罗斯总统。预警报告对安全状态分析得准确如否，反映出一个国家的情报机构水平的高低。俄罗斯情报机构受苏联情报机构的影响，具有很强的预警能力。

安全决策。俄罗斯国家安全决策体制是一个总统高度集权的体制。在俄罗斯安全决策体制的结构中，总统掌握着最终的决策权力，处于决策“金字塔”的顶端。一般而言，他既是政策议题的首倡者，同时也是政策方案的最终决策者。总统可能在亲信智囊、官僚机构的建议或在院外集团、公众舆论的影响下形成某种政策初始构想，提出一些具体方案的雏形，然后交由下一级决策领导层讨论，在形成较为系统化和理论化的基本政策后，送交总统决定，再交由有关各部门执行。总体目标和战略手段等在很大程度上取决于总统的考虑。联邦安全会议是俄罗斯国家安全决策咨询机构，在俄罗斯安全决策中占有重要地位，在战略性决策中发挥着关键性作用，而安全会议秘书负责决策过程中的组织与协调。

此外，俄罗斯的智囊机构在国家安全战略制定中也发挥着重要作用，其中比较著名的包括俄罗斯战略研究所、科学院系统的国家安全智囊库、世界经济与国际关系研究所、美国与加拿大研究所、国家安全与战略研究所、外交与国防政策委员会和莫斯科卡内基中心等。

执行决策。在决策做出后，根据任务的不同，由不同的机构负责执行。国防安全任务执行主体是国防部和总参谋部。社会安全应急任务一般由内政部负责，外交部负责涉外安全方面的紧急任务。所有安全方面的情报主要由相应的情报机构执行。

反馈评估与监督。在决策执行过程中，根据决策执行情况，决策执行者会对有关决策执行情况反馈。执行者对一些难以执行的决策提出新的执行建议。以总统为核心的俄罗斯联邦安全会议会对反馈进行重新评估，然后做出新的决策，最后由总统决定。俄罗斯国家安全体制也因此可能进行调整与变革。

俄罗斯最高立法机构——联邦委员会和国家杜马在战略性安全决策体系中发挥着重要的监督决策和监督决策执行的功能。根据宪法所赋予的权限，国家元首无须就安全政策问题对议会负责。因此，总统不需要就国家安全战略和对外政策方针的制定取得联邦会议的同意。不过，跟叶利钦时代不同，普京把议会两院议长纳入安全会议常委之列，客观上扩大了立法机构对国家最高安全决策的参与度。此外，联邦议会可以通过行使“质询权”，对安全政策的进行监督和施加影响。俄罗斯国家安全体制机制，参见图 7－2。

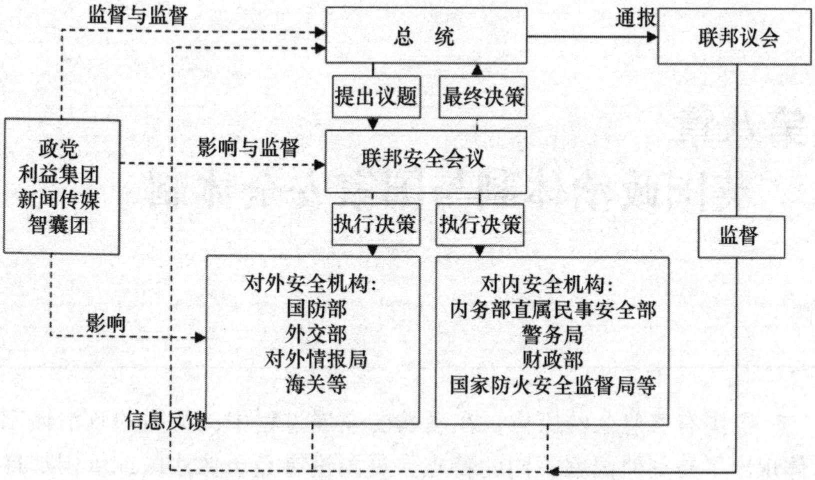

图 7－2　俄罗斯国家安全体制的运行机制

第八章

英国政治体制与国家安全体制

英国有着悠久的历史，在漫长的发展过程中，英国的政治体制体现出了与其他国家不同的特点。英国没有经历像法国或俄国那样剧烈的国内革命。自从诺曼人 1066 年占领英国后，英国本土也从未受到外敌的直接入侵，即使在两次世界大战中也不例外。英国独特的历史轨迹，使其政治体制体现出了很强的延续性。这在一定程度上也可以解释，为何英国是世界上为数不多的没有成文宪法的国家，为何英国的变革总是在共识基础上逐步务实地向前推进。[1] 英国独特的政治体制，也在很大程度上影响了英国国家安全体制机制的设置和运作。

本章将从四个角度系统地对英国现行的国家安全体制机制进行介绍。第一节将从政治体制与行政体制的关系入手，阐述英国的政治体制和行政体制的结构，揭示英国国家安全体制机制在整个英国政治体制中的架构性定位。第二节将具体分析英国政治体制与国家安全体制的关系。第三节将梳理英国现行的国家安全方面的法律法规，总结英国议会制定的法律所涉及的主要安全议题。第四节将从机构设置和运作程序角度介绍英国现行的以国家安全委员会为核心的国家安全决策体制。

---

① Roger Darlington, "A Short Guide to the British Political System," August 4, 2014, http://www.rogerdarlington.me.uk/Britishpoliticalsystem.html.

第一节　英国政治体制与行政体制

英国实行君主立宪制，是典型的议会内阁制国家。在英国，君主立宪制经历了长期的发展，它的最终确立是通过17世纪的资产阶级革命来完成的。与君主立宪制的确立相伴，以议会内阁制为特点的政治体制也逐步形成。英国通过议会选举的形式，组织政府从而实现管理国家的最终目标。国家安全是政府要处理的核心事务之一，政府处理安全事务也是建立在现行的政治体制基础之上的。从这个意义上来讲，英国的君主立宪制和议会内阁制也决定着该国现行安全决策体制的设置和运行。本节将在梳理英国政治体制的基础上，将简要介绍英国君主立宪制的形成，重点分析英国的政治体制，包括英国的议会系统、行政系统、司法系统以及两党制，以及英国政治体制与国家安全体制的关系问题，试图揭示英国政治体制对国家安全体制的影响。

一、英国君主立宪制的形成

英国的政治发展历程，是一部国王与以资产阶级为代表的议会斗争的历史。在政治体制上，体现为英国从君主制到君主立宪制的转化，国王权力被逐步限制而新兴的资产阶级权利逐步扩大。1215年，英国约翰国王签署了《自由大宪章》，使国王与新兴资产阶级分享权力，新兴资产阶级的利益得到法律的保障。[①] 此后，英国国王的权力受到进一步限制，具体表现为，国王征税的命令要得到议会的批准。[②]

1688年的光荣革命，使英国国王的权力受到进一步限制。1689

① 王守田、沈国琴：《宪法学教学案例研析》，北京：中国人民公安大学出版社2013年版，第39页。

② Roger Darlington, "A Short Guide to the British Political System," August 4, 2014, http://www.rogerdarlington.me.uk/Britishpoliticalsystem.html.

年通过的《权利法案》从法律上保证了新兴阶级在议会辩论中的言论自由权和其他权利，约束了国王的权力。此后，通过多次的斗争，国王手中的行政权转移到内阁手中，使君主立宪制在英国得到完整意义上的最终确立，[①] 议会成为国家政治生活中的主要机构，而国王变为了仅享有荣誉性权力的虚职。

如今，在英国的政治生活中，法律上国王虽然享有最大的权力。但是，在实践中，国王的所有的政务活动完全服从内阁的安排。在国家安全决策方面，英国国王可以发挥的作用有限。

二、英国政治体制的结构

基于欧洲经典的政治理论，政府由三部分组成，即立法机关、行政机关和司法机关。立法机关是民选的负责制定法律的机构；行政机关行使行政权和立法提案权；司法机关负责司法活动，运用法律解决具体的案件争议。在美国的三权分立制度下，政府三个部分相互独立，政府官员不可以在多个部门之间交叉任职。如国会议员不可以在行政机构中任职。但是在英国政治体制中，却并非如此。行政机构中所有的部长都从议会的议员中选拔。一些高级法院的大法官出席议会上院的会议。国家司法机关的最高首长由一位部长担任。[②] 这样的制度安排，在很大程度上体现了英国政治体制的灵活性和实用性。英国的政治体制可以分为议会、行政机构和司法机构。

（一）英国议会体制

英国议会常被称为“威斯敏斯特”，因为议会坐落在伦敦市中心的威斯敏斯特宫（议会大厦）。英国议会实行两院制，分为下议院和上议院。

下议院。此机构虽被称为“下议院”，但却是英国议会中最有权威的机构。在一年中，议会下院有半年的时间在工作。在工作期间，

① 熊文钊：《公法原理》，北京大学出版社 2009 年版，第 201 页。

② 宋远升：《刑事诉讼的冲突与衡平——以具体程序和制度为平台》，北京：中国人民公安大学出版社 2009 年版，第 219 页。

从周一到周五，每天都有严格的日程安排。下议院由议长主持工作。与美国众议院议长不同，英国下议院的议长由非党派人士担任。目前，下议院由650名议员组成。有时，议员的人数也会按照法律进行微调。比如，卡梅伦政府宣布曾计划立法将议员人数从650人降到600人。

每一个下议院议员都代表着一个选区。通常而言，一个选区有6万到8万选民。在选举制度上，英国采用的是“赢者通吃制”。英国的“赢者通吃”的选举制度将整个国家分为若干个选区，每一个选区有一个席位，在本选区中得票最多的政党赢得这个议席，而不会考虑得票的比率。这种制度有利于大的政党的发展，有时可以保证这个政党在没有赢得全国多数票的情况下，依旧可能取得议会中的多数席位。①

在卡梅伦政府上台之前，英国法律并没有关于议会的任期的明文规定。首相宣布大选的具体时间，大选可以是上次选举的五年之后。但通常来讲，时间会定在上一次大选的四年之后。卡梅伦执政的联合政府已经立法，规定议会的任期为五年。②

下议院主要行使以下几项职权：（1）行使国家立法权。英国任何一项法律要想取得法定效力，需经过议会两院和英国女王的批准。在此意义上，下议院是制定法律的重要机构。由于现在英国所有的重要法案都是由内阁向下议院提出的，内阁在立法方面具有重要的影响力。（2）监督政府权。由于英国实行的是议会内阁制，内阁要对议会负责，接受议会的监督。议会对内阁的监督可采用以下方式：议员对内阁大臣质询、对政府政策进行辩论、由议会批准条约以及议会对政府表示不信任等。（3）财政监督权。根据英国法律规定，议会对政府的财政监督权由下议院行使。在政府预算和征税方面，下议院可以发挥重要作用。③

---

① 李小园：《多元政治角逐与妥协——英国内生型政治演进模式》，上海：学林出版社2013年版，第20页。

② Roger Darlington, “A Short Guide to the British Political System”, August 4, 2014, http://www.rogerdarlington.me.uk/Britishpoliticalsystem.html.

③ 《英国政府机构》编写组：《英国政府机构》，上海人民出版社1975年版，第21—27页。

正是由于下议院在监督政府和财政方面的权力，在国家安全决策中，下议院扮演着重要角色。第一，内阁在制定安全政策过程中，会充分考虑下议院的态度。这在很大程度上对政府的权力起到约束作用。第二，由于国家安全涉及多方面的预算问题，下议院的财政监督权也使下议院在国家安全决策方面发挥一定的作用。第三，下议院下设若干常设委员会、特别委员会，还有与上议院组成的联合委员会，通过此类委员会，下议院可以在国家安全决策方面发挥监督功能。

上议院。上议院是议会的上院，其权力却相对较小，它的主要任务就是修改法律和监督政府。在制度设计上，上议院很难违背下议院的决议。上议院没有固定的议员数额，现任上议院有将近 800 名议员。他们当中，许多的议员席位是通过家族继承而来。除此种议员外，其他所有的议员都是由女王征求过政府的意见之后选任的。他们的任期是终身制的，但是他们不能将此议席传给下一代。这一类的议员主要是前任的高级官员以及教育和社会领域的名流。①

许多议会的工作都是在具体的委员会中完成的。在下议院中，有两类委员会：第一类是常设委员会。他们的任期与本届议会相同，具体的任务是监督政府各组成部门，对其政务得失进行审查。第二类称为特设委员会。它们是临时性机构，主要任务是审议具体的法律议案和法律修正案。上议院中，只有常设委员会。此外，还有一些上议院和下议院的联合委员会。②

（二）英国的行政体制

在英国的政治体制中，英国政府由内阁大臣、国务大臣、政务次官、王室官员等人员组成，总数约为 100 人。内阁是英国政府的领导核心。一切重要的国家政策都由内阁制定和实施。虽然传统上英国是议会制国家，议会在国家的政治生活中发挥着关键作用。但

① 王晓民主编：《国外议会研究文丛》（第二辑），北京：中国财政经济出版社 2003 年版，第 157—158 页。

② 顾兴斌：《主要资本主义国家政治制度概论》，南昌：江西人民出版社 2006 年版，第 311 页。

是，近代以来，国家的治理权已经从议会转移到了内阁，内阁成了国家决策中的核心机构，首相是内阁中的最高领导者。①

在英国的政治体制中有一个特殊的规定：所有的政府大臣必须是议会议员，或者是下议院议员（多数部长是下议院议员），或者是上议院议员。每个政府部门中，至少有一个大臣在上议院，以便在议会中代表本部门表明立场。

内阁。内阁是英国政府的中枢决策机构。每届议会选举结束后，按照惯例，英国国王任命胜选的多数党领袖为新一届政府的首相，授权新首相组织内阁的权力。新首相与本党重要领导人商议后，提出内阁的组成名单，提请英国国王任命。② 首相和所有的参加内阁的大臣共同组成内阁。其他未参加内阁的大臣，称为非内阁大臣，包括内阁级大臣、国务大臣、政务次官等。内阁大臣和非内阁大臣的区别在于：内阁大臣除了负责本部门的政务之外，还要处理国家的大政方针；非内阁大臣一般而言只处理各自部门或某个方面的事务。内阁级大臣是指那些未参加内阁，但是主管一个部门或一个重要方面事务的大臣，当内阁会议涉及他们分管的政务时，他们也会被邀请参加内阁会议。国务大臣地位介于大臣和政务次官之间，他们通常在政务较繁忙的重要部门设立，如外交部、国防部、财政部等，负责协助内阁大臣或内阁级大臣处理政务。政务次官是低级别的大臣，他们的主要任务是代表本部门参加议会辩论，协助处理部门事务。③

如卡梅伦政府共有 121 位大臣，其中内阁大臣共 21 名，100 名非内阁大臣。内阁由以下 22 人组成：首相、副首相、外交大臣、财政大臣、政府公共财政大臣、内政大臣、国防大臣、商务大臣、劳工大臣、司法大臣、教育大臣、地方政府事务大臣、卫生大臣、环

---

① 郭圣莉主编：《行政组织学》，上海：华东理工大学出版社 2012 年版，第 154 页。

② 侯学华：《西方国家政治制度比较研究》，北京：时事出版社 2010 年版，第 331 页。

③ 魏腊云：《国家最高检察机关比较研究》，北京：中国检察出版社 2010 年版，第 71 页。

保及食品安全大臣、国际发展大臣、苏格兰事务大臣、能源及气候变化大臣、交通大臣、文体及传媒大臣、北爱尔兰事务大臣、威尔士事务大臣以及上议院领袖。[①]

内阁通常每周二上午开会，讨论重要政府事务，内阁采用集体负责制。在内阁中，设有众多的内阁专门委员会来处理具体的事务。虽然所有的大臣都是由首相任命并向首相报告工作，但是最终所有的大臣都要向议会负责。具体而言，大约每个月，部长们要在下议院就本部门负责的事项接受议员质询。每个部门都设有下议院专门委员会来负责监督本部门的工作。此外，所有涉及某部门的提案或重要陈述都要由本部门的一位部长在下议院代表本部门接受询问。[②]

首相及其权力。英国采用的是议会内阁制，没有总统这一职位。在法律意义上讲，女王是国家的元首，但是在政治生活中，女王仅享有荣誉性的权力，并不参与具体的政治事务。如前所述，内阁是英国政府的领导核心，而首相则是这个核心组织中的中心人物。现任的约翰逊首相是英国第五十五任首相。从理论上讲，首相仅可以选择政府部长和主持内阁会议。但是，在实践中，首相是最有权力的政府官员。

首相的主要职责是，代表英国政府向女王报告政府工作，主持内阁会议并指导各下属职能部门的工作，以及决定政府重要事务。首相在人事、管理以及与女王和议会联络方面拥有巨大的权力，是英国政府决策体系中的核心人物。第一，在人事方面，首相有选择内阁大臣人选的权力，并有权撤销一些大臣的职务。第二，首相主持内阁的各项会议。内阁的各项会议议程一般都要征求首相的意见。当内阁大臣之间发生纠纷时，首相是最终的裁判者。国家的外交、国防、财政等方面的重要事务，相关的大臣都要经常向首相报告工作。第三，首相与议会有着密切的联系。按照英国的法律，首相由

---

① 参见英国政府网站，https：//www. gov. uk/government/organisations/cabinet-office。

② 张越：《英国行政法》，北京：中国政法大学出版社 2004 年版，第 325 页。

大选中的多数党领袖担任。由于首相既是议会多数党的领袖，也是内阁的最高决策者，首相是政府与议会的关键联系人。[①] 在此意义上来讲，首相在政府和议会两个部门都有巨大的影响力。可以说，在安全决策上，首相是最终决定者。

内阁委员会。内阁是英国政府的核心决策部门。由于政府事务纷繁庞杂，内阁下设立了各种专门的委员会处理具体问题。内阁委员会包括永久性的常设委员会和一些针对特殊事务的临时委员会。依其重要性的不同，有些内阁委员会由首相或重要的内阁大臣担任主席。对于一些相对次要的内阁委员会，一般由级别较低的大臣担任主席。内阁委员会依法定职权代表内阁处理政务，如果政务十分重要，内阁委员会要将议题提交内阁，由内阁决定。较为重要的内阁委员会有：国防和海外政策委员会、经济政策委员会、立法委员会、联邦事务委员会、中东事务委员会、情报机构委员会等。[②] 内阁委员会是首相处理政务和决策的中心机构，也是安全决策的中心机构，在现实中发挥着关键作用。

内阁办公室。内阁办公室是内阁的日常工作部门，协助首相和副首相处理政府事务，共有 19 个下设机构。从一定意义上来讲，内阁办公室是内阁日常运转的中枢。内阁办公室的主要任务有：支持联合政府施政，协调并执行具体政策；支持国家安全委员会和情报机构，协助政府应对危机和管理网络安全；发布政府信息，增加政府透明度；提出政治和宪制改革等。内阁办公室主要办公地点在伦敦，在全国各地也有相关的办公地点，共有 2050 个雇员。[③]

公务员系统。每一位国务部长都可以任命几个政治顾问以“特别顾问”的身份为其服务。但是，特别顾问仅是顾问，他们并没有部门内部人员的管理职责。除了这些少数的特别顾问，政府部门的

---

① 中央编办事业发展中心、北京大学电子政务研究院编：《世界百国政府机构概览》，北京出版社 2006 年版，第 1045 页。

② 李琮主编：《西欧经济与政治概论》，北京：高等教育出版社 1988 年版，第 347 页。

③ British Cabinet Office Website，https：//www. gov. uk/government/organisations/cabinet-office.

运转也有赖于公务员系统。这些公务员是通过完全公开的方式选拔进入政府，服务于任何政党执政下的政府。中立和职业化的英国公务员系统是英国政治体制的重要特征。①

受委任的机构。英国有一个独特的受委任的政府体系，由三个部分组成。它不是美国联邦制意义上的一级政府，因为仅有不到英国总人口 1/5 的民众受此三个机构管辖。这三个机构是苏格兰议会、威尔士民众议会和北爱尔兰民众议会。

苏格兰议会。这个机构从 1999 年 5 月开始工作，负责管辖 500 万苏格兰民众。它由 129 个从“比例代表制”选出的成员组成。所有成员任期四年。苏格兰议会位于爱丁堡的荷里路德宫。苏格兰议会对那些并未由英国议会保留的事项享有立法权，并且享有有限的征税的权力。②

在 2011 年 5 月的议会选举中，苏格兰民族党赢得了议会多数席位，这是历史上首次由一个单一政党获得议会多数席位。

威尔士民众议会。威尔士民众议会于 1999 年 5 月开始工作，管辖约 300 万威尔士居民。它由 60 名通过“比例代表制”选出的成员组成，所有成员任期四年。威尔士民众议会位于卡尔蒂夫。在成立之初，该议会没有对重要法律的立法权。但是，自从 2006 年起，该议会拥有了在一些领域的立法权，尽管英国议会对此享有否决权。威尔士民众议会没有征税的权力。与苏格兰议会和北爱尔兰民众议会相比，威尔士民众议会享有更少的权力，因为威尔士没有独立于英格兰的法律体系。

北爱尔兰民众议会。现行的北爱尔兰民众议会制度始于 2007 年 5 月，管辖 150 万北爱尔兰民众。北爱尔兰民众议会位于贝尔法斯特。该议会享有有限的立法权，没有征税的权力。

① 李和中：《比较公务员制度》，北京：中共中央党校出版社 2003 年版，第 84 页。

② ［英］比尔·考克瑟、林顿·罗宾斯、罗伯特·里奇著，孔新峰、蒋鲲译：《当代英国政治（第 4 版）》，北京大学出版社 2009 年版，第 465 页。

（三）英国司法体系

英国的司法体系相对复杂。不像世界上多数国家所采用的单一法律体系，英国有三个独立的法律体系：英格兰和威尔士法律体系、苏格兰法律体系和北爱尔兰法律体系。虽然有着类似的法律原则，但是三个法律体系在形式和运行方面有很大的区别。

在2009年的宪制改革中，上议院的上诉委员会（曾经的最高审判机构）被新设立的英国最高法院所取代。在现行宪制体制下，最高法院完全独立于政府，由12位大法官组成。除苏格兰地区刑事案件之外，英国最高法院是其他所有案件的最终上诉法院。

三、两党制

英国的代议制中，在不同的历史时期，不同程度地体现出了两党制的特点。在工业革命之后，保守党和自由党是主要的政党；进入20世纪以来，保守党和工党是英国最为重要的政治力量。保守党和工党通过选举制度，赢得议会席位，在议会成为多数党，再通过首相组阁，将本党的优秀人才输入到政府当中。两党政治体制形成了英国政党轮流执政的政治形态。在选举中，两党为了争夺议会席位，展开激烈的竞争。在议会中，反对党的监督和制衡作用使执政党在制定国家政策时无法完全按其意志行事。同样，反对党执政后也会受到之前执政党的制约。两党长期的政治博弈，在很大程度上保证了国家政策的延续性和稳定性。①

从历史上看，多数情况下，每一届政府部长们来自议会中的单一的多数党。但是，少数情况下，会由少数党政府或联合政府执政。卡梅伦政府是英国60多年来的第一次联合政府，由保守党和自由民主党共同组成联合政府。在联合政府中，有17位部长的职位是由自由民主党人士出任，由副首相克莱格领导。②

---

① 施雪华：《政治现代化比较研究》，武汉大学出版社2006年版，第162页。

② Roger Darlington，“A Short Guide to the British Political System，” August 4，2014，http：//www.rogerdarlington.me.uk/Britishpoliticalsystem.html.

第二节　英国政治体制与国家安全体制的关系

英国政治体制与国家安全体制关系密切。英国政治体制决定其安全体制的结构与组成，国家安全体制是英国政治体制的核心，两者不可分割。

一、英国政治体制决定其国家安全体制的结构与组成

英国的政治体制建立在议会内阁制的基础上，由于内阁需要处理英国多方面的重要政务，设立内阁委员会代表内阁处理众多专业和繁杂的事务，成为了一种制度性的选择。在理论上，议会可以在国家大政方针和安全事务中发挥决定性作用。如前所述，在政治实践中，内阁则已成为了英国国家安全决策体制的核心机构。与此同时，议会对内阁工作形成监督，内阁就自身部门能力协调安全事务的分配。因此英国的议会内阁制决定了其安全体制以及安全事务的运作过程。而英国政治体制中最为重要的就是三权分立的政治原则，又称分权与制衡。《1994 年情报服务法》规定设立议会情报和安全委员会，该委员会由上议院和下议院的议员代表组成，监督军情五处、军情六处和政府通信总部三大情报机构的预算、行政和政策。《2013 年司法和安全法》进一步加强了议会情报和安全委员会对政府情报机构的问责机制，此法律规定情报和安全委员会由 9 名上议院和下议院的议员组成，内阁成员不得成为此机构的成员。情报和安全委员会每年就政府安全事务做出报告。[①] 此两项法律为议会情报和安全委员会在国家安全决策方面发挥影响力提供了有力保障。上述议会对情报部门的强力监督机制就体现了政治体制中分权制衡原则对英国国家安全体制设置的影响。同时英国的情报部

---

① 张骥：《世界主要国家国家安全委员会》，北京：时事出版社 2014 年版，第 137—138 页。

门又分属于各个不同的政府部门，进而在情报机构内部又形成了新的制衡，英国政治体制的运行原则深深印在其国家安全体制的运行设置中。

二、国家安全体制是英国政治体制的核心

国家安全事务作为一项事关英国核心国家利益的政务，尤其是随着恐怖主义的肆虐，反恐成为英国国家内部一项最为紧迫的要务，恐怖主义威胁成为英国最大的安全威胁，如何有效地遏制恐怖主义的威胁关乎英国国家的核心利益，而担负着这个重大任务的就是英国国家安全体制下架构的各个部门。保护英国人民、经济、基础设施、领土以及生活方式免受重大威胁，从而确保国家安全与应变能力，是英国国家安全战略的首要目标，而国家安全体制的设立正是为了实现上述目标。同时国家安全体制作为政治体制的核心，能够尽可能聚集各方力量，尽早发现和应对英国面临的安全威胁，避免出现能力滞后于问题的情况。总之，国家安全体制作为安全事务的具体承担者，必然是政治体制中的核心存在。

三、国家安全体制决策过程与政治体制之间不可分割

如前所述，内阁是英国国家安全决策的核心机构，而执行安全事务的则是由内阁下属的若干内阁委员会专门负责。这些内阁委员会是内阁的重要组成部分，通常由高级别的内阁大臣组成，个别与国家安全相关的内阁委员会由首相亲自担任主席。

长期以来，与国家安全事务直接相关的内阁委员会主要是国防与海外政策委员会和内阁安全委员会。国防与海外政策委员会是最高军事决策机构；内阁安全委员会是负责安全、保密工作的最高领导机构。

内阁安全委员会下设三个委员会：一是人员安全委员会，负责监督政府部门及检查、审计系统的失密问题；二是安全政策及手段委员会，负责制定安全保密政策和确定保密手段，同时监督内政部属下执行反间谍任务的国家安全局和警察特工处的活动，国家安全

局和警察特工处是负责保密工作的执行机构；三是电子安全委员会，负责电子计算机及信息网络方面的保密问题。①英国决策机制，参见图8－1。

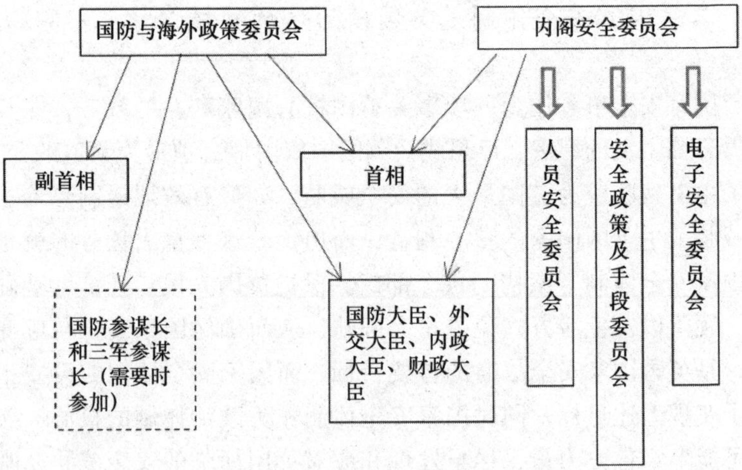

图8－1　英国决策机制

国防与海外政策委员会作为处理英国国家安全事务的核心内阁委员会，经历了长期的演变。2007年布朗取代布莱尔担任英国首相后，为了有效应对现实挑战，尝试对与国家安全事务的内阁委员会进行改革，成立了内阁国家安全、国际关系和发展委员会（The National Security，International Relations and Development Sub-committee of Cabinet）作为处理国家安全事务的中枢机构。到了卡梅伦时期，英国于2010年正式建立了国家安全委员会（National Security Council），作为处理国家安全事务的核心内阁委员会。

可见，受议会内阁制的政治结构影响，英国国家安全体制的运作离不开其政治体制架构内的具体部门，尤其是起到核心作用的内阁，其所下属的内阁委员会虽然是几经变革，但是由英国政治体制决定的，由内阁专门委员会代表内阁处理国家安全事务的国家安全决策体制从未发生过根本性的变化，这成为英国国家安全体制设置

① 张骥：《世界主要国家国家安全委员会》，第130—135页。

和运作方面最为核心的要素。

第三节　英国国家安全法律体系

英国国家安全法律体系在很早之前就具备了反恐怖主义的性质。20 世纪初期，英国就曾针对北爱尔兰和不列颠岛上发生的暴力恐怖活动制定了相应的法律法规，不过在此期间，英国法律界并没有定义“恐怖主义”一词，这些初期的立法措施只能算作是针对威胁英国国家安全制定的安全法律。[①] 随着国内外形势的变化，原先制定的法律措施很难适应现实实践的需要，制定新的解决安全威胁的法律体系也迫在眉睫，反击恐怖主义等非传统安全威胁的斗争需要完善的法律体系的支持。

一、英国宪法与国家安全法

英国是普通法系的国家，在立法方面与以德国为代表的大陆法系不同，没有编纂系统成文法典的法律传统。在国家安全方面，到目前为止，英国也没有一部系统的成文法典。相反，英国采用了单行法的方式对有关国家安全的事项进行了规定。具体而言，英国的国家安全方面的法律主要涉及情报和反恐事务，包括《1989 国家秘密法》（Official Secret Act 1989）、《1989 安全保障法》（Security Service Act 1989）、《1994 情报安全法》（Intelligence Service Act 1994）、《1998 数据保护法》（Data Protection Act 1998）、《2000 信息自由法》（Freedom of Information Act 2000）、《2000 调查权力规范法》（Regulation of Investigatory Powers Act 2000）、《2000 反恐法》（Terrorism Act 2000）、《2001 恐怖主义犯罪与安全法》（Anti-Terrorism, Crime and Security Act 2001）、《2005 防止恐怖活动法》（Prevention of Terrorism Act 2005）、《2006 反恐法》（Counter-Terrorism Act 2006）

① 赵秉志、杜邈：《中国反恐法治问题研究》，北京：中国人民公安大学出版社 2010 年版，第 329 页。

等在内的单行法律。基本上，英国安全领域的法律可以分为三大类：第一类是规范重要情报机构的法律，第二类涉及保护国家秘密情报信息，第三类是与反恐有关的法律。

二、规范情报机构的安全法律

1989年通过的《安全保障法》在历史上首次为军情五局的存在提供了合法性依据。《安全保障法》明确了内政部是军情五局的领导机关，规定了军情五局的任务和局长的职责。具体而言，军情五局的任务是：保卫国家安全，特别是保护英国本土免受外国间谍、恐怖袭击的威胁；保证英国的经济利益免受外国机构和个人的威胁；在防止犯罪方面，协助警察局和其他执法部门开展工作。①

1994年通过的《情报安全法》在历史上首次为军情六局的存在提供了合法性依据。《情报安全法》明确规定，军情六局服从英国外交部的领导。《情报安全法》具体规定了军情六局的职责与权限，即军情六局要为政府决策部门提供与国家安全、外交、经济安全和防止有组织犯罪方面相关的情报。同时，《情报安全法》也规定军情六局要在海外执行其他的情报任务，为英国政府的外交国防政策提供情报上的支持。外交大臣要就军情六局的工作向议会负责。《情报安全法》也为议会设立针对军情五局、军情六局和政府通信总部的监督机制提供了依据。②

2000年的《调查行为法》设立了通信保障专员、情报安全专员两个职位和一个特别法庭对情报机构的工作进行监督。情报安全专员负责审查相关部长对其分管的情报机构是否尽到法定的监督职责。通信保障专员负责审查在电邮和通信信号拦截方面相关情报机构是否有违法行为。两位专员也协助特别调查法庭开展工作。该法庭成立于2000年，旨在处理个人对情报机构的申诉案件。不论是否持有英国国籍，任何人认为情报机构的行为侵犯了其人权，有权向特别

① British Government, *National Security Machinery*, September 2001. pp. 5 – 9.

② 赵渊主编：《顶级情报机构揭秘》，北京：化学工业出版社2013年版，第109页。

调查法庭进行申诉。特别调查法庭对此类案件进行审理，如果认为情报机构的行为确实违法，申诉人会得到相应的赔偿金。

三、反恐怖主义的相关法律

英国有关反恐方面的立法以2000年通过的《反恐法》最为重要。第一条对“恐怖活动”进行了较为宽泛的定义，为其他反恐方面的法律提供了明确的依据。第三十八条第二款规定，任何人如果掌握有助防止恐怖活动发生或抓捕恐怖分子的信息，有义务告知政府相关部门，否则可能面临最高5年刑期的起诉。第三十九条规定，如果向政府故意提供有误导性的反恐调查信息，也将面临最高五年刑期的指控。第四十一条授权警察可以拘捕基于他的合理怀疑而确认的恐怖分子嫌疑犯。第五十四条禁止任何人向恐怖分子提供枪支、爆炸物或其他有辐射性的武器。第五十六条禁止任何人向与恐怖活动相关的组织提供帮助性的建议，否则可能面临终身监禁的起诉。①

2001年“9·11”事件后，英国议会通过《2001恐怖主义犯罪与安全法》，旨在修订2000年的《反恐法》，对反恐与安全事项做了进一步详细的规定。第一条规定与恐怖活动相关的现金可以被临时冻结48小时。如果法院认为有必要，冻结的期限可以延长到三个月。本法也就大规模杀伤性武器的相关事项做了具体的规定。②

《2005防止恐怖活动法》授权政府有关部门向恐怖活动嫌疑分子适用“管制禁令”，该禁令赋予警察限制恐怖活动嫌疑分子的某些日常活动的权力，如禁止使用互联网、限制接待访客以及宵禁等活动，从而阻止其从事恐怖活动。如果恐怖活动嫌疑分子没有合理的事由违反了相关法定的义务，将单独构成刑事犯罪，面临罚金或高

---

① British Anti-Terror Legislations, available, http: //www. nottingham. ac. uk/hrlc/documents/publications/cthr/countryprofileunitedkingdom. doc.

② 赵秉志：《外国最新反恐法选编》，中国法制出版社2008年版，第75页。

达五年刑期的处罚。管制禁令的期限可以长达12个月。[①]

2006年的《反恐法》新设了一些有争议性的罪名。例如，第一条规定，以言论的方式直接或间接地教唆他人实施恐怖行为的人要受到刑罚的处罚。第二条规定，任何出卖、租借或散布教唆他人实施恐怖行为的出版物的行为都是犯罪行为。第五条规定，任何有意图实施恐怖行为或有意帮助他人实施恐怖行为的人也要受到刑罚的处罚。[②]

四、有关保护国家秘密和信息披露的法律

《国家秘密法》（1989）主要规范有关泄露国家秘密情报的行为，具体明确了何种信息可以被视为国家秘密情报，如何界定相关损失等方面的内容，规定了安全情报机构的组成人员。此外，该法第一条到第八条规定了一系列非经授权而向他人披露信息的行为为犯罪行为。[③]

1998年通过的《数据保护法》是英国重要的规范个人数据安全方面的法律。该法的条文中虽未明确提到隐私权的概念，但实质上确立了公民的隐私权。此外，该法还明确提出了八个数据保护的原则。

2000年的《信息自由法》赋予了公民依法请求政府机构披露有关信息的权利。这些政府机构包括：议会上院、议会下院、北爱尔兰地区议会、威尔士地区议会、部分军事部门、地方政府、卫生署、学校和警察机构等。[④]

英国国家安全法律体系中的各部法律之间并不是前后取代的关系而是相互补充，后法是对前法的修订，也增加全新的内容，形成

---

① ［英］宾汉姆，毛国权译：《法治》，中国政法大学出版社2012年版，第208页。

② British Anti-Terror Legislationavailableats, http: //www. nottingham. ac. uk/hrlc/documents/publications/cthr/countryprofileunitedkingdom. doc.

③ British Cabinet Office, Government Security Classification, April 2014, p. 15.

④ Ibid. .

了新旧法律并存共同发挥效用的局面。而在法律效用的范围跟时效上，大部分法律都能够在不特别限定的期限内与地区中普遍适用，同时由于英国普通法系的立法传统，英国的刑法法典也不太完善，国家安全法律体系也在适当范围内起到了刑事法规规范的效用。[①] 总体来说，英国国家安全法律体系采取多样化、多方面的立法措施保证国家安全，降低安全威胁的风险，进而建立了全面长效的国家安全工作机制，为国家安全行动提供了法律的依据。

第四节　英国国家安全决策体制与运行机制

本章第一节指出，由内阁下设的专门委员会处理国家安全事务是英国国家安全体制的重要特点。本节将从机构设置、制度运行和议会监督三个方面着重介绍卡梅伦政府的国家安全决策体制。

一、英国国家安全决策体制

随着2010年大选的胜出，为了应对新的国际局势和安全挑战，当选的卡梅伦联合政府继承、发展了前任布朗首相的“大国家安全”战略，设计了新的国家安全保障机制，废除了布朗构建的内阁国家安全、国际关系和发展委员会模式，建立国家安全委员会。“内阁国家安全、国际关系和发展委员会的目的是将与国家安全相关的部门集中在一起讨论英国安全问题，而国家安全委员会在于考虑政府安全政策的战略问题，在危机决策中有清晰的战略性意义。”[②]

卡梅伦政府放弃了布朗时期建立的“国家安全论坛”。由于没有专门的咨询性机构，英国国家安全委员会大臣在参加会议前需自行咨询相关专家，为他们参加国家安全委员会会议及日常工作做准备工作。

此外，卡梅伦政府也模仿美国设了国家安全事务顾问一职。国

---

① 赵秉志、杜邈：《中国反恐法治问题研究》，第335—339页。

② 张骥：《世界主要国家国家安全委员会》，第130—135页。

家安全事务顾问是国家安全委员会的秘书长，对首相负责，处理国家安全委员会的日常工作。目前英国的国家安全决策机制，正是建立在卡梅伦政府的制度设计基础之上。[①]

（一）国家安全委员会

从性质上来讲，国家安全委员会是负责国家安全事务的内阁专门委员会，它是英国国家安全和情报信息的中央决策机构；同时，国家安全委员会也是国家安全事务的战略规划机构、议事机构和协调机构。

在谈及国家安全委员会的定位时，前任英国外交大臣黑格强调，国家安全委员会是一个由首相主持的部长级的决策机构，这一机制有利于避免部门利益的束缚，真正实现从全局战略的高度做出决策，有效地提高了决策的质量。政府内阁会讨论安全问题、国防以及外交事务，但是国家安全委员会对此类问题的涉及更为细致和深入。由于国家安全委员会每周举行例会，这在很大程度上可以及时有效地回应具体问题，提高政府应对危机的能力。

国家安全委员会的永久组成人员有：首相、副首相、财政大臣、国防大臣、能源和气候变化大臣、外交大臣、内政大臣、国际发展大臣、政府公共财政大臣、安全部长和内阁办公室大臣。如果涉及相关管辖领域，其他内阁大臣也会受邀参加国家安全委员会会议。总参谋长或副总参谋长、联席情报委员会主席和情报局局长们也常参加国家安全委员会会议。[②]

国家安全委员会下设四个专门委员会：危险及突发事件处置委员会（Threats，Hazards，Resilience and Contingencies）、核安全委员会（Nuclear）、新兴国家委员会（Emerging Powers）和利比亚委员会（Libya）。每个专门委员会都由不同的人员组成，包括一些非国家安全委员会的成员。国家安全委员会的组成，参见表8－1。

① 张骥：《世界主要国家国家安全委员会》，第139—148页。

② British Parliament Report，“National Security Council”，August 3，2011，http：//www.publications.parliament.uk/pa/cm201012/cmselect/cmdfence/761/76105.htm.

表8－1　国家安全委员会的组成

国家安全委员会 主席：首相 永久成员：副首相、外交部长、财政部长、国际发展部长、内政部长、国防部长、能源与气候变化部长、政府公共财政部长、内阁办公室部长和安全部长			
危险及突发事件处置委员会 主任：内政部长	核安全委员会 主任：首相	新兴国家委员会 主任：外交部长	利比亚委员会 主任：未知

2010年5月12日是联合政府执政的第一天，国家安全委员会于当天下午召开了第一次正式会议，这标志着国家安全委员会正式开始运转。此后，国家安全委员会每周举行一次例行会议。

（二）国家安全事务顾问

国家安全事务顾问在国家安全委员会的日常运转中发挥着重要作用。2010年5月，英国首相任命彼得·里基茨（Sir Peter Ricketts）为首任国家安全事务顾问。国家安全事务顾问有三个正式的头衔。首先，国家安全事务顾问是国家安全委员会的秘书，负责国家安全委员会会议的准备工作，制定会议议程和准备相关材料，并负责后续政策的实施。其次，国家安全事务顾问是首相的外交政策顾问。最后，国家安全事务顾问领导设在内阁办公室的国家安全秘书处的工作，协调其下属部门的工作。

国家安全事务顾问同时负责召集和主持国务次卿级别官员的每周例会。国务次卿级别官员的每周例会具体筹备国家安全委员会的会议。国务次卿级别官员的每周例会就安全事务进行跨部门协调，拟定国家安全委员会的会议议程。在首相授权的情况下，国务次卿级别官员的每周例会也负责开展国家安全委员会某项工作的预研任务。此外，其他高级别官员层面，也有一系列的跨部门委员会负责协助国家安全委员会的工作，必要时向国家安全委员会会议报告工作。①

---

① 张骥：《世界主要国家国家安全委员会》，第140—148页。

（三）国家安全秘书处

国家安全秘书处设在内阁办公室，负责处理国家安全委员会的日常工作。国家安全秘书处有三名国家安全副顾问，具体包括对外政策副顾问，国防、核安全与战略副顾问以及情报和应急反应副顾问。英国的中央情报机构由情报和应急反应的国家安全副顾问与国家情报联合委员会主席共同负责。①

国家安全秘书处下设国民紧急事务秘书处（CCS）、安全和情报办公室（DSI）、网络安全和信息保障办公室（OCSIA）、外交政策和协调工作组。国家安全秘书处的结构，参见图8－2。

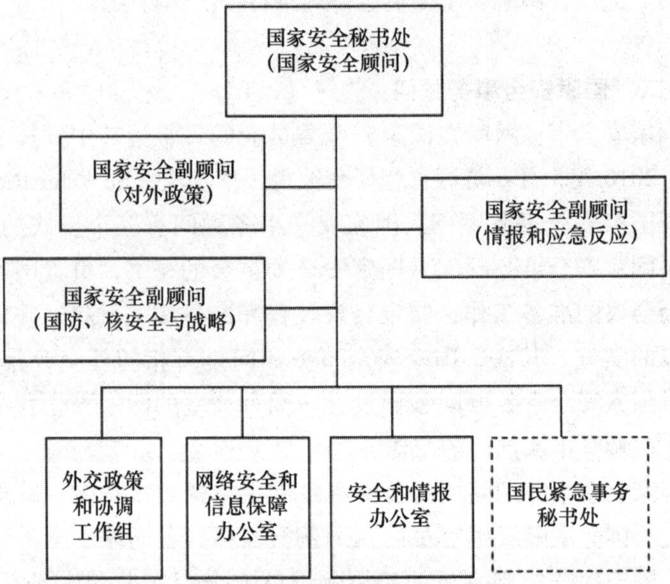

图8－2　国家安全秘书处结构

国家安全副顾问与职责，参见表8－2。

① 军事科学院《世界军事年鉴》编辑部编：《世界军事年鉴2012》，解放军出版社2013年版，第337页。

表8－2　国家安全副顾问与职责

职务	职责
国家安全副顾问（对外政策）	在对外政策方面对首相、副首相以及国家安全顾问予以建议；确保政府对外政策的重点能够以有效连贯的方式予以传递；领导对外政策小组；负责与海外国家安全组的联络工作
国家安全副顾问（国防、核安全与战略）	为首相、副首相和国家安全顾问提供国防和核政策建议；确保政府的国防政策的重点有效和连贯的传递；领导一个由副组长组成的国防政策小组；负责与海外的国家安全工作组联络
国家安全副顾问（情报和应急反应）	支持首相在反恐、情报政策方面的工作；管理和汇集秘密情报组织的情报资源；网络安全；应急反应和危机管理

国家安全秘书处所辖部门与职责，参见表8－3。

表8－3　国家安全秘书处所辖部门与职责

部门	职责
国民紧急事务秘书处	政府部门、地方自治政府以及众多不同的政府外机构合作，加强英国对紧急事件的应对、反应和恢复能力
安全和情报办公室	确保向首相及其他高级大臣提供良好的跨政府的情报政策和安全建议
网络安全和信息保障办公室	为内阁办公室大臣、国家安全委员会提供确定涉及网络安全重点的支持；为有关网络和信息安全事宜提供战略方向，并对网络安全和信息保障的相关支持行动予以协调统筹
外交政策和协调工作组	协调为首相、副首相、国家安全顾问所提供的外交政策建议；确保政府交付的阿富汗和巴基斯坦战略及其他优先级外交政策战略

（四）联合情报委员会

联合情报委员会设在内阁办公室之下，是一个跨部门的情报协调机构，旨在为首相和为国家安全委员会提供涉及英国国家安全和海外利益的情报信息并做出情报评估。国家安全委员会与联合情报委员会的结构，参见图 8－3。

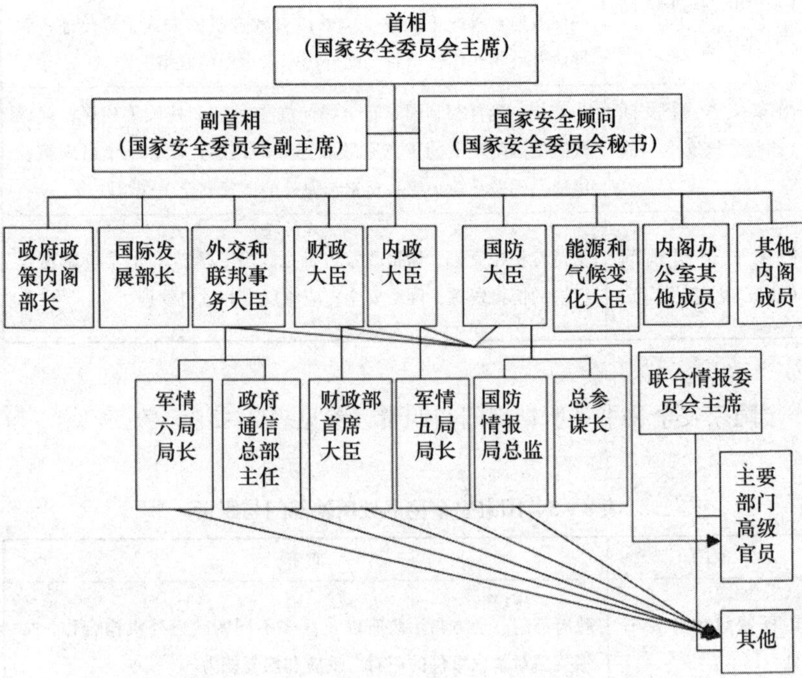

图 8－3　国家安全委员会与联合情报委员会结构

二、国家安全体制运行机制

国家安全委员会的工作方式为召开会议，每周召开一次例行会议。内阁大臣负责出席内容涉及反恐、危害、恢复和意外事件的会议；涉及情报问题的会议，仅有首相、副首相、财政大臣、外交大臣、内政大臣、国防大臣几位有限的高级官员有资格出席。[①] 由于卡梅伦政府是自由民主党与保守党组成的联合政府，两党皆有人员出席国家安全委员会会议，从而有效保证了两党的交流与沟通。

① 张骥：《世界主要国家国家安全委员会》，第 146—148 页。

国家安全委员会秘书处负责制定国家安全委员会的日程，每一季度做出一份日程，并提交给首相。在制定日程的过程中，国家安全委员会秘书处与首相和副首相办公室充分协商，并征求各相关部门的意见，从而保证事关国家安全的议题得到及时有效的回应。

新设立的国家安全顾问是首相在安全决策方面的重要助手，他领导国家安全委员会秘书处开展日常工作，协调各相关部门，使首相从繁重的安全事务行政管理中解脱出来，专门处理重大安全问题。在情报分析和评估方面，联合情报委员会是国家安全委员会的核心机构，该机构向国家安全委员会提供的情报，成为国家安全委员会最直接的决策依据。国家安全委员会成立后的危机处理机制，参见图 8－4。

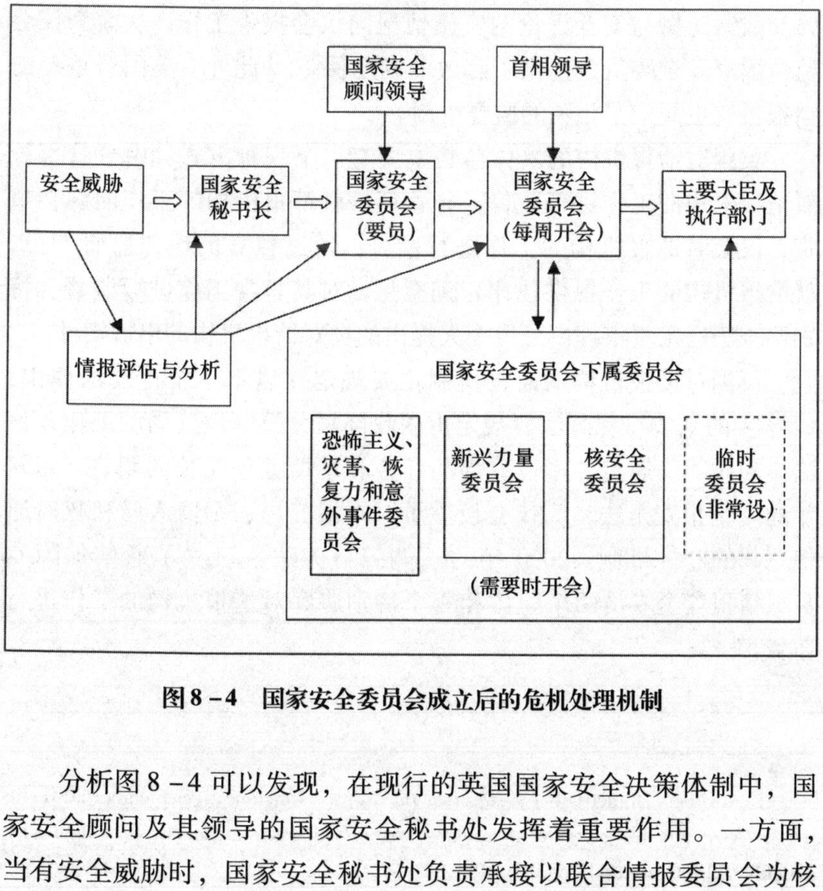

图 8－4 国家安全委员会成立后的危机处理机制

分析图 8－4 可以发现，在现行的英国国家安全决策体制中，国家安全顾问及其领导的国家安全秘书处发挥着重要作用。一方面，当有安全威胁时，国家安全秘书处负责承接以联合情报委员会为核心的情报分析机构；另一方面，国家安全秘书处负责整合信息，制定国家安全委员会的议事日程，由国家安全顾问协调政府各职能部门，为每周的国家安全委员会例会做好准备工作。在国家安全委员会做出决策之后，各政府部门负责执行落实。

三、国家安全机构的监督机制

安全机构在国家安全工作中处于十分重要的地位，其工作效率有赖于其高度的保密性。但是，在现代民主制度下，对情报机构的监督工作也十分重要。英国议会有权监督国家安全委员会的工作。英国《国家安全战略》规定，国家安全委员会每年应就国家安全战略和战略防御与安全评论的实施情况向议会报告工作，从而为议会监督国家安全委员会提供了有效的制度保障。[①]此外，英国对重要的情报机构也规定了相关的监督机制。

英国对情报机构的具体监督主要有以下三种方式：由分管部长对情报机构的工作进行监督，分管部长就情报机构的工作向议会负责；议会对情报机构的工作进行监督；通过独立的法律监督专员，就情报机构的工作提供法律咨询意见，对其日常工作进行监督。特别调查法庭负责审理由公民个人提出的针对情报机构的申诉案件。

英国对情报机构的监督机制主要规定在以下三个重要法律中：1989 年的《安全保障法》规定由内政部长分管军情五局的工作，该法律同时明确规定了军情五局的任务和军情五局局长的职责。1994 年的《情报安全法》为议会设立了对军情五局、军情六局和政府通信总部的监督机制。2000 年的《调查行为法》设立了通信保障专员、情报安全专员两个职位和一个特别法庭对情报机构的工作进行监督。[②]

---

① British Cabinet Office, *National Intelligence Machinery*, September 2001. https://www.gov.uk/government/uploads/system/uploads/attachment_data/file/250868/0114301808.pdf. pp. 15 - 18.

② British Cabinet Office, *National Intelligence Machinery*. pp. 18 - 24.

（一）情报与安全委员会

议会对军情六局、军情五局和政府通信总部的监督主要是通过情报与安全委员会来实现的。情报与安全委员会依照1994年的《情报安全法》成立，由九个跨党派的议员组成，首相与反对党领袖协商后，由首相对这九个成员进行任命。

情报与安全委员会的职责是对军情六局、军情五局和政府通讯总部的工作、管理和预算进行监督。此外，尽管情报与安全委员会没有正式监督国防情报局的职能，但是在政府同意的情况下，国防情报局局长也向情报与安全委员会提供必要信息，协助其开展工作。类似地，情报与安全委员会在行使监督权的过程中，也有权向联合情报委员会主席、情报分析组组长和内政部的反恐与安全办公室的高级官员了解情况。①

情报与安全委员会制定自己的工作计划。必要时，情报与安全委员会可以要求部长、情报机构高级官员和其他部门官员提供相关信息。情报与安全委员会每年向首相汇报一次工作，其提交的工作报告也会在议会两院进行审议。此外，情报与安全委员会也会提出专题报告，如2005年7月的伦敦恐怖事件后，情报与安全委员会曾就此事件提交了专项报告。

（二）专员与特别法庭

该法庭成立于2000年，旨在处理个人对情报机构的申诉案件。该法庭设有两位专员，即情报安全专员和通信保障专员。情报安全专员负责审查相关部长对其分管的情报机构是否尽到法定的监督职责。通信保障专员负责审查在电邮和通讯信号拦截方面相关情报机构是否有违法行为。两位专员也协助特别调查法庭开展工作。军情六局、军情五局和政府通信总部也受两位专员的监督。不论是否持有英国国籍，任何人认为情报机构的行为侵犯了其人权，有权向特别调查法庭进行申诉。特别调查法庭对此类案件进行审理，如果认

① British Cabinet Office, *National Intelligence Machinery*. pp. 18 – 24.

为情报机构的行为确实违法，申诉人会得到相应的赔偿金。

四、反馈与评估机制

对安全事务的事态过程进行正确的评估是进行科学安全决策的前提，在当前各国所面临的安全问题日益复杂的情况下，安全事务的处理往往牵一发而动全身，如果不能恰当地进行操作，必然会造成行动所期望的相反的结果。① 作为政策制定的核心部门，国家安全委员会会对自身决策实施监督，监督范围包括资源的分配情况、计划的实施进度、危机状况下的部门运作情况以及安全部门的经费问题，还有行政管理与规章制度上的执行等方面。通过对各安全部门机构实际运行情况进行监控，及时得到反馈结果，国家安全委员会就可以就反馈结果对政策的实际运行进行切实可行的调整以适应现实情况的要求。

在评估上，国家安全委员会会组织安全体制的相关机构，在各部门情报与信息共享的基础上对安全事务做出全景式评估，让各个领域的负责人进行充分讨论，交换意见。面对着全球化的进程，英国所要处理的安全威胁问题日益增多，其中既有网络安全威胁、公共生命健康威胁、重大交通事故等国家内部的安全威胁问题，也有海外维和行动、地缘政治动乱、恐怖主义扩散等重大国际问题，因此对各个问题之于英国自身的重要性进行评估十分有必要，国家安全委员会会对这些安全问题做出不同的评估，并对处理后的结果进行再次评估，以方便政府具体安全部门能够有条不紊、重点突出地处理各个方面的问题。评估机制能够让安全部门更加有效率、更加专业地完成安全问题的处理，反馈机制则能够有效进行事务上的调节。

---

① 彭光谦：《世界主要国家安全机制内幕》，江苏人民出版社 2014 年版，第 175 页。

第九章
法国政治体制与国家安全体制

一国的国家安全体制机制是国家安全总体战略的实践载体和执政机制的重要设置，其形成是一个历史过程，与国际环境和国家战略定位密切相关。一般来说，国家安全体制机制结构主要由国家安全情报体制、国家安全预警机制、国家安全决策体制、国家安全军事体制以及国家应急安全体制等几大部分所组成，它涵盖了一国从国家安全战略的形成、国家安全情报的搜集与应对、国家安全的维护与政策执行、突发安全事件的应急机制到国家安全机构的职能与设定、国家安全法律法规体系的形成与完善等众多方面，从而构筑国家安全保障的坚实防线。

第一节　法国政治体制与国家安全体制

国家安全体制的形成是一国政治意志的体现，国家政治体制及决策机制对其有着决定性意义。第五共和国成立后，法国逐渐形成了“半总统半议会”的政治体制特点，“双头制”使得总统成为国家元首及国家权力之核心，其有着强大的行政决策权的同时，也拥有众多立法上的权限。执行系统上的集中管理特征，使得法国形成了以总统及其所主导的决策圈层为中心的国家安全体制。虽然总理领导实施国家安全决策的内容，但是其权力在法律和行政体制上被限制，议会在监督总统和政府上的职能也被大大削弱。

1972 年，法国发布第五共和国成立以来的首份《国防白皮书》，第二份发布则时隔 22 年。相较之前，2008 年 6 月 30 日，以萨科齐总统名义签发第三份白皮书——2008 年《国防与国家安全白皮书》则较为鲜明地体现了总统在国家安全总体战略决策与部署上的重要地位，不仅打破先前由总理和国防部长作序的先例，更在从白皮书的构思、制定、发布等关键流程上处于主导地位。尽管 2014 年 3 月，新上任的奥朗德总统发布了法国历史上第四份白皮书——2013 年《国防与国家安全白皮书》，然而从内容上看是对 2008 年版本的微调与扩充，是对前者安全体制机制上的巩固与加强。从程序上看，法国目前形成的国家安全体制是其特殊政治体制和决策体制下的产物，它促成了法国国家安全机制的更高层次的体系化、决策与执行的高效与一致化，以及人力及物力资源在体制内的集中管理与利用。

一、法国的政治体制

（一）《第五共和国宪法》确立的“半总统半议会制”

法国是最早建立独立民族国家的工业大国之一，几乎世界上所有政治体制形式都可以在法国找到它的影子。法国有着丰富的政治遗产，1789 年的法国大革命使其政治口号“自由、平等、博爱”风靡世界，乃至成为民主政治的普世价值观。二战后，在蓬勃发展的第三世界民族国家独立浪潮冲击下，政党林立、软弱涣散的第四共和国政治体制面临着“内忧外患”，再也无法有效地带领法国迎接时代变迁，参与世界大国竞争。①

在第四共和国所沿袭的议会制下，国民议会是国家权力的中心，有权解散总理领导的政府，而总统也有权监督、控制和解散议会。在理想状态下，这种制度下的立法机构和行政机构能够相互制约，维持政府的相对稳定。但是实际上，这些制约措施没有得到很好地执行，结果造成国民议会权力过大，政府信任危机不断，内阁更替更加频繁，11 年半之间更换了 20 届政府，党派矛盾不断激化。正如戴高乐在当时对法国现状提出改革时所说，“12 年来，党派政权始终漂浮在一个处于极端危险的世界中的、严重分裂的民族上面，它表

① 吴国庆：《法国政党和政党制度》，社会科学文献出版社 2008 年版，第 125 页。

明它自己无力管理事务”。[①] 因此戴高乐上台后抓住解决阿尔及利亚问题的机会，利用议会授予的制宪权力起草了《新宪法草案》，即法兰西《第五共和国宪法》，并在 1958 年 9 月 28 日由公民投票通过，10 月 4 日生效。依据《第五共和国宪法》，确立了现今第五共和国的“半总统半议会”的政治体制。

“半总统半议会制”又称“双首长制”，或“政治双头制”，是一种名义上保留议会制，但实质上实行总统制的政治体制。在这种制度下，国家机构由总统、总理及其领导的政府和议会三方组成。总统既担任国家元首，又实际领导和掌握国家行政权力，是整个国家的权力中心。法国不设副总统，一旦总统不能履行职责，参议院的议长将代行总统职责。法国总理领导政府行使国家的行政权力，其政府具有的实际权力较弱，但具有相对稳定的地位，不易发生剧烈动荡。从工作分工上讲，总统负责掌握国家的大政方针、国防和外交，处于国家权力的主导地位。而总理具体负责行政、内政和经济等事务，在大多数方面必须听命于总统，政府对总统的制约能力较小。

法国的议会由国民议会和参议院组成，拥有立法权和行政监督权，能够对政府进行监督。但是为了避免议会所拥有的权力过大，法国从宪法上对议会的监督权进行了限制，其实际结果是议会的权力被大大削弱。因此，在“半总统半议会制度”下，法国总统的权力从某种意义上讲要比总统制国家的总统的实际权力还要大，因为前者有权解散议会、提起公民大选、在紧急状态下行使非常权力，而后者往往不具备这些权力。在某种意义上说，法国的行政、立法和司法在一定程度上依附于总统的权力。

《1958 年法国宪法》，即法兰西《第五共和国宪法》及其后续的多次修正案是对第二次世界大战后法国政治体制的重大改革，它加强了总统的权力，提高了政府的地位，削弱了议会的作用。具体来看，第一，这部宪法建立了以总统为中心的国家权力机构，总统作为国家元首的地位得到了大幅提高，总统对政府的控制也得到了空

---

① 中国国际关系研究所：《戴高乐言论集》，世界知识出版社 1964 年版，第 16 页。

前加强。总统不再通过议会选出，而改由人民直接选举产生。为突出总统的重要地位，法兰西《第五共和国宪法》在第二章具体规定了总统的职权，而政府和议会的职责则放在了第三章和第四章进行阐述。这种次序上的有意安排，反映的是总统的权力和地位优于政府和议会的指导思想。第二，法兰西《第五共和国宪法》还提高了政府的权力，使得行政机构相对于立法机构具有更大的独立性，但同时也加强了总统对政府的领导和控制，政府形式上对议会负责，但实际上听命于总统。第三，这部宪法削弱了议会的地位和作用。总统的职权不再受到议会的牵制，总理和内阁的组成不再需要议会批准，议会对政府的监督权被限制，总理和内阁不能被议会轻易弹劾和解散。此外，议会的立法权也受到了限制，两院需要按照政府排定的优先顺序讨论政府提出的法律草案。法兰西《第五共和国宪法》的这种安排在很大程度上消除了此前的政府不稳定的积弊。

（二）法国总统

根据法兰西《第五共和国宪法》的规定，总统是法国的国家元首和武装部队的最高统帅，依照1962年颁布的《组织法》（Loi Organique）和《选举法》（Code Electoral）由全民经过一轮或者两轮投票普选产生，任期五年（1958年宪法规定任期为七年，后经2000年9月24日全民公决将任期改为五年，自2002年希拉克总统第二任期起执行），可连选连任。《第五共和国宪法》将总统职权的描述放在第二章，位于国家主权之后、总理和议会之前，足以彰显总统在法国政权中的核心地位。宪法第五条给总统职能的总定义是："共和国总统监督遵守宪法。他通过自己的仲裁，保证公共权力机构的正常活动和国家的持续性。"[①] "共和国总统是国家独立、领土完整和遵守共同体协定和条约的保证人。"[②] 为保证国家政策的连续性，宪法赋予了总统以"保证人"和"仲裁人"的地位，具有对重

---

① Constitution du 4 octobre 1958，http：//www. legifrance. gouv. fr/Droit-francais/Constitution/Constitution-du-4-octobre-1958.（访问时间：2015年10月25日）。

② 同上

大决议的最大决定权。因此，总统处于法国政权的主导地位。而在第三和第四共和国时期，总统只是形式上的国家元首，不拥有实际权力。

宪法赋予了法国总统广泛的权力，包括三军统帅权、外交权、赦免权，主持内阁会议、任命高级官员、任命宪法委员会、颁布法律、签署法令等。此外，总统还具有任免总理和组织政府、解散国民议会、举行公民投票、宣布紧急状态等特殊权力。宪法第八条规定总统任命总理无需经过议会批准，总理在组织政府和政府成员时需要先征求总统的意见和许可，总统可以根据形势需要免除总理及政府其他重要成员的职务。[①] 这些规定使得法国总统的权力高于总理和政府的权力，使其能够有效地控制政府，为其政策服务。

由于总统不再由议会选举而由全民公决产生，因此受到议会的约束和牵制较少。当总统与国民议会出现政治分歧时，或者觉得有必要，总统有权解散议会。虽然在解散议会之前需要同总理和议会两院议长商量，但总统可以不采纳其意见，自行决定解散议会。总统还享有提前举行公民投票的权力，且投票的内容和范围根据宪法进行了扩大，这使得总统有权绕过议会就重大政策和措施提起公民投票决定。这些措施使得议会对总统的约束力减小，总统在国家政治架构中的地位得到了加强，成为了真正的权力中心，是国家和政府行政的“拱顶石”。[②]

（三）拥有实权的总理及其政府

法兰西《第五共和国宪法》第二十一条规定：“总理由总统任命，是政府的行政首脑，领导政府活动。”[③] 其具体职责包括负责向

---

① Constitution du 4 octobre 1958，http：//www. legifrance. gouv. fr/Droit-francais/Constitution/Constitution-du-4-octobre-1958.（访问时间：2015 年 10 月 25 日）

② 吴国庆：《当代法国政治制度研究》，社会科学文献出版社 1993 年版，第 4 页。

③ Constitution du 4 octobre 1958，http：//www. legifrance. gouv. fr/Droit-francais/Constitution/Constitution-du-4-octobre-1958.（访问时间：2015 年 10 月 25 日）

总统建议任免政府成员，可任免除总统职权外的文职和军职人员；指导政府的活动，协调政府各部间的关系；代表政府向议会提出施政纲领或发表政策声明，并向议会承担责任；在总统宣布紧急状态之前接受总统的征询，并以政府名义宣布戒严；行使立法创议权和修改宪法建议权；对国防负责并领导国防部，负责组织国防并兼任国防委员会主席，[①] 必要时代替总统主持最高国防会议和国防委员会；总理领导的政府享有广泛的条例制定权和命令发布权。总之，在第五共和国体制下，总理及其领导的政府拥有实际权力，地位十分重要，但是由于总理由总统任命，且内阁成员经总理提名后由总统任命，因此最终权力从设计上仍掌握在总统手里。

《第五共和国宪法》第二十条规定："政府决定并指导国家政策。"[②] 政府是最高行政机构，通过各种会议、法令和命令实施它的集体权力。宪法规定了法国政府由总理领导，其他领导成员包括部长、部长级代表和国务秘书等。总理和政府都拥有行政权，宪法同时还规定总统也享有实际的行政权，且宪法对总理和政府的职权划分比较笼统，因此在实际工作中，总统与总理、总统与政府间的关系有时非常模糊，难以具体明确界定国家首脑和行政首脑间的职权及其范围，从而形成了法国政权的"行政双头制"。总统和总理在名义上共同分享国家最高领导权，总统和总理都无法完全抛开对方而单独行使最高行政领导权，但分享并不意味着平分。一般情况下，总统负责国防和外交，总理负责经济和民生。在法国的现实政治中，总统在很多方面超越了总理成为政府决策的真正主导者，总理和政府成为总统意志的执行者，政府的领导权逐渐从总理转向总统。如果总统和总理由同一政党人士担任，则会以总统为权力核心。如果总统和总理由不同党派的人士担任，则会变成真正的"双首长制"。第五共和国历史上就出现过三次"左右共

---

① 2008 年《国防与国家安全白皮书》公布后，萨科齐总统将国防委员会改组为国防与国家安全委员会并取代总理担任委员会主席。

② Constitution du 4 octobre 1958，http：//www. legifrance. gouv. fr/Droit-francais/Constitution/Constitution-du-4-octobre-1958.（访问时间：2015 年 10 月 25 日）

治”（La Cohabitation）局面，[①] 其后果是政府政策摇摆不定，造成政府工作效率低下，损害法国的国际形象。

（四）议会

鉴于第三和第四共和国时期议会权力过大给政府造成的动荡，第五共和国议会的权力和作用被大大削弱，在宪法条文中被列在总统、总理和政府之后，居于次要地位，且总统有权解散国民议会。按照《第五共和国宪法》的规定，法国的议会由国民议会（Assemblée Nationale）和参议院（Sénat）组成。国民议会是法国的最高权力机关，[②] 共有 577 名议员，每名议员代表单一的选区。议会成员由民众直接选举产生，任期五年。参议院有 348 名参议员，由选举机构选举产生，任期为六年（由参议院起草 2003 年 7 月 30 日颁布的《组织法》和《普通法》将 1958 年宪法规定的参议员的任期从九年改为六年，2004 年参议院进行选举时开始执行任期六年制，2008 年选出的议员全部为六年制），从 2011 年起，每三年改选半数参议员。[③] 参议院的立法职能在《第五共和国宪法》中受到限制，在参议院和国民议会的意见不统一时，国民议会拥有最后裁决权。

国民议会和参议院的地位和作用较第四共和国时期有所下降，原拥有的立法、预算表决和监督政府的三大传统权力都受到总统和政府的限制。具体而言，《第五共和国宪法》第 34 条规定立法权在议会，而条例制定权在政府。该条还详细载明了法律和条例的界线，

---

① 第五共和国的历史上一共出现过 3 次左右共治的情况，最近一次是在 1997—2001 年的希拉克总统执政时期。法国的左翼政党在议会选举中击败了右翼政党，因此代表右翼政党的希拉克被迫与左翼总理若斯潘共同治理国家。在此期间，法国总统和总理经常同时出现在一些国际会议上，共享同一个会议名额。出现左右共治的原因是总统要对选民负责，总理要对议会负责，因此在行政权力共享的“半总统半议会制”的体制下，如果总统和总理出自不同的政党联盟，很容易造成二者发生矛盾，出现二者同时代表政府的情况。

② Constitution du 4 octobre 1958，http：//www. legifrance. gouv. fr/Droit-francais/Constitution/Constitution-du-4-octobre-1958.（访问时间：2015 年 10 月 25 日）

③ 《参议员的选举》，法国参议院网站，http：//www. senat. fr/lng/cn/senateurs/election_senateurs. html。（访问时间：2015 年 10 月 25 日）

这实际上限制了议会的立法权限和范围，扩大了政府和总统制定条例和发布命令的权限，使得总统和总理能够在某些情况下绕开议会程序，制定和发布条例和命令，这一做法增强了政府应对变化的能力。按照宪法规定，议会有权讨论和通过政府提交的年度财政预算，但第47条同时要求议会必须在提案进入一读程序开始70天之内通过财政法案，否则政府有权以发布命令的形式实施预算草案中的部分条款，以免政府陷入财政危机。在对政府的监督权方面，虽然宪法第20条规定政府要对议会负责，但是由于总理和政府领导成员由总统任命而无需议会批准，因此，议会对政府的控制权和监督权被明显削弱。在监督手段上，虽然议会可以对政府成员提出质询，但质询不会在法律上引发对政府的不信任案，这就避免以往由于不信任案而解散政府的教训。此外，议会虽然可以对政府进行弹劾，但是宪法对弹劾投票的程序进行了严格规定，只有在弹劾提案获得议会绝对多数支持时方可通过。所有弃权票都被计为支持政府的投票。因此会议推翻政府不是一件容易的事情，这在很大程度上保证了政府和政局的稳定，有效地避免了第三和第四共和国时期政府被频繁解散的动荡局面。

总体而言，议会对行政权力的制约在逐渐削弱，而政府的一些决策权，尤其是涉及国家安全政策、外交政策等重要、敏感事务的决定权逐渐向总统倾斜，很多原本属于总理和政府的国家安全事务决策权被转移到了总统手里（参见表9－1）①，这便是法国“半总统半议会制”的重要表现。

表9－1　“半总统半议会制”体制

条款	特点	解释
第五条	总统为宪法的仲裁者	其有多种解读
第八条	总统提名总理人选	未提及对总理的职务解除
第十一条	在涉及国家经济、社会政策、公共服务、公共权威的组织等事务方面，总统可以提起公投	

① Alistair Cole: *A French Politics and Society* 2nd *Ed.* By Pearson Longman Press, 2005, p. 64.

续表

条款	特点	解释
第十二条	总统可以解散国民议会	限于每年不超过一次
第十六条	总统行使某些紧急特权，并将宪法暂停实行六个月	仅有总统对此情况有决定权，议会对此保有相关权利
第二十条	政府决定并执行国家政策，并对议会负责	
第二十一条	总理指挥政府的总体运转	
第三十四条	相比起议会主要在立法方面的权力，政府则主要在事务规范与规章的构建上行使独立责任。	宪法相关事务的决定权还是限于议会权利
第三十八条	政府可以要求议会赋予其权力以利于其在政策执行领域颁布相关法规	加速了政策执行进程，减少议会对执政的干预
第四十九条（第三款）	根据部长委员会的意见，总理以政府名义宣布对某项文本的决议	该条款的使用可能会出现在少数党控制的政府，或多数派在政府部门中较少的情况下

二、法国政治体制对国家安全体制的影响

（一）国家安全体制机制运行以行政权力意志为蓝本

从法国“半总统半议会制”的政治体制可以看出，以总统为核心的行政半径在法国政治生活中具有强烈影响力。《第五共和国宪法》对先前政治体制的变革带来了政党制度、选举制度以及行政权、立法权、司法权等的调整，法国传统左翼、右翼党派在此制度环境下各自获得更广泛的支持，不断巩固政治根基。稳定的政治竞争使政府执政效能和政策连续性得到加强，同时也有助于不同党派利益和政治意志能够在更合理的制度下得到博弈和表达。在国家安全体制方面，可从如下的论述中看出政党、总统、总理、议会对法国国家安全决策的影响。

在强总统、弱议会的体制下，法国政党在权力中心的代表会使得政党利益表达和推行更得力，对国家安全决策有重大影响。正如学者阿利斯戴尔·科勒（Alistair Cole）所说，“如今政党引导着法国政治重心，从战略上、组织上，政党处于一个更有利的地位去解释不断变化的内外政策”。[①] 然而，不同的政府政党格局对其利益的维护和表达则有不同的结果。

总统及所属党派的政治战略在决策中起决定作用。作为总统管辖的专属领域，国家安全与国防事务更高层次地体现于总统及其所属党派的政治立场和政治意志，总统被宪法赋予的保证人、仲裁人和武装统帅者的地位，在国防与安全事务上有着他人不可匹及的话语权和决策权。

在总统与执政党关系上，第五共和国在组织政府方面有两种形式：一是一党单独组织政府，即当某个政党在一个时期处于议会中多数席位；二是多党或政党联盟组织政府，政党在选举中结成同盟，在获得议会多数席位后，进行联合执政。如在戴高乐政府执政初期，为获得在阿尔及利亚问题上的支持，其政党联盟中即包括了中、右政党，但大多数情况下都是左翼政党联盟或右翼政党联盟组织的政府。由此，在“行政双头制”（Dual Executive）下，同样有两种形式，即总统与所在政党成为执政党，政府首脑与国家元首属于同一政治派别；另一种则是执政党与总统属于不同派别，在此情况下，总统须与异党派总理共同治理国家事务。而多数派执政党则会在此前提下通过总理推行本党纲领、路线、方针和政策，总统地位在此则有所削弱。在日常国事方面，总统则需更多顾虑执政党意见和建议，平衡政治利益。即便出现意见相左的情况，总理仍需在总统的高度配合下才能达到政治目的。

从第五共和国戴高乐时期就已形成的传统上看，外交与国防事务是总统管辖的“保留领域”（domaines reserves），在此方面，总统的意见处于核心位置，表现出特立行事风格。例如，在海湾战争爆发时，密特朗曾就法国是否出兵伊拉克问题，直接表达了与议会多

① Jocelyn Evans: *The French Party System*, Manchester University Press, 2003, p. 25.

数派不同的看法，甚至通过媒体否认了对时任外长派出法国军队的决定，而希拉克即使成为“9·11”事件后首访纽约的欧洲领导人，他仍然拒绝出兵攻打伊拉克，表现出独立的外交决策特点，因此，在国家防务与安全政策的战略制定上，总统及以总统为核心的行政权力意志成为最终裁决。

（二）国家安全立法权与决策权的集中化趋势

在总统具有独特话语权的国家安全领域，体系框架及机构、立法的设置均为在其领导下的任务执行，国家安全立法权与决策权呈现集中化特点。在《第五共和国宪法》《国防法》《国防总组织法》等为主体的法国国家安全法律体系下，法国国家安全立法及决策权力主要集中在以总统为核心，以总理府、国防与国家安全委员会、国家情报委员会、限制性国防委员会及最高国防会议为主要代表的国家最高安全决策和咨询机构中。上述机构不仅包括了总统、总理及其政府核心成员、国防部、外交等涉外政府机构决策者，还包括各军种参谋长、国家情报机构、国家军备机构领导成员等，共同形成一个职能相互交叉、链接紧密、分工明确的国家安全责任圈。

在国家安全立法权与决策权的集中化方面，它体现为总统、总理与议会在安全体制与决策中的角色与分工安排。

从总统的角色上看，总统对国家安全兼具有象征性及实质性的责任意义，而总理是执行国家安全政策的重要角色。根据宪法，作为法国对外、对内的最高和正式代表，法国总统是宪法的保证者、仲裁者，保障国家公共权力的正常运转，国家元首的职权由总统单独行使。从第五共和国体制所形成的传统来看，法国总统具有在国家象征及实质上对国家安全的最高责任，其主要表现在：无须副署的紧急处置权。根据宪法第十六条，当国家遭遇严重危难时，总统可以做紧急处置，如宣布战争、发布动员令等特殊命令。作为国家安全事务的最高决策，总统有权根据国家安全需要，在咨询机构及智囊机构等的建议和支持下，组织政府相关部门发起法律、法规的起草和拟订工作，并依其内容遵循不同的发布流程。总统有权签署法令，促成其实施。提请宪法修正及组织公投。根据宪法，法国总统有权发起对宪法的修正。作为总统与民众沟通、增强政府凝聚力的重要渠道，总统还可以就具有重大国家影响力或国际性意义的某项法案或具体事项发起全民公投。总理及重要政府职能机构人员的任命权和建议权，在议会多数支持下，总统可以充分行使政府人事任命权，如总理、重要部门部长及负责人、大使、参议院成员、法国重要机构海外代表、国家附属学术、教育机构领导、国有企业负责人、重要安全机构负责人等。这些人选对总统获取国家安全情报信息、形成国家安全决策、执行国家安全决策行为的重要性不言而喻。作为国家安全的双重维护和保障，总统与政府的职能配合在法国国家安全体制机制中至关重要。

从总理的角度看，总理是执行法国国家安全政策的重要角色。《第五共和国宪法》使总统与政府构成维护法国国家安全的双重屏障。在法国“半总统制半议会制”的国家体制下，总理参与国家安全决策，可以提出安全决策建议，但没有关键领域的决策权与处置权。根据宪法，法国政府有行政处置权和武装指挥权，有权决定并实施国家政策。在国家安全方面，总理的职权主要呈现如下特点：总理单独施行行政决策权空间有限，多与总统的首肯与支持相伴随，且需得到议会多数的拥护。例如，组阁权与确定政府人选上；在部际工作中的领导地位上，其实质上为领导代理权。总理代表行政权力与议会进行协调合作。由于总统与议会沟通程序上受法律所限，总理实质成为总统意志与议会的协调枢纽。除议会外，政府是唯一的立法起草者，然而许多法案、国家重要指导性文件是在总统的推进下由政府执行完成，国家安全领域的众多相关报告、方案等便由总统做最终决策与方向指导，再交与政府部门具体完成。但不可否认的是，在政府部门行政权限的大触角下，总统的决策资讯与情报信息实质上来自政府，政府的创议权与执行权角色得到一定的强化。

议会的角色。在总统与政府的把持下，作为党派及地区利益群体的代表，法国议会在立法、预算及政府监督中的权力弱化，这就使议会难以对国家安全事务进行有效的干预。而随着法国国家安全体制机制的不断完善，行政权力对其垂直部门和机构的管理也不断强化，这也使议会的话语权有限。然而，法国议会对安全事务也会产生重要影响，其行为半径体现在如下方面：一是监督作用。国民议会和参议院所设置的有关国家安全与防务的专门研究小组和相关议员代表可对该领域中事务提起议案，发表观点来影响政府决策，引起社会舆论。议会还可对政府提出质询和弹劾，虽然其程序上必须获得多数通过才能得以执行。这种情况多见于总统与总理分属不同党派时，或该议题的特殊性与紧迫性足以引发社会的强烈共鸣时才有可能发生。二是批准预算权力。政府的财政开支，尤其是军费开支的总量、投入方式、投入比例等均需要得到议会的批准。当然在批准陷入僵局时，政府仍然可以通过发布命令的形式紧急执行部分条款，以免政府出现危机。在此方面，议会的平衡与纠偏的角色不可忽视，其更为多元化的观点有助于社会获取不同的治理视角。三是立法角色。政府有关国家安全和防务的决策推行需要借助国家立法来增强社会稳定性，因此，议会可以通过起草和参与相关法律、法规的制订和修改来影响政府的安全事务。然而，议会若处于政府对立面，政府还是可能通过政治协调、转移立法权限，即通过出台条例、发布命令的方法来推行决议。

（三）国家安全体制机制的体系化发展

2008 年国防与国家安全委员会的成立使法国国家安全体制呈现体系化发展趋势。2008 年 6 月 30 日，法国以萨科齐总统的名义发表了历史上第三份《国防与国家安全白皮书》，为保证国家安全战略顺利和有效实施，法国对总统直接领导的机构进行了调整，成立了多个与国防和国家安全相关的机构，对政府下属的国防部、内政部及其下辖的与国家防务和安全相关的机构进行了改组，强化了其国家安全职能。国防与国家安全委员会成为法国国家安全体制进一步体系化的重要标志。

一方面，机构的调整增强了总统在国家安全问题各领域的决策权，更明确了总统所承担的角色与责任。在国家最高安全决策体制方面，总统按照宪法的规定是国防与国家安全总负责人和最高指挥官，是保障国家安全的权力核心。为了强化其在国家安全上的权力，2008 年法国总统萨科齐在原国土安全委员会（Conseil de Sécurité Intérieur，CSI）和原国防委员会（Conseils de Défense）的基础上成立了国防和国家安全委员会（Conseil de Défense et de Sécurité Nationale，CDSN），从事实上将总统置于国防和国家安全体系的核心位置，而防卫权力之前是由政府总理掌握的。与此同时，国防与国家安全委员会下设的国家情报委员会取代了原来的部际情报委员会，将原属于总理的权力纳入总统囊中。此外，负责最高层面的军事问题决策的限制性国防委员会也由总统担任主席，成为实质上的决策人。

另一方面，2008 年白皮书发布后，法国国家安全机构设置进一步系统化。国家情报委员会在 2008 年合并和改组之后，部际情报协调机制呈集约化发展趋势，在国防部、内政部、财政部等政府部门的各个情报设置成为法国政府具体情报战略的实施机构，如对外安全总局、军事情报局、保护和国防安全局、国内情报中央局、打击非法金融活动情报与行动处理中心等，它们直接负责情报的获取、收集、分析、分发和机构协调工作。在军事体制上，一方面，总统主持限制性国防委员会，研究制定国防重大问题解决方案；另一方面，总理统领的国防部负责组织和调配军队，策划和指挥国内外军事行动，研发军用武器，在紧急情况下保护平民。在应急安全体制上，法国是由中央政府、内政部及各有关专业部门到省级国家专员再到地方政府组成的单线垂直体系。在总理府设有国民安全办公室，协助总理指挥和应对突发事件；在政府内设有警察总局和民防总局，分别负责维护社会秩序和应对自然灾害和人为灾害；政府各部都要负责参与各自领域相关的突发事件的处置。中央政府向地方派驻国家专员，担负指挥和协调工作。具体的应急处置工作由省政府和市政府组织完成。

这些体制从不同的方面对法国所面临的政治、军事、经济、情报等传统领域，以及反恐、武器扩散、网络安全等非传统领域进行安全保护，达到了单个中心、统一调动的更高效管理模式。

第二节　法国的行政决策体制与国家安全决策体制

行政决策体制是政府发挥行政职能的中央组织系统，它在行政决策活动中扮演着关键角色，一国决策体制由其政治体制所决定，但也受经济、社会、文化与科技等因素的影响。行政决策体制是一个信息征集、利益整合、问题解决与行为执行的过程。在庞大的政治系统中，决策中枢的构成、信息咨询系统的利用、执行系统的结构效率和监控机构的设置共同组成行政决策生态系统。正如《法国政府与政治》一书中所说："每个发达民主国家必须面对两个政治性结构问题：政治成员之间的纽带、部门之间的官僚层级及中央政府的总体协调枢纽作用。"① 这也恰好反映了行政决策体制中的复杂关系与内在逻辑。法国的行政决策体制与其政治体制息息相关。在《第五共和国宪法》所构建的"半总统半议会制"下，法国总统成为国家行政决策的核心，在总理、内阁、中央政府各机构的辅佐下，形成总统—内阁混合制的决策中枢机制。② 在法国决策体制中，以总统—内阁为主体，以议会、专业咨询机构、社会压力集团为重要渠道，在决策中枢形成决策方案，并在法国各级行政管理流程得到执行与实施。整个过程在以法国行政法院和宪法委员会为代表的监督机制下得以程序化运行，以此履行完成行政决策任务。

在此行政决策体制下，法国国家安全体制也形成了有别于其他西方国家的特色。安全防务作为总统的保留权力领域，国家安全事务在行政决策过程中行进着一条特殊、敏感，而又有高度弹性的路径。通过对冷战后法国几次重大国家安全与防务政策的考察，法国国家安全体制在新媒体支持下，在不断提升的政治参与度的影响下，在国家安全内涵不断深化、政府视野不断拓展的背景下，较以往更多地增强了信息和人力贡献的吸纳度，其决策更加科学。

一、法国政府行政决策体制

（一）行政决策中枢系统

总统与总统府。《第五共和国宪法》明确规定了总统是国家的仲裁者和保证人，从法律上保证了总统的最高地位。总统有权任免总

① Andrew Knapp, Vincent Wright: *The Government and Politics of France*, New York: Routledge 5th Ed, p. 91.

② 刘峰、舒绍福：《中外行政决策体制比较》，国家行政学院出版社 2008 年版，第 70 页。

理及政府官员，解散国民议会，签署法令、颁布法律和发表咨文，拥有军事、外交、司法权以及其他特殊权力。此外，法国最高行政决策机构——内阁会议也由总统召集和主持，出席内阁会议的成员包括总理、各部部长、总统秘书长等。内阁会议讨论和决定政府的各项重大方针政策，听取部长工作汇报，讨论和通过拟向议会提交的法律草案，讨论和批准限制性部长会议和部际委员会的决议。由于内阁会议不采用投票表决的方式决定讨论事项，因此总统事实上拥有最终决定权，总统成为事实上的国家最高行政首脑，负责重大行政决策并监督其执行，是国家和政府行政的“拱顶石”。

总统府是协助法国总统开展日常工作的主要办事机构，在政府高层决策中起到至关重要的作用，是法国政府的决策中心。因此有人将总统府称为“法国的隐蔽政府”，将总统府官员叫做“真正的超级部长”。总统府设总秘书处、总统府办公厅、私人秘书处、私人军事参谋部四个机构，另外还设有一名总统发言人、三名总统特派员和一名总统特别顾问。总秘书处是总统指导和监督政府各部工作的重要机构，是总统府的核心部门，协助总统完成重大政治性问题，协助协调总统府内各机构的关系。总秘书处下设一名总秘书长、一名秘书长和一名秘书长顾问。总秘书长是总统的“耳目和代言人”，每天与总统直接联系，就各类问题与总理和各部部长进行沟通和磋商。秘书长要出席部长会议和部际委员会会议，准备会议所需的各种资料和文档，为总统决策提供支持。总统办公厅负责总统与外界的联络，处理总统本人及总统府内部的日常管理事务。私人秘书处负责处理总统的个人事务。私人军事参谋部由三军高级军官组成，负责总统的国防事务。

在法国，总秘书长常常被称为“宫廷代理人”，办公厅主任被称为“管家”，总统特别顾问被称为“智囊”，军事参谋被称为“参谋长”。其中总秘书长、办公厅主任和特别顾问被称为拉动总统府运转的“三驾马车”。

总理与总理府。根据宪法，法国总统及其办事机构的权力事实上是大于总理和中央政府的，但是总理和中央政府各部也是行政决策的重要制定主体。总理虽然在重大决策问题上没有最终决定权，但是在重大决议过程中拥有创议权和被咨询权。总理有权提名和建议政府各部部长和国务秘书，可以任免总统权限之外的官员。总理要保证法律的实施，负责执行总统的命令。总理或其指定的部长还要主持部际委员会会议，就涉及政府各部的某些问题为内阁会议准备材料。

总理府是总理的办事机构，下设总理府办公厅、总秘书处和军事办公室。办公厅负责与总统府办公厅保持联系和沟通，监督政府各部的工作，是总理的参谋部和监督部，在政府决策方面发挥重要作用。总秘书处负责准备和传送内阁会议和部际委员会的文件。这些部门都是总理决策的主要助手。

除总理府机构外，中央政府各部也在各自主管的领域承担政策制定和规划行政决策等职责。各部部长在内阁会议上可以提出决策建议、方案等，供总理和总统决策，各部的办公厅也有责任汇总和修改下级机构提交的材料和政策建议，并形成报告，供部长和更高层领导决策。此外，中央政府还设有一些直属的管理机构和咨询机构，负责研究和讨论重要的决策问题，并提出意见和建议。

（二）行政决策信息咨询与执行系统

行政决策信息咨询系统实质是一个复合的信息汇集渠道，它由不同部门、机构乃至团体、个人组成，以其专属领域和议题，通过与决策中枢的各种关系，以定期或不定期形式与决策中枢进行沟通与汇报，从而达到科学决策的目的。然而，各种渠道均反映其本部门的利益和立场，其建议和诉求带有部门倾向性。

离决策中枢最近的咨询渠道则是行政执行者本身，他们以其工作广度和切身经验，以及对决策者实际需求的把握，更能准确地提供决策所需信息与依据。总统府中秘书长、办公厅负责人、总统特别顾问、军事参谋等均会在例行会议与工作接触中负有信息传递的责任。总理府及中央政府成员在此方面的信息渠道则更为常态化。总理府办公厅、总秘书处、军事办公室等是总理决策的主要助手。此外，还有一些直接管辖的机构，如涉及能源、文化、社会等各领域的专门委员会等也是重要专业信息咨询来源。

中央政府内部还有一些专设的咨询机构，成为总理日常决策智库。它们通常会根据行政决策制定的需要，以其专业提供客观公正研究，给予意见和建议实施方法。众多的咨询机构中以其不同领导主体和所属部委加以区分，而行政法院、经济和社会委员会、最高司法委员会、最高国防委员会、最高公职委员会等占据较为重要地位。

与美国智库的高度经济独立性不同，法国智库多为政治资金支持运行，多服务于总统、总理等不同部门，许多还带有左翼与右翼等鲜明政党色彩。在政府和社会团体的支持下，法国咨询机构在20世纪90年代时，已达到近5000个高峰水平。较为著名的有如法国行政学会，它扮演着行政机关的重要参谋与咨询角色，其领导人与政界来往密切，“旋转门”式的发展相当普遍。

如前所述，许多部门与团队、个人不仅担当着信息汇集和咨询者角色，同时也为执行者。中央政府各部门便是重要的政策执行者，以其部、司、处、科、室的层级逐步施行，而中央政府之外的中央机构驻外代表、大区、省、市政等各级行政单位也从纵向上扮演政策的执行角色。

（三）行政决策监控系统

法国有复杂的决策监控系统，这些监控系统可通过其广泛职能间接干预行政决策，从而达到代表民意监督政府的目的。

法国议会是以法国启蒙思想家的三权分立和“主权在民”的理论原则为指导的代议制机构，主要职能是投票通过法律、监督政府行为、评估公共政策。根据宪法，政府及政府首脑代表民意，参与政治需要对议会负责，议会有权对政府行为进行质询，议员可以对政府官员进行书面的正式询问或口头询问，在对政府施政纲领或政策、行为表示不赞同时，议会可以通过否决政府所提交议案，乃至通过对政府的不信任案弹劾政府。在此情况下，总理必须向总统提出政府辞职，但弹劾程序上有着严格限制，在总理所在的多数党派控制下的议会不太可能出现上述情况。

法国议会有着广泛的立法权，而这也是议会最基本的权力和参与国家行政职能的表现。有关自由、个体地位、公司法、社会关系的基本原则、劳动法、国家教育体系、国防、法院组织等几乎所有重要并可能产生政治争议的事项均在议会立法的范围。从程序上看，议会可以提出立法创议、拟定草案、备案，再经所属议题委员会听证与审查，从而纳入会议议程。

此外，议会影响行政决策还体现在对财政权的立法与监督上。对财政立法案的辩论执行特殊程序，其必须在每年十月初提交国民议会审议通过下一年的预算，国会必须在七十天内通过预算案。如果议会未能通过财政法案，政府有权以政府法令的形式实施年度财政预算法案，从而保证来年在征税和公共支出上不致发生阻滞。

除议会外，法国的行政诉讼制度也对行政决策产生了限制。法国行政法院既是政府制定行政决策者，又是制定法律草案的咨询机构，也是受理行政诉讼的终审法院。根据宪法，它可以受理撤销总统和部长会议的命令的诉讼和撤销部长制定的行政条例的诉讼，从而直接影响行政决策。

法国宪法委员会也是行政决策的重要门槛。它以事前审查为主，在行政决策执行前对其合宪性进行审查，作为此类的最高司法机关，其组成人员九人中分别由总统、国民议会和参议院各任命一人，扮演法国宪法守护神的角色。

在行政法纪监督方面，政府督察团是法国特色。它协助政府部长在行政管理、财务会计及经济方面对公务员、部门和机构实施监督，其直属部长领导，有助于提升行政效率与透明度。

二、法国国家安全决策体制

在法国历经的不同政治体制下，国家安全体制的决策与执行体制机制也各有不同。第五共和国至今所确立的“半总统半议会制”被称作为“戴高乐体制”，它既是“戴高乐主义”在政治体制上的表现形式，也是法国民众基于国际安全形势与法国国家发展战略的需求而做出的历史选择。

“法国需要一个强硬、统一的行政当局，它须获得全权授予，并具备掌握后殖民时代国际权力的新能力”，[①] 这是戴高乐主义的现实

① Marcel H. Van Herpen：Chirac's Gaullism：Why France Has Become the Driving Force Behind an Autonomous European Defense Policy，The Romanian Journal of European Affairs，Vol. 4，No. 1，May 2004，pp. 67 – 81.

安全需要，而其四根支柱也是法国国家安全发展战略的明确表达：国防工业自主性、独立的外交政策、独立的核威慑力以及独立的欧洲防务。在此国家安全发展战略的指引下，虽然具体实施政策从戴高乐之后历经调整，但戴高乐时期所确立的法国国家安全决策体制并未发生根本性变化。不可忽视的是，随着冷战的结束与后“9·11”和互联网时代的来临，法国国家安全机构的设置、安全决策职能与权限的划分、安全事务所覆盖的领域与再定义及安全相关法律规制等均进行了较为明显的调整与更新。

2013年法国总统奥朗德上任后发布了其任内首份《国防与国家安全白皮书》，它在2008年前总统萨科齐所发布的白皮书基础上进一步阐释了法国国家安全战略计划在新时代所需达到的目标与要求，同时也是对其前任所确立的新时期法国国家安全决策与执行体制机制的进一步巩固。

以2013年白皮书为蓝本，可以透析法国现今国家安全决策体制的如下特点。

（一）决策依据来源更趋多元化

国家安全战略与国防政策联系紧密，国家安全战略指导国防政策，国防政策是国家安全战略的具体化。因此，国家安全战略是其国防政策的基础和依据，安全决策执行得成功与否在很大程度上又取决于战略上的决策。根据统计，2013年的白皮书起草前所做的咨询准备工作相较前两任有了重大提升，其决策的依据和来源更加多元化。《国防与国家安全白皮书》起草委员会由37名政府官员、军队代表、朝野政党议员和专家学者组成，为广泛征求意见和体现透明度，白皮书起草委员会咨询了21名国际知名人士，同时还专门设立了一个网站，就白皮书涉及的国际形势、国家安全战略、军队建设、国防工业等问题与公众进行了互动，互动量达200万网页，网民提出了7000多条参考意见。相比起来，2008年的白皮书咨询工作也做了20多次深度田野调查，国防及安全机构网页也接受了25万次的访问，然而2013年版《国防与国家安全白皮书》的形成明显做了更多的准备工作。[①]

法国智库在2013年版《国防与国家安全白皮书》的形成中也起了很大的作用。研究人员在分析1994年版本法国国防白皮书中智库贡献度时认为，相较于1994《美国国家安全战略报告》中美国智库成果的利用率，法国白皮书起草委员会中只有一位委员来自智库，且同期有关国家安全战略建议的学术成果相较美国同行来讲也要逊色得多。这或许当时白皮书出台时处于左右共治时期，其报告还需顾虑如何获得更有平衡力的政治认同效果。[②] 而2008年与2013年发布的《国防与国家安全白皮书》中加强了对智库和民间智慧的利用，并明显地在与公众知识分子间的交流上有了更多革新与变化，从而更有利于决策依据来源的多元化。

（二）决策体制之间具有更强的协调性

2008年和2013年《国防与国家安全白皮书》使法国国家安全体制具有更强的协调性。根据2008年法国白皮书提出的设计，正式决定成立国防与国家安全委员会，从而形成了以国防与国家安全委员会为核心，包括内阁会议、国家情报委员会、国防与国家安全总秘书处等国家最高的安全决策和咨询机构在内的国家安全决策体系。同时通过拓展一些政府部门如外交部、内政部、商务部等机构之职能来增强处理国家安全事务的能力，从而构建一个更有利缜密决策、协调高效的国家安全决策机制。

在最高国家安全决策和咨询机构中，由总统直接领导与主持的限制性国防委员会、最高国防会议等安全决策机制也发挥着重要作用。它们之间在具体事务上有众多交叉，组成成员会根据实际问题需要进行不同调整。总统会主持召开限制性国防委会员会议，总理、三军参谋长、各军种参谋长等军方代表会出席会议，参与讨论和决

① 张林初：《法国2013年版〈国防与国家安全白皮书〉评述》，《和平与发展》，2013年第5期，第73—74页。

② Robert Ranquet, "Think Tanks and The National Security Strategy Formulation Process: A Comparison of Current American and French Patterns," *Acquisition Review*, Quarterly Winter 1997, p. 12.

策军事行动应达成的目标、达成目标的计划、军队的部署、保障部队补给的措施等重要军事问题。限制性国防委会员会议有利于协调总统、总理和三军参谋长之间的观点和立场。高级国防会议则由总统任主席，总理、三军参谋长、各军种参谋长及部际情报委员会负责人任其成员。该机构是国防问题咨询机构，主要任务是负责对国防问题进行研究，向国防和国家安全决策机构提供咨询。在国家安全决策机构就重大问题进行决策后，由总理领导政府各部和各机构按照制定好的方针开展各项活动和工作。国防与国家安全委员会的成立有利于解决这两个机构重叠和交叉问题。

（三）国家安全决策体制的时代性

国家安全政策作为敏感性最强的制度领域，其要求决策者时刻理性辨析国际形势风云变幻与时代格局，2013 年《国防与国家安全白皮书》概括了当今法国面临的传统与非传统安全威胁，呈现出了时代性。2013 年《国防与国家安全白皮书》分析了影响当今国际形势和法国传统安全的威胁：持续的金融危机改变了国际力量对比，限制了美国和欧洲的活动余地；中、印、巴等新兴国家继续保持上升势头，美欧国际影响力相对下降；美国推行“亚太再平衡”战略，要求欧洲国家承担更多的对外责任。因此，强国的威胁、弱国的威胁和全球化带来的威胁是法国的三大传统安全挑战。①

与此同时，高新技术的迅速传播、恐怖活动的日益复杂严峻、网络攻击的愈演愈烈及外空攻击的可能性、自然灾害的威胁等众多非传统安全隐患也是法国 2013 年《国防与国家安全白皮书》出台的重要背景。法国安全决策者据此赋予了武装力量三大使命：“威慑、保护、干预”，以及预警、威慑、保护、预防和干预五大战略功能建设，并做出了相应的预算和人员安排，继续核武器现代化计划，大力发展情报侦察能力、高度重视网络空间攻防能力建设，重视特种部队建设，努力加强国防工业等举措。值得注意的是，虽然法国进行了军队裁员，但行政和支援部队裁减人数多于作战部队，特种部

① 张林初：《法国 2013 年版〈国防与国家安全白皮书〉评述》，《和平与发展》2013 年第 5 期，第 74 页。

队、情报和网络安全部门专业人员不降反增，这也是基于安全形势与国家预算所做出的决策。

（四）注重法国决策、欧盟决策与北约决策之间的平衡

二战后，法国与美欧合作经历了由结盟至半分离状态，再到有条件地合作过程，而其中最深刻的动因是由于法国对防务决策权的异议和国际安全形势的变化。不可否认的是，美欧防务的深度合作为欧盟国家提供了安全保障，然而法国与欧洲的安全独立性也受到了诸多牵制。为此，法国在戴高乐上台后做出了退出北约军事一体化机构的决定，并奋起发展独立的核力量。同时法国也开始大力推进欧洲一体化建设和欧洲独立防务建设，法国便始终是欧盟共同安全与防务政策（ESDP）的积极推动者，其安全决策也相应地向欧洲防务整体性靠拢。这当然也与英国倾向于维护英美特殊关系、德国由于战败国的身份而在地缘政治上有利于法国有关。

萨科齐就任总统后，法国国家安全战略导向发生了较大的变化，明确表示有条件地重返北约，开始在防务上寻求法国决策、欧盟决策与北约决策之间的平衡。法国颁布的2008年《国防与国家安全白皮书》描述了法国国家安全战略新定位，不仅体现出法国对国际安全威胁认知的本质变化，还表明法国需要新的应对办法，主要是谋求与北约的合作和进一步推进欧盟防务。在与北约合作中，法国一方面坚持进一步推进欧洲共同安全与防务政策，坚持法国的独立决策权与指挥能力。法国总统萨科齐是北约峰会的关键角色，他代表法国对北约未来发展规划提出意见，对关键项目与盟军展开谈判和沟通，平衡本国和盟军间的利益，并争取在北约中获得更多的影响力。2009年，盟军转型司令部（Allied Command Transformation，ACT）高级指挥官的职位授予法国将军阿布瑞尔，其可直接向北约秘书长汇报，主要负责盟军理念发展、培训军力、筹备军事资源。此外，他还负责推广及执行智慧防务计划（smart defense)，因此法国得以参与到制定盟军未来发展计划和战略构建当中。2009年以来，为响应北约的机构改革方案，法国已在北约战略制定、行政事务管理方面发挥了重要作用。如将北约机构从14个精减至3个，预计节约预算20%，2013年裁减人员约35%，并辅助协调2016年北约总部搬迁

事宜。[①] 而法国在北约军事指挥机构的广泛接触无疑也使法国为欧洲增强了代表性。正如法国所说，北约和欧盟不是一对竞争者，而是互补的关系。

在推进欧盟共同安全与防务政策上，法国力争在确定欧盟安全与防务政策的目标制定、安全防务政策机制与能力建设中发挥先导和主力作用。在欧盟安全合作决策机制上，法国与英国共同主导和参与构建最高常设工作机构政治和安全委员会，并建议分别设立了军事和民事的管理委员会：欧盟军事委员会（Comite Militaire de L'Union Europeene），民事危机管理委员会（Committee for Civilian Aspects of Crisis Management，Civcom）。在欧盟防务能力建设方面，法国也力争占据主导决策并采取以法德为轴心，争取英国合作的策略。如在战术部队（Groupe Tactique）、欧洲军团（L'Eurocorps）和欧洲海军部队等防务力量的建设上。此外，法国除了军事决策和布署外，还特别指明分享情报信息的必要性。虽然法国在萨科齐上台后采取进一步加入北约的步伐，但其仍然将更多的重心放在欧盟机制上，并认为这是抵御外部威胁最好的工具。法国国家安全战略使人感到北约虽然是法国的防务同盟，但欧盟在法国战略中扮演关键角色。[②]

目前，法国虽然回归北约，但其仍然不是北约核控集团（The Nuclear Planning Group，NPG）成员，[③] 作为拥有世界上仅次于美、俄的第三大核武库，根据历届白皮书和军备计划，继续依靠独立的核威慑力量，维护法国的切身利益是法国一贯坚持的防务红线，它不仅是与美国相抗衡的重要砝码，更是争取欧洲未来的战略地位，塑造有利法国的地缘格局的主要资本。

---

① 参见法国国防部网站有关法国防务合作的信息，http：//www. defense. gouv. fr/portail-defense/international2/cooperation-de-defense。（访问时间：2015 年 10 月 22 日）

② Fabio Liberti and Camille Blain，"France's National Security Strategy"（Working Paper），Elcano Royal Institute，March，2011，p. 9.

③ 北约核控组是北约核政策的决策与管理机构，除法国声明自愿放弃成员国资格外，其他北约成员国均加入了该机构。http：//www. nato. int/cps/en/natohq/topics_50069. htm？selectedLocale = en。（访问时间：2015 年 10 月 22 日）

第三节　法国国家安全法律体系

随着国家安全内涵由政治、军事领域向经济、社会、环境、通信、物流等领域的延伸，法国国家安全法律体系也在不断拓展。法国形成了以宪法为根本大法，以《国防法》《国防总组织法》《国内安全法》《军事计划法》等国家安全法律为主体，以《军事司法》《国民兵役法》《海关法》《能源法》等多部涉及国家安全问题的法律、法规，以《北大西洋公约》和参与加入的欧盟共同安全与防务相关国际条约等为国际安全法律支撑的国家安全法律体系。

一、《宪法》

法国在历史上制定过多部宪法，其中影响比较大的有《1793 年法国宪法》、《1848 年法国宪法》和《1958 年法国宪法》，即法国现行的《第五共和国宪法》。《第五共和国宪法》历经多次修订，它是法国的根本大法，从多方面阐述了保证国家安全的责任主体和办法。在第五条规定了“共和国总统是国家独立、领土完整和遵守共同体协定与条约的保证人”①；第十五条规定：“共和国总统是军队的统帅。总统主持最高国防会议和国防委员会”②；第十六条规定：“如果共和国的制度、国家独立、领土完整或者国际义务的履行受到严重的、直接的威胁时，以及宪法上规定的公共权力机构的正常活动受到阻碍时，共和国总统在正式咨询总理、议会两院议长和宪法委

① Article 5 Titre II Constitution du 4 octobre 1958. http://www.legifrance.gouv.fr/affichTexte.do; jsessionid = EAF05096C769DC65B58F98467A35E2BC.tpdila15v_3? cidTexte = JORFTEXT000000571356&dateTexte = 20151022.（访问时间：2015 年 10 月 22 日）

② Article 15 Titre II Constitution du 4 octobre 1958. http://www.legifrance.gouv.fr/affichTexte.do; jsessionid = EAF05096C769DC65B58F98467A35E2BC.tpdila15v_3? cidTexte = JORFTEXT000000571356&dateTexte = 20151022.（访问时间：2015 年 10 月 22 日）

员会后，根据形势采取必要的措施”①；第二十条规定：“政府掌管行政部门和武装力量”②；第三十五条规定：“宣战必须经过议会批准”③；第三十六条规定：“戒严令由内阁会议宣布。戒严超过十二日时，须经议会批准”④。这些条款对于国防和国家安全做出了原则性的规定，为制定具体法律保障国家安全，组织具体机构来制定和执行国家安全政策提供了法律依据和保证。

二、《国防法》

法国当前的《国防法》是2004年12月20日根据第2004—1374号法令制定，于2005年12月12日由第2005—1550号法律修订并批准的。《国防法》是除宪法之外最基本的有关国防和军事的法律，它界定了国防的概念和内容，规定了法国国防领导体制、武装力量构成、兵役制度、公民的国防义务及行为准侧、战争和紧急状态的定义与实施、军事审判等内容。因此，《国防法》是法国军事体系运作的重要法律之一。⑤

---

① Article 16 Titre II Constitution du 4 octobre 1958. http：//www. legifrance. gouv. fr/affichTexte. do；jsessionid = EAF05096C769DC65B58F98467A35E2BC. tpdila15v_3？cidTexte = JORFTEXT000000571356&dateTexte = 20151022. （访问时间：2015年10月22日）

② Article 20 Titre II Constitution du 4 octobre 1958. http：//www. legifrance. gouv. fr/affichTexte. do；jsessionid = EAF05096C769DC65B58F98467A35E2BC. tpdila15v_3？cidTexte = JORFTEXT000000571356&dateTexte = 20151022. （访问时间：2015年10月22日）

③ Article 35 Titre V Constitution du 4 octobre 1958. http：//www. legifrance. gouv. fr/affichTexte. do；jsessionid = EAF05096C769DC65B58F98467A35E2BC. tpdila15v_3？cidTexte = JORFTEXT000000571356&dateTexte = 20151022. （访问时间：2015年10月22日）

④ Article 36 Titre V Constitution du 4 octobre 1958. http：//www. legifrance. gouv. fr/affichTexte. do；jsessionid = EAF05096C769DC65B58F98467A35E2BC. tpdila15v_3？cidTexte = JORFTEXT000000571356&dateTexte = 20151022. （访问时间：2015年10月22日）

⑤ Code de la défense. http：//www. legifrance. gouv. fr/affichCode. do？cidTexte = LEGITEXT000006071307&dateTexte = 20151022. （访问时间：2015年10月22日）

三、《国防总组织法》

法国现行的国防体制是在 1959 年 1 月 7 日制定的《国防总组织法》（Ordonnance n°59 - 147 du 7 janvier 1959 Portant Organisation Générale de la Defense）的基础上建立起来的，因此，这部法律是法国最基本的关于军事组织运作的国防法律，现行的《国防总组织法》在 1959 年版本的基础上根据国际形势以及国防和军队建设的发展变化进行了多次修改，并于 2007 年 4 月 24 日再次更新。该法阐述了法国国防的目标、决策和领导体制、确定了领土的防区设置、军事指挥系统、军队应征和全国总动员的方法等与国防息息相关的内容。①

四、《国内安全法》

2012 年 6 月 21 日生效、2014 年 1 月 1 日修订的《国内安全法》（Code de la Sécurité Intérieure）阐述了安全是个人和集体机构应该享有的最基本权利，法国有义务保护国家利益、维护社会稳定、保障国民的人身和财产安全。国家和地方的警察、国民宪兵队、消防队以及其他机关有义务按照法律要求保护国民和机构的安全，及时提供有关信息，使其免受意外、自然灾害、动乱、恐怖袭击的威胁和伤害。②

五、《国民兵役法》

现行的《国民兵役法》于 2015 年 8 月 7 日最后修订完成，它是

---

① Ordonnance n°59 - 147 du 7 janvier 1959 portant organisation générale de la défense. http：//www. legifrance. gouv. fr/affichSarde. do? reprise = true&page = 1&idSarde = SARDOBJT000007104681&ordre = null&nature = null&g = ls. （访问时间：2015 年 10 月 22 日）

② Code de la sécurité intérieure. http：//www. legifrance. gouv. fr/affichCode. do? cidTexte = LEGITEXT000025503132&idSectionTA = &dateTexte = 20150209. （访问时间：2015 年 10 月 22 日）

在整合2006年法国有关《国民义务兵役法令》（Décret n° 2006－838 du 12 juillet 2006 relatif au service civil volontaire）和2010年关于《国民兵役法》（Loi n° 2010－241 du 10 mars 2010 relative au service civique）基础上另行而成。它规定，保卫国家安全、维护国家领土和主权完整是法国公民的职责，因此符合年龄条件的男女公民都可以报名参军，为法国国家安全服务。该法系统规定了征兵制度，包括征兵条件、军事教育、服役内容、服役年限、军事处罚、免服役条件等内容。法国在1996年取消了和平时期的义务兵役制，在2001年12月全面实行志愿兵役制。法国修订《国民兵役法》的目的是谋求建立高效的、职业化的国民志愿兵役制。法国军队职业化是适应国际上建立现代化高质量军队的形势发展需要，有利于控制军事人员数量和压缩军事开支，有利于延长军事人员的服役时间，保持军队较高的作战水平。①

六、《反恐法》

法国对中东地区以及伊斯兰世界的立场使得其国土和国民多次成为国际恐怖主义组织的袭击对象。为应对恐怖事件，1986年法国在中东遭遇恐怖袭击后不久通过了第一部反恐法——1986年9月2日颁布的《第86—1020号法案》，该法在2012年12月23日进行修订。这部法律没有定义什么是恐怖主义，但是将某些国家针对法国进行的一些犯罪行为定义为恐怖主义行为和活动并纳入打击范围，规定了法国执法部门可以采取的应对措施等。根据国际形势和反恐

① Code du service national. http：//www. legifrance. gouv. fr/affichCode. do; jsessionid = E58CEF816735A06521A61265FA9104F4. tpdila12v_2? cidTexte = LEGITEXT000006071335&dateTexte = 20150211.（访问时间：2015年10月22日）Décret n° 2006－838 du 12 juillet 2006 relatif au service civil volontaire, http：//legifrance. gouv. fr/affichTexte. do? cidTexte = JORFTEXT000000268266& dateTexte = &categorieLien = id.（访问时间：2015年10月22日）；LOI n° 2010－241 du 10 mars 2010 relative au service civique（1）. http：//legifrance. gouv. fr/affichTexte. do? cidTexte = JORFTEXT000021954325&dateTexte = &categorieLien = id. （访问时间：2015年10月22日）

斗争的变化，法国又陆续颁布了三部法律以打击恐怖主义活动，这三部法律分别是1996年7月22日颁布的《第96—647号法案》、2001年11月15日的《第2001—1062号法案》和2006年1月23日的《第2006—64号法案》。①

七、《军事计划法》

作为法国国防领域最为重要的定期性法律规划之一，《军事计划法》（Loi Programmation Militaire）为法国每五年制定的中期军事计划法案，军事计划在提交议会审查、投票并通过后形成法律，被称为《军事计划法》。二战后，《军事计划法》成为法国国防工业发展最具影响力的一种国家立法。它确定一段时期内法国防务政策的主要方向，并以此落实相应的包括武器装备的研制与生产等工作，决定着法国国防工业与技术的发展方向和规模。根据2008年法国《国防与国家安全白皮书》，法国出台了冷战后第五个《军事计划法（2009—2014）》。目前最新的则是根据2013年《国防与国家安全白皮书》所制定的第六个《军事计划法（2014—2019）》。②

八、其他国家安全相关法律

除以上关于国家安全与防务的法律之外，法国还有其他众多涉及国家安全相关问题的法律规范。首先，在军事和国防领域中，如

① Loi n° 2006－64 du 23 janvier 2006 relative à la lutte contre le terrorisme et portant dispositions diverses relatives à la sécurité et aux contrôles frontaliers, http：//www. legifrance. gouv. fr/affichTexte. do；jsessionid = F22E57E9E60FC46CF426A9FDEE57DE36. tpdila15v _ 1&dateTexte = ？ cidTexte = JORFTEXT000000454124&categorieLien = cid.（访问时间：2015年10月22日）

② LOI n° 2015－917 du 28 juillet 2015 actualisant la programmation militaire pour les années 2015 à 2019 et portant diverses dispositions concernant la défense (1). http：//www. legifrance. gouv. fr/affichSarde. do？ reprise = true&page = 1&idSarde = SARDOBJT000007104769&ordre = null&nature = null&g = ls.（访问时间：2015年10月22日）

《军事司法典》（Code de justice militaire），[①] 它规定了战时及平时的军事法庭运转、军事司法程序等问题。其他的还有《国防通信法》《军事交通法》《征用法》等。其次，在刑法及相关法方面，《刑事法典》（Code pénal）第四卷明确指出危害国家安全与和平罪行，其中第一编、第二编分别对侵犯国家根本利益如叛国、间谍行为及恐怖主义行为进行定义和解释，以及相应处理办法。[②]《刑事诉讼法》则是打击危害国家安全相关犯罪案件的程序法依据。最后，还有其他涉及国家安全的敏感领域所制定的相关法律条文也为维护国家安全提供了法律依据，如《海关法》（Code des douanes）[③]，其第十二编第六章第四节中对走私行为进行规范，相对应的还有《海事刑事法则》（Code disciplinaire et pénal de la marine marchande）[④]；《外国人入境、居住与避难法》（Code de l'entrée et du séjour des étrangers et du droit d'asile）中有关在法国境内不合程序的居留要求及刑事犯罪行为而受驱逐的情形与难民身份的认定和避难措施也成为防护国家安全的重要条文；[⑤]《环境法典》（Code de l'environnement）中第一卷第二编第五章对核项目使用的安全信息透明度做了规定，第二卷第一编中对某些涉国家安全和国防机密的领域进行规定。[⑥]《能源法》

---

① Code de justice militaire，http：//www. legifrance. gouv. fr/affichCode. do? cidTexte = LEGITEXT000006071360&dateTexte = 20150209.（访问时间：2015 年 10 月 22 日）

② Code pénal，http：//www. legifrance. gouv. fr/affichCode. do? cidTexte = LEGITEXT000006070719&dateTexte = 20150209.（访问时间：2015 年 10 月 22 日）

③ Code des douanes. http：//www. legifrance. gouv. fr/affichCode. do? cidTexte = LEGITEXT000006071570&dateTexte = 20150209.（访问时间：2015 年 10 月 22 日）

④ Code disciplinaire et pénal de la marine marchande. http：//www. legifrance. gouv. fr/affichCode. do? cidTexte = LEGITEXT000006071188&dateTexte = 20150209.（访问时间：2015 年 10 月 22 日）

⑤ Code de l'entrée et du séjour des étrangers et du droit d'asile. http：//www. legifrance. gouv. fr/affichCode. do? cidTexte = LEGITEXT000006070158&dateTexte = 20150209.（访问时间：2015 年 10 月 22 日）

⑥ Code de l'environnement. http：//www. legifrance. gouv. fr/affichCode. do? cidTexte = LEGITEXT000006074220&dateTexte = 20150209.（访问时间：2015 年 10 月 22 日）

（Code de l'énergie）第四编中国家在能源事务中的角色，如合理分配国家能源资源等，并在国家紧急情况或国防所需情况下对能源资源的调动与管理等。[①]

九、国际条约

作为安理会常任理事国之一，法国有着广泛的国际机制建设参与度。在其国家安全利益指导下，法国在二战后通过参与组建联合国，并利用联合国等国际机制实现并维护自身国际权益。在欧洲安全问题上，一方面加入北大西洋公约组织获得战后修复发展空间；另一方面，独立发展核威慑力量，在与德、英合作下逐渐主导构建欧洲自身的防务力量。在此背景下，法国通过参与一系列的国际条约，实现了有利的安全外围环境。

1949 年 4 月所签订的《北大西洋公约》[②] 为法国提供了一个以美、欧为主体的集体安全机制，外来势力对公约组织中任意一国的攻击，便视为对整体的威胁。20 世纪 90 年代，法国先后通过《阿姆斯特丹条约》《马斯特里赫特条约》[③] 等具有欧盟整体法律效力建构，逐渐形成并发展了欧盟共同外交与安全政策（CFSP），建设欧盟自身的独立防务力量，并得到有效实施。1968 年 6 月，法国签署《核武器不扩散条约》,[④] 与国际社会一同防止核扩散，推动核裁军和促进和平利用核能的国际合作。1993 年 1 月签署《禁止化学武器

---

① Code de l'énergie. http：//www. legifrance. gouv. fr/affichCode. do? cidTexte = LEGITEXT000023983208&dateTexte = 20150209.（访问时间：2015 年 10 月 22 日）

② LE TRAITé DE L'ATLANTIQUE NORD. HTTP：//WWW. NATO. INT/CPS/FR/NATOLIVE/OFFICIAL_TEXTS_17120. HTM.（访问时间：2015 年 10 月 22 日）

③ 参见法国所参与的欧盟主要立法文件：http：//eur-lex. europa. eu/summary/chapter/institutional_ affairs. html? root _ default = SUM _ 1 _ CODED% 3D01，SUM_2 _ CODED% 3D0101，SUM _ 3 _ CODED% 3D010102，SUM _ 4 _ CODED% 3D01010201&locale = en.（访问时间：2015 年 10 月 22 日）

④ Décret n°92 - 1019 du 21 septembre 1992 portant publication du traité sur la non-prolifération des armes nucléaires，fait à Washington，Londres et Moscou le 1er juillet 1968. http：//www. legifrance. gouv. fr/affichTexte. do? cidTexte = JORFTEXT000000177813.（访问时间：2015 年 10 月 22 日）

公约》,[①] 推动彻底销毁大规模杀伤性武器。

除防务外，法国也通过一系列的国际法律实现对民众安全与发展利益的维护，如：1948 年签署的《世界人权宣言》、1950 年签署的《欧洲人权公约》、1967 年签署的《日内瓦难民议定书》等。此外，法国还加入了众多环境保护国际公约，从而为自身环境安全构筑一道集体防线，如 1985 年签署的《维也纳联合国保护臭氧层公约》、1992 年签署的《联合国气候变化公约》、1992 年签署的《里约保护生物多样性公约》等。[②]

第四节　法国国家安全体制的构成与分类

法国的国际安全体制的结构主要由国家最高安全决策和咨询机构、情报机构、军事防务机构、应急安全机构等组成。其中最高安全决策和咨询机构大多由总统管控，而情报机构、军事防务机构、应急安全机构基本由政府总理掌握。

一、总统与国家安全机构

法国宪法第五条规定“共和国总统是国家独立、领土完整和遵守共同体协定与条约的保证人”，第十五条规定“总统是军队的统帅(Chef des Armées)”，负责“主持最高国防会议和国防委员会”。总统是通过国防部和三军参谋部对全国武装力量实施领导和指挥。因此，总统在法律上是国防与国家安全总负责人和最高指挥官，是保障国家安全的权力核心。

---

① Décret n°97 – 325 du 8 avril 1997 portant publication de la Convention sur l'interdiction de la mise au point, de la fabrication, du stockage et de l'emploi des armes chimiques et sur leur destruction (ensemble trois annexes), faite à Paris le 13 janvier 1993 http: //www. legifrance. gouv. fr/affichTexte. do? cidTexte = JORFTEXT000000382653.（访问时间：2015 年 10 月 22 日）

② 上述相关国际条约文件请参见：http: //www. legifrance. gouv. fr/Droit-international/Traites.（访问时间：2015 年 10 月 23 日）

(一) 国防和国家安全委员会

为实现2008年的《国防与国家安全白皮书》所提出的国防和国家安全战略，法国内阁会议在2009年12月24日通过法案，[①] 成立了国防和国家安全委员会（Conseil de défense et de sécurité nationale），以取代宪法第十五条规定的原国防委员会。该委员会的主席由共和国总统担任，负责所有与国防和国家安全相关的事务。国防和国家安全委员会的主要职责是制定国防和国家安全战略方针，具体包括军事策划、核威慑、海外军事干预，以及国际和国内层面的危机管理。它还负责国土安全方针的制定，包括应对恐怖主义和其他威胁国家安全的事务。

该委员会可以应总统的要求召集总理、外交部、国防部、内政部、财政部、预算部，以及其他所需要的政府部门的部长召开全体会议，也可以根据需要召开针对情报和核武器等专业问题的限制会议。该委员会可以根据不同的需要（危机管理、情报、核危机等）召集不同的机构组成会议，例如国防委员会、国家情报委员会等。国防和国家安全委员会的组织和秘书工作由设在总理府的国防和国家安全总秘书处负责。

由于委员会的主席由总统担任，且总统负责所有与国防和国际安全相关的事务，因此这事实上就将总统置于国防和国家安全体系的核心位置，而防务这一权力之前是由政府总理来掌握的。造成这种权力变化的原因是安全和防卫之间界线已经变得十分模糊，从而使得总统和总理的传统分工发生变化，而安全威胁的复杂性越来越大，也使得相应的职责和权力逐渐向总统靠拢。

---

① Décret n° 2009 – 1657 du 24 décembre 2009 relatif au conseil de défense et de sécurité nationale et au secrétariat général de la défense et de la sécurité nationale. http：//www. legifrance. gouv. fr/affichTexte. do？ cidTexte = JORFTEXT000021533568&dateTexte = vig.（访问时间：2015年10月23日）

(二) 国家情报委员会①

按照《国防与国家安全白皮书》对情报工作的要求，国家情报委员会（Conseil National du Renseignement，CNR）根据2008年7月23日《第2009—1657号法案》成立，它是隶属于国防与国家安全委员会的一个专门委员会。根据《国防法》第1122—6条的规定，该委员会的任务是负责为法国各大情报机构制定整体方针，设定工作目标和首要任务，协调法国各情报部门的工作，规划情报部门所需的人力和技术资源。

国家情报委员会的主席是共和国总统，其他成员包括政府总理、部长、各个情报部门的主管，以及国家情报协调员（Coordonnateur National du Renseignement）。根据《国防与国家安全白皮书》的要求，“国家情报协调员是总统掌控情报的入口”。委员会内的专家都来自相关政府各部，包括外交部、国防部、内政部、经济部、预算部，以及情报和反间谍部门。

国家情报委员会取代了设在原国防总秘书处（Secrétariat Général de la Défense National，SGDN）的部际情报委员会（Comité interministériel du renseignement，CIR），而后者属于总理的职责范围。

国家情报委员会下设另外一个专业机构是核军备委员会（Conseil des Armements Nucléaires），它负责在总统的指挥下制定核威慑理论和设计战略方针，其他参与人包括总理、国防部长、三军总参谋长、国家军备主管、原子能委员中负责军事的主管。

国家情报委员会和国家情报协调员的设立增强了总统直接掌握国内外情报和信息的能力，加强了预测和应对安全威胁的能力。

(三) 限制性国防委员会

限制性国防委员会（Conseil Restreint）由法国总统担任主席，

① Sous-section 2：Conseil national du renseignement，http：//www.legifrance.gouv.fr/affichCode.do；jsessionid = 1B4BDDDC4C8E852C1E142951BF49757A.tpdila20v _ 1？cidTexte = LEGITEXT000006071307&idSectionTA = LEGISCTA000021544340&dateTexte = 20151022&categorieLien = id#LEGISCTA000021544340.（访问时间：2015年10月23日）

总理及其指定人员，以及三军总参谋长和各军种参谋长为其成员。其主要负责军事问题的决策，包括军事行动的目标、作战计划、军队的部署、后勤保障方案等。①

(四) 最高国防会议

最高国防会议由法国总统担任主席，总理、三军总参谋长和各军种参谋长、国家情报协调员，以及部分高级将领和官员为其成员。其主要职能是研究国防重大问题，为国防决策提供咨询，其实际作用不大。②

上述四个部门为国家最高安全决策和咨询机构，由总统直接领导和掌控，其决策、协调和咨询的都是事关国家安全的最重大的事项，而具体的安全决议由以下一些主要由总理牵头的机构贯彻和执行。

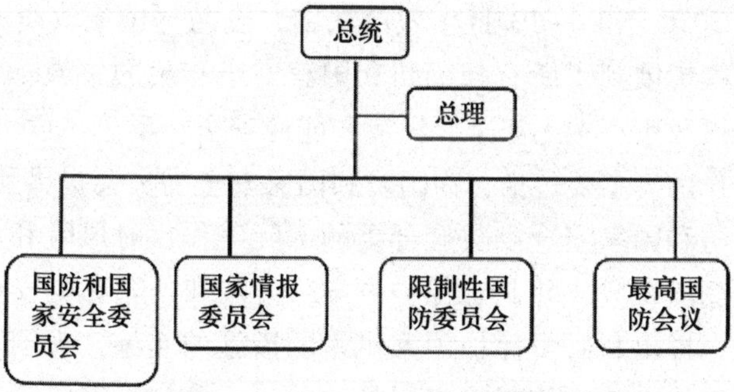

图 9－1　总统与国家安全机构③

① Décret n° 2009－1657 du 24 décembre 2009 relatif au conseil de défense et de sécurité nationale et au secrétariat général de la défense et de la sécurité nationale, http：//www. legifrance. gouv. fr/affichCodeArticle. do；jsessionid = D645E3795F3DDDA817E99AF2F27682C7. tpdila20v_1？idArticle = LEGIARTI000021544346&cidTexte = LEGITEXT000006071307&dateTexte = 20151022.（访问时间：2015 年 10 月 23 日）

② 同上。

③ 根据相关职能机构设置制图。

二、总理与国家安全机构

（一）国防与国家安全总秘书处

国防与国家安全总秘书处（Secrétariat Général de la Défense et de la Sécurité Nationale，SGDSN）的前身是国防总秘书处（Secrétariat Général à la Défense Mationale，SGDN），它的服务对象是政府总理，协助其履行国防和国家安全职责。总秘书处约有350名固定员工和1亿欧元的预算。总秘书处为国防与国家安全委员会提供秘书服务，它同政府总秘书处、欧洲事务总秘书处一道成为政府总理在部门间协调政府行动的重要机构。

国防与国家安全总秘书处负责协调和监督与相关政府部委建立的工作组的工作，这些部委包括：国防部、外交部、内政部、司法部、经济部、财务部、工业部、健康部、研究和交通部。

根据2010年1月13日生效的法案，国防与国家安全总秘书处的工作范围扩展到了所有与国防和国家安全相关的领域，如军事行动、核威慑政策、本土安全、经济和能源安全、反恐、危机处置等。其具体工作内容主要包括：为国防和国家安全委员会提供秘书服务，协调与国防和国家安全委员会部委的部际工作，对风险和威胁进行评估，预测潜在威胁并制定保护方案，追踪和处置影响安全环境的危机事件，提出和监督保护国家机密的措施的实施，为国家情报协调员提供工作支持，控制军事用品的出口，参与国家安全问题的解决，防止大规模杀伤性武器扩散，提出和实施保障信息网络安全的政府政策，加强政府网络安全，防御网络攻击等。

国防与国家安全总秘书处通过其学科专长推动国家和政府高层进行国防和国家安全的策划和实施。国防与国家安全总秘书处下设多个与安全相关的机构，包括国防和国家安全秘书处，国际、战略和技术事务局，国土保护和安全局，国家信息系统安全局和两个智库：国防高等研究院（Institut des Hautes Études de Défense Nationale，IHEDN）以及安全和司法高级研究院（Institut National des Hautes Études de la Sécurité et de la Justice，INHESJ）。

国防和国家安全秘书处（Secrétariat pour le Conseil de Défense et

de Sécurité Nationale，SCDSN），协助秘书长准备国防和国家安全委员会的会议，监督委员会决议的执行，确保相关政府部门之间的有效沟通和协调。①

国际、战略和技术事务局（Direction des Affaires Internationales，Stratégiques et Technologiques，AIST）负责从政治层面处理和解决国际问题、防止武器扩散，以及武器装备的出口控制。它还负责准备国家安全委员会的会议，并监督委员会决议的执行。

国土保护和安全局（Direction de la Protection et de la Sécurité de l'Etat，PSE）的主要任务是分析国内外风险和威胁，制定防范和保护政策，以便国家能够在政府层面应对国土内外的危机，进行部际协调，以保护法国领土和民众的安全。

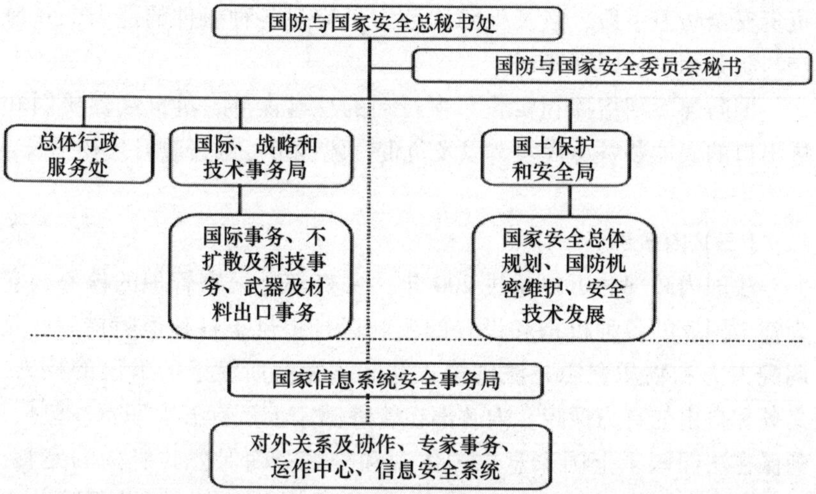

图9－2　国防与国家安全总秘书处结构②

国家信息系统安全局（Agence Nationale de la Sécurité des Systèmes

① 刘胜湘等：《世界主要国家安全体制机制研究》，北京：经济科学出版社2018年版，第400页。

② 根据国防与国家安全总秘书处总体架构编译，http：//www. sgdsn. gouv. fr/site_rubrique88. html。（访问时间：2015年10月23日）

d'Information）负责实施预防和反制网络攻击、网络恐怖主义、网络战争。它由来自全国的安全和信息系统领域的专家网络组成。

（二）国防部

国防部（Ministère de la Défense）历经多次更名，最终于1974年将名字确定为国防及退伍军人服务部（简称国防部），致力于执行2008年《国防与国家安全白皮书》所列的五大战略任务。因此，法国国防部的主要职责是确保领土完整、国民安全和国家利益不受外来侵犯。在总理的授权下，国防部负责组织、调配海陆空三军、预备役部队以及其他武装部队，策划和指挥国内外军事行动，组织和研制军用武器等。国防部设国防部长，负责筹备和实施政府总理制定的国防政策，对议会负责。除了负责三军的组织和管理外，它还负责安全防卫手段，以及保障武装力量应对各种事件的能力，并参与与防务相关的国际谈判。

国防部下辖指挥和实施军事行动的总参谋部、负责武器研制和进出口的武器装备总代表，以及负责一般性事务的行政管理秘书长。

（三）内政部

法国内政部的历史超过200年，一直都是国家管理的核心，它为整个国家的各种机构和设置的顺利运行提供了各种保障措施。其调配人力和物质资源是法国第五共和国宪法所赋予的人民的权力、义务和自由的有力保障。内政部在管理国家上负有五大职责，包括：确保在法国国土上国家意志的体现和维系；确保公共机构的完整；确保在分散管理体制下地方政府的本地自由和职责；强化保障公众自由权利的履行；防范公共风险、瘟疫以及任何可能造成冲突后果的事情。上述职责由内政部下属的各个部门完成。其中与维护国家安全相关的部门包括国家警察总局、国民宪兵队，以及策划指挥部、部际危机管理中心等其他专门成立的机构。

1. 警察总局

1995年出台的保障国民安全的法律和政策要求法国的警察要将保护国家安全作为其工作重点，而2002年制定的保护国土安全的指导和规划法案再次强调了其此方面的职责。在维护公共安全和和平方面，法国警察要确保与安全相关的法律得到有效地执行，保护公民人身和财产安全，防止扰乱公共秩序和安宁的事情；在情报和获取方面，要确保政府能够获取能够用于识别和防范可能会破坏公共秩序和设施、威胁国家主权和利益的信息和情报。

为此，法国警察总局下面设立了一些机构专门应对安全问题，例如反恐协调处和国内中央情报局。反恐协调处（L'Unité de Coordination de la Lutte Antiterroriste，UCLAT）由国家警察总长直接领导，其成员来自国家警察总局和国民宪兵队各部门。该处于 1984 年 10 月 4 日成立，目的是协调所有与反恐相关的部门和服务。通过与国家警察总局内部的国内中央情报局、对外安全总局，以及国民宪兵队的反恐办公室和海关总署紧密合作，每日进行收集和分析与恐怖主义相关的信息和情报。同时共享来自所有与反恐的相关政府部门、民间和军方的行动信息。国内中央情报局（Direction Centrale du Renseignement Intérieur，DCRI）负责防范和打击发生在法国本土上的、由外国政府或机构发动或支持的威胁国家安全的事件。法国国内中央情报局号称“法国的联邦调查局”，是通过合并原国土监视局（Direction de la Surveillance du Territoire，DST）和通用情报总局（Direction Centrale des Renseignements Généraux，RG）而来，于 2008 年 7 月 1 日开始运行。国内情报总局包括 1 个总部和 8 个分局。

2. 国民宪兵队

国民宪兵队，是法国武装力量的一支，被称为“第四军种”，由法国陆军最早的一个团演变过来，有 100 多年的历史。自 2009 年起根据《第 2009—971 号法案》其管理权从法国国防部转到了法国内政部，现负责全国 95% 地区的治安工作。国民宪兵队的两个主要职责包括担任军事警察和维护社会治安。在军事警察职责方面，它主要负责预防和打击军人的犯罪活动、进行战争动员、管理预备役部队，参与军事行动、保卫重要人员安全等；在维护社会治安职责方面，主要负责维护农村和偏远地区的社会安定、调查和侦破刑事案件、收集社会治安情报、维护交通安全等。由于从军队体制转过来，国民宪兵队保留了一些军队的特色，比如国民宪兵仍保留有军人身份，入伍训练和人员管理、纪律等方面仍然采用军队模式，仍会执行一些带有军事色彩的内部和外部行动。

3. 策划指挥部

策划指挥部由内政部总秘书处指挥，负责规划设计国土保护计划、平民保护、信息系统安全、国内经济情报、管理防卫和安全区。它负责公共秩序和城市紧急状况的应急策划。它还负责协调和拟定内政部起草反恐保护计划。

4. 部际危机管理中心

该中心设在位于巴黎的内政部，负责为内政部提供强化的中央对内部危机的部际危机管理能力。这个新建立的中心将允许在具体行动中调集警察、宪兵队和城市安全部队，以应对重大的危机。其优势是能够将所有与危机相关的部门（例如卫生部或者交通部）集中到一起，这样每个相关的部门就能够管理自己网络的同时与其他部门保持长期联系。

（四）其他国家安全机构

法国除了成立相应的机构应对传统意义上的国家安全威胁外，还成立了其他机构以强化危机管理，主要包括外部危机管理行动中心、欧洲城市保护行动中心和国家呼叫中心。外部危机管理行动中心能够让外交和欧洲事务部处置国外危机，而不论这种危机的本质是什么样的。欧洲城市保护行动中心的建立不仅是为了与欧盟成员国之间的信息交换，而且有助于保护和管理欧洲城市。国家呼叫中心是在危机发生期间向民众解释有关事件发生的原因和发布一般和有针对性的信息，在必要的时候回答民众问题以缓解大众的焦虑。

综上所述，总统与以总理为核心的政府形成了法国国家安全事务的决策与执行圈层。总统以及其直接领导的几大主要决策机构是国家安全事务的权威，它直接主导着法国安全战略与政策的形成，以总理为核心的政府及其主要成员参与决策并执行决策。总统与总理的参与半径有着众多的交叉，在某些重要的高级别部门会议或应对临时突发事务组成的安全小组中，总统也会直接参与指挥，而总理也广泛参与了总统主导的安全决策机构会议，并成为政策制定的主要成员之一。

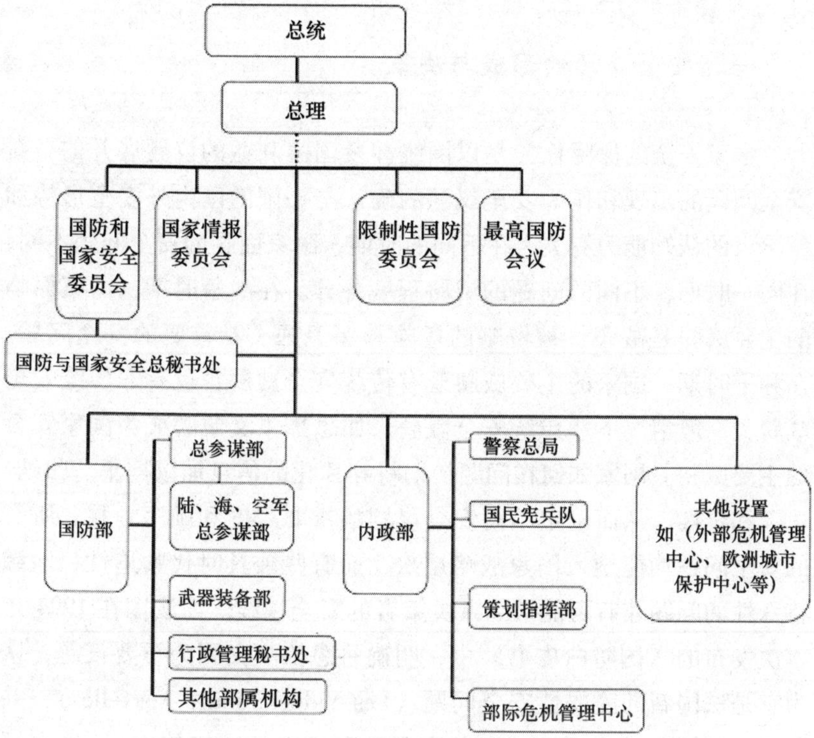

图9－3　法国主要国家安全机构设置①

第五节　法国国家安全体制的运行机制

法国国家安全体制的运行以总统为核心，以总理、部长及其领导的政府为半径，经历安全议题的形成、目标的制定、方案的设计、评估、生效与执行等一系列过程，其决策系统、情报系统、智囊系统、执行系统、监督系统相互衔接，组成一个完整的运行流程。

① 根据上述主要安全职能机构设置制图。

一、安全议题的形成与决策

国家安全的保障任务是以围绕涉及国家利益的议题展开的。新安全问题的出现和作为安全议题的确认与一国的国内外安全形势和领导人的认知能力有关。在不同的时期，国家面临的安全问题不同，在同一时期，不同的问题的威胁程度各异。在战争时期，国家面临的主要威胁是战争，被侵略的危险和保卫国土是首要的安全问题。在和平时期，国家的主要威胁既有传统安全威胁，也有非传统安全威胁，一般情况下非传统安全威胁，如恐怖主义威胁成为国家安全的主要威胁。国家如何在问题初期将碎片化的信息加以搜集、归纳、思考和定性，从而确定不同安全议题的重要程度和顺序。并非所有的安全问题均能纳入国家战略层次，而有些独具时代紧迫性、地缘特殊性的问题才有可能被纳入决策者的安全视线。如法国在1994年首次发布的《国防白皮书》中，明确将恐怖主义列为重要议题，认为它是法国新的脆弱性安全问题（Les Vulnerabilities Nouvelles），并分析了其惯有的表现形式、危害程度和应对的法律依据。① 事实证明，恐怖主义至今一直是法国面临的主要安全威胁。

国家安全议题的形成与国家的安全机构有关。在法国，主要安全机构有国防部、内政部、国防与国家安全委员会、国防与国家安全委员会总秘书处、国防与国家安全咨询委员会、国家情报委员会、国内情报总局和部际危机管理中心等。国家安全议题的提出一般由情报机构整理出来，来自不同机构的情报机构将情报信息交给上级主管部门，如国防部、内政部、外交部、国防与国家安全委员会总秘书处、部际危机管理中心等。一些议题在本部门就可以做出决策，一些重大议题需要交给国防与国家安全委员会讨论，做出最终决策。

除了上述及前文所列的国家安全机构的分类中所提及的常设机构外，法国执政者还会通过不定期、不定点的面谈、会议、报告等形式与各自所需的信息渠道人员进行沟通。随着国家安全问题的日

① Livre Blanc Sur La Denfense, 1994, pp. 17 – 18.

益复杂性，一些职能部门越来越多地参与决策咨询，共同谋划安全对策。通过这些方式，不同安全议题得以汇总，最终在国防与国家安全委员会形成决策。

二、安全目标的确定与方案的设计

安全议题的确定通常是一国对于一段时期内对国家安全构成重大威胁、具有全局性的问题给予的目标指向。冷战期间，法国习惯于国家安全事务问题交由国防委员会来处理，外交部、商务部等外事机构配合。1994 年《国防白皮书》虽然综合性概括了众多国家安全议题，但其仍然以“国防白皮书”为题，传统安全仍是其认为的主要安全威胁。2008 年《国防与国家安全白皮书》发布，才将国家安全与国防问题相并列。在国家安全目标的确定与设计上，与法国最高决策者的任期有很大关系。总体上看，法国决策者十分重视安全目标的设计与规划。如在军事方面，法国国防部以远景规划、长期规划和中期规划为阶段周期，分别制定 30 年、15 年及 5 年的国防与军事规划，包括未来的地缘战略、战争和技术、各武装部队的主要任务、优先考虑的战事和达到目的所必须的主要手段等。它们均以制定时所依托的宏观时代特点、国内政治力量的主导政策为背景，并依其改变做出相应的调整。如五年一期的中期规划便会形成《军事计划法》，并提交议会讨论通过执行，但若出现政府更迭或“左右共治”现象，其目标更改和调整便成为重要的政治议题。

在决策中心圈，目标的确定和设计需要综合考虑其可行性、可替代性、方案的多样性、不同目标之间的独立性等系列问题。在流程上，由于法国总统是国家权力的中心，是国家安全的保证人，也是国家武装力量的最高统帅，因此他是法国国家安全体制运行的核心。在讨论和决定涉及国家安全的重大问题时，总统会召集总理及外交部、国防部、内政部、财政部等部部长以及国防总秘书处秘书长、三军参谋长、各军种参谋长、武器装备部部长、总统府秘书长、总统特别参谋长等，召开国防与国家安全委员会会议，在会上讨论和制定针对这些重大问题的解决方案，然后将这些重大问题的解决方案提交至最高决策机构——内阁会议进行讨论和决定。而在涉及军事安全问题时，总统会主持召开由总理、三军参谋长、各军种参谋长等军方代表出席的限制性国防委员会会议，讨论和决策军事行动应达成的目标、达成目标的计划、军队的部署、保障部队补给的措施等重要的军事问题。

三、战略方案的颁布与安全政策的出台

国家安全战略与政策通常有较高的保密性要求，不涉及保密部分会公开发布，而涉及情报的获取等某些敏感的保密内容不会公开，但依程序均会以会议纪录、札记等文字和录音、视频等资料作为内部档案，再根据国家相关法律在一定时期之后对解密文件进行公开。法国国家安全战略方案与政策的颁布、生效，依其执行范围和性质有不同的途径：

一是只需通过行政机构颁布生效，无需立法机构进行审查。该类文件属于政策导向性，并不具有强制法律效力，仅具有政策示范意义，它不会以法案形式出现。如国防白皮书，直接由总统、总理签署，国防部发布，以其为主要蓝本，再来制定具体执行法规。

二是由行政机构或法案提起者制定，经议会批准后再由行政首长颁布。它一般是具有法律效应的关于对法律法规的修订、某些具体问题的措施、执行办法等的议题，不会随着政府的更迭而出现更改。如对宪法中某些涉及国家安全议题的条款更改或增加、删减；军费的划拨、国家安全开支的预算、国家重大军事防务变动等。

三是行政法规的颁布。根据法国宪法第 38 条的规定，政府为执行其施政纲领，可以请求议会授权自己在一定期限内以法令的方式采取通常隶属于法律范围的措施。而法令在经过立法机关批准前属于行政法规。法国宪法第 74 条第 1 款规定，法令如果在颁布后的 18 个月内没有被议会通过，则丧失其效力。

四是行政条例的颁布。法国行政条例的颁布由不同的机构实施，包括共和国总统或总理令、部际条例或部委条例、由国家外派机构（总督、市长等）或地方当局（市、省、大区）做出的决定等。行政条例在隶属于立法机关的范围以外作出，或者按照法律的规定对法律的执行加以规定。法律与法规必须告知民众方具有强制力。根

据法国民法典第1条，法规在官方公报上颁布的次日生效。在紧急情况下，法律根据颁布条例的规定于颁布当日生效。

五是法国参与的国际条约。在与国家安全相关国际条约上，根据法国宪法第55条的规定，法国已经批准的国际条约优于国内法律。因此，行政法官和司法法官对与国际条约相抵触的法律不予执行。①

四、安全决策的执行与调整

2013年法国《国防与国家安全白皮书》对新环境下的法国国家安全地理优先性进行了调整，将其从地缘政治的角度对其安全问题重要性进行了排序，位于首要地位的是法国国家主权及领土安全，保障国家功能的连续性。而欧洲、北大西洋的利益关系紧随其后。再者是欧洲周边环境的稳定。位于之后的则是中东、波斯湾区域，而印度洋、亚洲、南美则位于最后。这是法国对其安全利益进行解析后做出的最新调整。法国国家安全决策的执行需要以此为准则。

在法国国家安全决策机构就重大问题进行决策后，由总理领导政府各部和各机构即按照制定好的方针开展各项活动和工作。国防部负责组织、调配军队和预备役部队以及其他武装部队，收集军事情报，采用安全防卫手段和军事行动，应对各种安全事件和突发事件。内政部按照国家安全政策通过调动警察、国民宪兵队、情报机构、应急响应机构的力量，积极防范和处理公共风险、自然灾害、瘟疫、恐怖主义活动以及任何可能造成严重冲突和社会不稳的事件。专职的情报机构负责国际、国内的军事、经济情报的收集，为最高决策层的军事和安全决策提供背景、预警信息，为执行层面的机构提供行动参考信息。

局势的变化、执行者的能力等会对国家安全政策的执行效果和执行进程产生影响，决策者通过对政策效果的评估，需及时做出是否进一步实行原计划的决定，或进行适当调整。通常来看，在非战

---

① 《法国的法律制度》，http：//www. legifrance. gouv. fr/Traductions/zh/node_2134。（访问时间：2015年10月23日）

争时期及当一国国内或其盟友、伙伴国乃至其利益攸关区域内未发生严重公共威胁性事件情况下，其安全战略与政策发生重大改变的可能性很小。因为政策变化需要国家主流政治力量、广大民众乃至国际社会的支持，会有一定的安全风险，甚至会波及一国的政治稳定。因此，一般情况下，执政者只会对国家安全政策在较合适的范围内进行微调。但在不同的时代背景下，其国家安全战略会根据威胁的不同做出战略性调整。如法国在国家安全与防务的战略功能上，1972 年、1994 年及 2008 年三次对国防白皮书的描述有很大的差异，1972 年版将“威慑”（deterrence）功能置于首位，而 1994 年则将“干预”（intervention）功能放于突出地位，2008 年版文本则将“智慧安全与科学预判”（knowledge and anticipation）作为五大功能之首要。① 虽然以上三项功能均出现在历次的国家安全目标中，但国际背

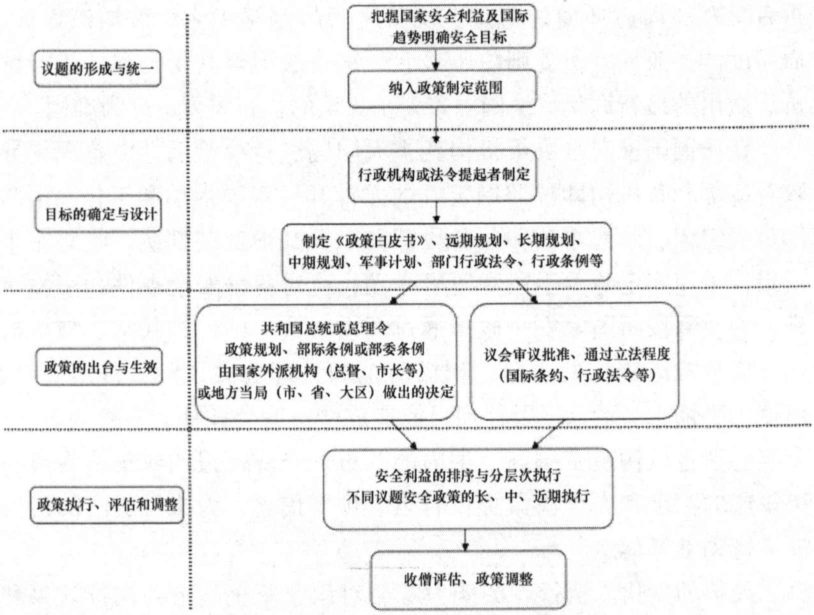

图 9－4　法国国家安全机制运行流程②

① “The French White Paper on defence and national security 2008”.

② 根据上述机构与运行流程制图。

景及国家战略的不同使国家安全的首要任务发生变化。“威慑”主要是应对冷战时东西方关系的复杂情况，而“干预”显示出法国在冷战后所面临的种族、领土争端、政权更迭、局部战争等众多的国际问题。“智慧安全与科学预判”则是互联网科技更发达时代对情报获取、信息分析、科学考量的更高要求，它将战略目标从先前的热战思维转移到后核时代全方位的综合安全思维。

第十章 德国政治体制与国家安全体制

联邦德国，即德意志联邦共和国，其国家政体为议会共和制，国家结构形式为联邦制，实行具有间接性和代表性的民主共和制。德国是一个法治国家，采取三权分立原则，设立联邦议会、联邦政府和联邦司法机关来分别承担立法权、行政权和司法权的任务。[①] 在政党制度上，德国实行多党制。在选举制度上，德国实行两次投票制选举制度。德国在第二次世界大战后确定了以宪法为立国基本的国家政治体制原则。1948 年 9 月，西占区协商议会[②]起草《基本法》，筹建西德。1949 年 5 月，《德意志联邦共和国基本法》获准通过。1949 年 9 月，依《基本法》原则选举产生的第一届联邦政府成立，德意志联邦共和国正式建立。1990 年 10 月，两德实现统一，统一后的德国仍然沿用《基本法》的各项原则。[③]《基本法》奠定了西德以及后来统一的联邦德国的国家政治制度的基础。本章将具体分析德国的政治体制与国家安全体制及其相互关系。

---

① 吴志成:《当代各国政治体制——德国和瑞士》，兰州：兰州大学出版社 1998 年版，第 47 页。

② 法西斯德国投降后，苏、美、英、法分区占领德国，美、英、法三国占领区合并后统称作“西部占领区”。1948 年 9 月，西占区一些资产阶级政党代表在当局支持下组建“协商议会”，筹备建立西德。

③ 赵玉霞、韩金峰:《外国政治制度史》，青岛出版社 1998 年版，第 342—343 页。

第一节　德国政治体制与决策体制

与大部分西方国家一样，德国的政治体制建立在民主共和观念的基础上，因此其政治体制设计和运行充分体现了西方式民主原则，在决策机制上深受“三权分立”思想和多党制的影响。

一、德国政治体制的构成

德国政治体制的构成。狭义上讲，德国的政治体制就是由联邦政府、联邦议会和和联邦司法构成的国家体制。广义上讲，德国政治体制由联邦总统、联邦总理领导下的内阁政府、联邦议会、司法体制和政党体制构成。联邦总统为国家元首，是国家权力的象征代表，由联邦议会选举产生。德国在政权组织形式上，采取“三权分立”的原则，设立联邦议会、联邦政府和联邦司法机关，三者分别行使立法权、行政权和司法权。联邦行政机构是指在联邦总理领导下的内阁政府（包括各部部长）以及联邦行政管理机构。联邦议会由联邦议院和联邦参议院组成。联邦宪法法院是联邦最高司法机关。德国政治体制构成，参见图 10－1。

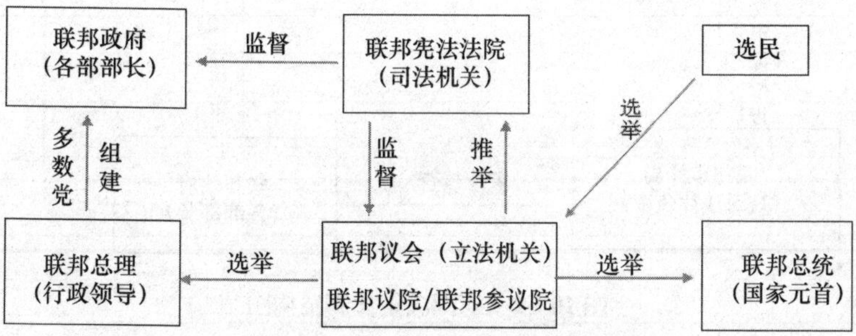

图 10－1　德国政治体制构成图

二、德国决策体制的结构

“政治决策体制是国家政治体制的重要组成部分，它不等同于国家的政治体制，更多地体现为一种操作机制和运行机制。其实质是国家权力机关对政治系统具有全局性和根本性的重大利益关系所做的一种调整和规范。”①

联邦政府是决策体制的核心，在实际意义上发挥着领导国家决策方向的作用，而联邦政府则又是在以联邦总理为中心的联邦内阁领导下维持运转的，因此联邦总理才是决策体制核心中的核心。但联邦总理的产生需要联邦总统提名，并经由联邦议会投票选举产生，国家决策的权力通过议会选举这样的方式从联邦议院交由联邦总理手中，联邦议院可以通过“建设性不信任投票”② 来否定现任政府。与此同时，联邦政府的决策权力还会受到来自联邦宪法法院以及联邦政府内部机构的监督。因此，德国决策体制的结构实际上深受德国政治体制结构的影响，并且体现出鲜明的分权制衡的特色。德国决策体制的结构，参见图 10－2。

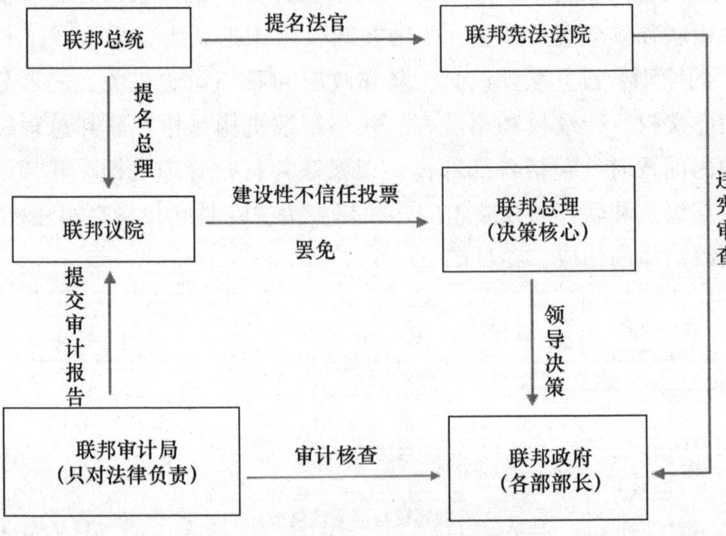

图 10－2　德国决策体制结构图

① 俞可平：《决策科学化民主化的制度基础——以西方发达国家的决策机制为例》，《2002 中国经济特区论坛：现代化建设中的体制问题学术研讨会论文集》，深圳大学中国经济特区研究中心 2002 年版，第 363 页。

② 关于“建设性不信任投票”的具体内容可以参见马啸原：《西方政治制度史》，北京：高等教育出版社 2000 年版，第 321 页。

第二节　德国的政治体制对决策体制的影响

联邦德国和其他西方国家一样实行的是三权分立制度，其立法权、行政权和司法权相互独立并相互制约，行政权是三权的核心，这对其决策体制具有决定性影响。德国也是多党制国家，由不同政党轮流执政，无论是执政还是在野，其政党体制都影响着其决策体制。

一、德国的三权分立体制与决策体制

1. 德国的三权分立制。《基本法》规定了国家机构设置采取三权分立的原则，“即国家的权力分别由相互独立、相互制约、相互平衡的立法、行政和司法机构行使。”① 联邦议院和联邦参议院承担立法的主要任务；联邦政府和联邦总理担负行政权；属于宪法方面的司法权归属联邦宪法法院。德国三权分立体制结构，参见图 10－3。

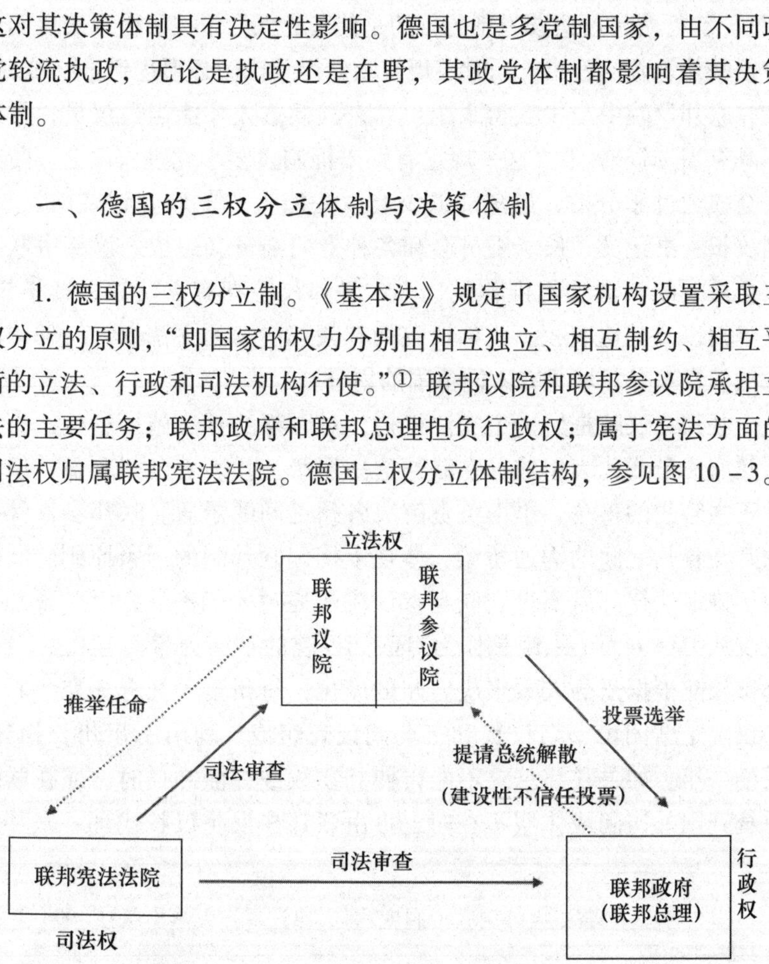

图 10－3　德国三权分立体制结构图

① 储敏伟、孙敏：《德国税制》，北京：中国财政经济出版社 2004 年版，第 20 页。

联邦议院，是德国最高的立法机构。联邦议院的议员选举采取多数代表选举制和比例代表选举制相混合的做法：将议院50%的议席分配给各单一选区，另外50%的议席按政党得票比例进行分配，每位选民需要进行两次投票。选民第一次投票直接选举选区候选人，得票多者当选；第二次投票采取间接选举的方法，政党先提出候选人名单，选民只对政党投票，投票按各党得票比例对议席进行分配[①]。实行两次投票选举制的目的是使各党派尽量按照得票的比例来分得联邦议院的席位。同时还规定政党得票比例必须达到总数的5%或在联邦议院中至少获得3个议席，其候选人才能当选议员，否则不具有当选资格。[②]“这一规定有助于抑制过多小党进入议会，防止议会权力过于分散，避免降低议会立法能力。”[③] 联邦议院由议长、副议长、书记员、长老委员会和各种专门委员会组成。议长由联邦议会最大的议会党团推荐候选人。联邦议院拥有立法权、选举权、监督权以及其他职权。联邦议院拥有联邦法案的立法权，与各州的立法权在事务领域上有不同范围的划分。

联邦参议院是另一个立法机构，对联邦的立法施加影响，由各州政府成员或代表组成，在联邦这一层级上代表着各州利益，但它并不主管州的事务，也不负责解决各州之间的矛盾。联邦参议院是联邦与各州之间的沟通桥梁，体现了德国联邦制的国家原则。同时由于许多法律都需要得到联邦参议院的通过才能确立，因此联邦参议院从另一方面上来说是作为对联邦议院的平衡力量而存在的。[④]联邦参议院根据州的人数来决定州的席位，每州至少拥有3票。联邦参议院主席团由一名议长和三名副议长组成，均由一州州长担任，任期一年。如果联邦总统不能行使其职权或提前卸任时，或在联邦总统到国外访问或休假不在时，将由联邦参议院议长代理。联邦参

① 李晨棻、谭融：《外国政治制度》，天津：南开大学出版社1998年版，第198—199页。

② 蒋锐：《德国现行选举制度及其特点》，《德国研究》2012年第2期，第24页。

③ 张千帆：《西方宪政体系（下册）欧洲宪法》，北京：中国政法大学出版社2005年版，第258—259页。

④ 吕耀坤：《德国政治制度》，北京：时事出版社1997年版，第70页。

议院设立各种专业委员会承担主要工作，并与联邦政府各部门主管范围的分工相吻合。①

联邦宪法法院是最高司法机构，是德国唯一有解释《基本法》权力的最高法院，它主要的职责是根据《基本法》原则判断某项法律法规是否违宪，联邦议院通过的法律一旦涉及违宪，联邦宪法法院也有权宣布其无效。联邦宪法法院所做的判决为不可上诉的终审判决，对联邦和各州的一切立法机关和行政机关均具有约束力。联邦宪法法院共有16名法官，由联邦议院和联邦参议院各推选一半，联邦总统任命，任期12年。联邦宪法法院设院长和副院长，由联邦议院和联邦参议院轮流选举产生。②

德国实行联邦制，国家机构的设置也分为联邦机构和州机构两个系统，州一级也设立州议会，州政府以及州宪法法院，自成一套完整的体系，两个系统均是完整存在的并相互独立。在联邦和州两个层次上均实行三权分立体制。

2. 德国的三权分立制对其决策体制的影响。根据《基本法》规定，德国是民主制国家，遵行“主权在民”原则，国家的主权属于全体公民，人民行使国家权力的方式是参加联邦议院选举，选出自身的代表，即采取“间接民主”的形式行使权力。因此，德国国家的权力并不由人民直接来行使的，而是通过立法、司法和行政这种特别的机构来实现的。③德国的政治决策机制主体不是人民本身，而是由人民选举的议会代表成员组成的联邦大会与联邦议院，然后由他们选举出联邦总统和联邦总理，代行国家职权。德国人民将国家的职权划分为立法、行政和司法三权，分属联邦议院、联邦政府和联邦宪法法院。联邦总理领导的联邦政府是德国政府决策体制的主体，联邦政府和联邦宪法法院以不同的形式影响德国政府的决策

① 陈志斌：《德国政体教程》，上海：华东师范大学出版社2007年版，第365页。

② 张新平：《世界各国政治制度概论》，兰州：兰州大学出版社2006年版，第162页。

③ 唐晓等：《当代西方国家政治制度（修订版）》，北京：世界知识出版社2005年版，第38页。

机制。

根据《基本法》，德国的立法权与行政权均被置于法律之下，接受宪法的制约和监督。人民将立法权和行政权交予联邦议院执行，联邦议院通过选举产生联邦总理，联邦总理负责组建联邦政府，通过这样间接的方式，联邦议院将人民赋予的行政权下放给联邦政府，并对联邦政府形成监督，一旦联邦议院认为现任联邦政府失职，联邦议院可以通过“建设性的不信任投票”迫使总理下台从而推翻联邦政府。当然对于双方来说，“建设性不信任投票”是一把双刃剑，联邦总理也可以提请联邦总统解散联邦议会。[①] 联邦议院与联邦政府均受到联邦宪法法院的约束，后者通过违宪审查达到对前两者的监督，但是联邦宪法法院的法官则由联邦参议院与联邦议院选举产生，从而形成了立法机关对于司法机关的制约和监督。由此可以看出，在德国“只有立法机构可以制定法律，只有执行机构可以实施法律，只有法官可以做出判决。执行机构不仅受制于法律本身，而且其很多行动必须遵守立法机关设定的权限，但立法机关的权力又会受到司法部门的限制。”[②] 德国政治决策机制的三个主体在职能设立上具有鲜明的分权特色。

德国的政治决策体制很好地贯彻了三权分立的原则，能够有效抵制权力的滥用同时协调好政府决策，但也像其他实行分权的民主制国家一样，必然会面对分权所带来的行政效率上的牺牲。[③] 如上文所述，德国的行政机构不具有立法权限，政府官员的行政决策一旦引起争议，必须通过司法审判才能获得最终解决。这样审慎的态度当然可以有效地保证宪法的权威，但无疑也会降低行政决策效率。

---

① 崔英楠:《德国政党依法执政的理论与实践》，北京：中国社会科学出版社2009年版，第61页。

② Dvaid P. Currie, “Separation of Powers in the Federal Republic of Germany,” *The American Journal of Comparative Law*, Volume 41, Issue 2, Spring 1993, pp. 202 – 203.

③ Ibid., p. 259.

二、德国的行政体制与决策体制

德国的行政体制。根据《基本法》规定，联邦总统担负国家元首职责，联邦德国的行政权主要由联邦总理及其领导联邦政府承担。

联邦总统，德国国家元首，但只作为国家权力象征代表存在而不具有实权，被称作是虚位元首。联邦总统由联邦会议经过讨论选举产生。联邦总统在任职期内不得在政府、联邦议院或州议会里担任任何职务，也不能从事任何其他事务。任期五年，可连任一次。"德国联邦总统主要职责是公开的、礼节性的工作和社会活动，作为德国国家元首，具有重要的精神和道义影响力。"①

联邦总理，是联邦政府的行政首脑，由联邦总统提名，联邦议会选举产生，联邦总理拥有组阁权，并提名各部部长。通过组建联邦政府，联邦议会将行政权赋予了联邦总理。联邦总理是国家最高行政领导人，是国家大政方针的最终决策者，内阁政府以总理为核心。②联邦总理可以改组政府，撤销或任命新的部长。联邦总理通过内阁委员会领导联邦各部，并通过设置各个专门问题委员会来制定国家政策，如联邦安全委员在安全决策方面发挥着核心作用。

联邦政府，也叫联邦内阁，是以联邦总理为首的德国的最高国家行政机关，由联邦总理和联邦各部部长组成。联邦政府的职责主要是治理国家，决定整个国家的大政方针，体现着德国人民的政治意志。联邦政府的行政管理机构由联邦各部、各部下设的联邦机构以及联邦审计局组成。联邦各部一方面是政府的辅助机构，另一方面也是法律及依据法律做出的政治决策的执行机关，各个机构各司其职，其中联邦审计局独立于联邦政府，只对法律负责，"其职责是审查联邦预算、检查联邦机构和联邦行政管理机构在资金使用方面是否符合宪法规定，并且有义务向联邦立法机构提供证明政府并不

① 吴志成：《当代各国政治体制——德国和瑞士》，兰州：兰州大学出版社 1998 年版，第 69 页。

② 俞行：《联邦德国政府制度的特点》，《西欧研究》，1990 年第 1 期，第 25 页。

存在问题的材料。”①

德国的行政体制对其决策体制的影响。联邦总统对国家决策体制不产生影响，决策的最终权力掌握在内阁总理手中。联邦总理作为联邦政府的首脑，在实际意义上承担着政府决策的职责，如果说政府内阁是德国政府的核心，那么联邦德国总理就是核心中的核心。联邦德国政府决策中那些事关国家全局的重大决策都由联邦总理领导的内阁会议作出。“内阁对各部提出的立法建议和政策规划等先进行集体讨论，然后进行表决，以多数决定原则确定决策，但实际上重大决策一般都取决于总理的态度。”②一些主要部长也参与政府的决策，不同的部长参与与其职务相应的政策决策，参与决策核心部长一般包括财政部长、外交部长、内政部长、国防部长、经济合作与发展部长、司法部长等。部长在参与决策的同时，还需要在最后由总理确定的大政方针的指导下管理好自己的部门。部长的助手在日常决策事务中发挥不了太大作用，联邦德国部一级的决策多由部长发挥主导作用。

联邦总理在决策中的主要助手是总理府。总理府掌握和处理各方面的情报信息，协调各部工作，并检查和监督各部政策执行的情况。在德国政府内部设有行政决策咨询机构，其中最著名的是“五贤人委员会”。该委员会的任务是定期鉴定总体经济形势及其可以预见的发展，该委员会还向所有负责经济政策的主管机构和公众舆论提供咨询服务。③

由此可见，德国行政体制具有决策和执行两方面的功能，因此，其行政体制包含并决定了其决策体制。联邦总理在联邦政府决策的体制中发挥着领导作用，同时也担负着联邦政府全部的政治责任，总理即代表整个政府。如果议会批评某个部长的政策也就意味着批

---

① 吴志成：《当代各国政治体制——德国和瑞士》，兰州大学出版社 1998 年版，第 84 页。

② 杨百揆编：《现代西方国家政治体制研究》，北京：春秋出版社 1988 年版，第 231 页。

③ 张宏儒主编：《二十世纪世界各国大事全书》，北京：时事出版社 1993 年版，第 827 页。

评总理。总理担负全部的政府权责也意味着政府决策的高度一致性，不再出现为争夺行政权而影响政治决策的局面，减少了政府内部的摩擦，提高了政府的行政效率。

三、德国的政党体制与决策体制

“政党是由社会中一部分人组成，代表着特定社会群体成员的利益，旨在夺取或维护公共权力的政治组织，……在维护自身利益的行动中也在社会政治生活、国家事务和整体运作等方面发挥了重要的作用。”① 联邦德国《基本法》认为，政党是作为人民与国家意志之间的桥梁而存在的。② 1967 年 7 月 24 日，联邦德国第一部试图解决政党政治问题的法律——《政党法》在联邦议院获得通过。这是世界上第一部政党法，目的是贯彻《基本法》第 21 条对政党规范的精神，是德国所有政党的行为准则。德国实行多党制，由获得议会多数席位的一个或多个政党单独或联合执政，一般都由联邦议院的两大政党之一，或与其他政党共同组成执政联盟。

联邦议院中的两大政党为社会民主党和基督教民主联盟，其与姐妹党巴伐利亚基督教社会联盟属于同一个议会党团（以下简称三者为“社民党、基民盟、基社盟”）。基民盟和基社盟一直是德国政坛的主流角色，在联邦议会中两者共同组成一个党团，因此也被叫做联盟党，又因其代表色为黑色，也被称为黑党。而社民党则是德国现存最古老的政党，也是最大的政党之一，其代表色为红色，又被称为红党。近年来社民党发生党内分裂，严重影响其党派地位。在战后，两大政党轮流执政，自由民主党成为社民党、基民盟—基社盟之外的另一股政党势力，但是自绿党成立以来，尤其是在 1998 年绿党与社民党建立执政联盟并组建政府以后，绿党已经取代自民

---

① 顾俊礼：《列国志——德国》，北京：社会科学文献出版社 2007 年版，第 143 页。

② 《德意志联邦共和国基本法》第二十一条第一款：“政党应参与人民政见之形成”。转引自李占荣：《宪法的观念世界》，杭州：浙江大学出版社 2009 年版，第 156 页。

党成为真正意义上德国议院的第三大政党势力，自民党的政治地位则不断下滑。而由原东德地区民社党与社民党分裂出来的劳动社会正义党合并而成的左派党则成为德国第五大政党，其他党派多排斥和左派党结盟[①]。此外，还有极右的国家民主党，主张退出欧元区的德国选择党以及迎合年轻人的德国海盗党等规模极小的党派组织。

德国现行的政党制度主要吸取了其历史上两方面的教训：一是魏玛政府时期党派林立导致内阁政府更迭频繁；二是法西斯主义时期一党专政的恐怖独裁统治。这两种极端的情况都给德国社会带来严重损害。政党数量过多或者过少都会影响国家政治决策，造成社会的不稳定。德国的政党体制自两德统一后经历了从“两个半政党制”到“流动五党制”的变化，并由此进入了一个新的阶段，曾经占据议会优势地位的两大全民党（联盟党和社民党）现在不得不与原先只能仰视他们的“小党派们”平起平坐，这无疑显示了德国民众的政治倾向与政党格局之间的关系及影响。[②]政党体制的变化主要在于民众对于多元化与个性化的政治需求的渴望，而新出现的政党及其候选人所倡导的政策则恰恰反映了这样的社会思潮。[③] 当然应对现实思潮和社会需要的政策并不一定都会为政党带来正效应，例如，施罗德政府所提出的福利改革方案最终导致了社民党政府的垮台。

各政党得票比例的变化印证了人民对于各政党政策的支持度，而议院各政党席位的分配则代表着该党执政的可能性。民众通过投票决定议员，议员通过投票决定总理，从而使得票多数的政党代表着人民的意愿完成组阁，执掌政府制定国家政策。默克尔四次担任德国总理，这无疑反映出选民对于她以及她所代表政党的执政能力的认可，尤其是在国际金融危机爆发以后，默克尔政府积极有效的救助政策在德国得到了民众的广泛好评。[④] 由上可知，德国的政党体

---

① 赵刚印：《2013 年大选后德国政党政治生态新变化》，《中国社会科学报》2015 年 1 月 28 日，第 3 版。

② Thomas Poguntke, “Towards a new party system: The vanishing hold of the catch-all parties in Germany,” *Party Politics*, Volume 20, Issue 6, 2014, p. 2.

③ 伍慧萍：《德国全民党的沉浮》，《德国研究》2009 年第 3 期，第 7 页。

④ 孙守亮：《德国大选尘埃落定，默克尔连任总理——德国联邦议院大选初析》，《当代世界》2009 年第 10 期，第 32 页。

制影响决策体制，而决策体制则反过来会推动政党体制的变化。

德国政党体制对决策体制的影响：

一是组阁决定决策体制。在议会获多数席位的政党或政党联盟可以进行组阁，从而直接决定决策体制，进而制定国家决策。因为只有联邦总理才能组建联邦政府，因此各个政党积极参与联邦总理的竞选，从而达到组阁执政的目的。在选举上，各政党在举行全国大选之前就会明确提出各自的联邦总理候选人，而联邦总统一般根据议院各党派的力量对比进行提名，因此，一党在议会席位中越多，获胜组阁的几率就越大。二是监督决策体制。未获得多数席位的政党，即少数党则通过联邦宪法法院和议会的财政表决权对执政党组建的政府形成有效的监督制衡。针对联邦政府以及联邦议院的立法调查，大部分是由议院的少数党提出的，从而构成对现任政府与议会的重要监督。[①]“左翼党派，反对党以及其他小党派，其政治目标即在于改变现状。为了获得执政地位，少数党必然积极动员本党派的支持者，而这反过来也会提高少数党选民的政治敏感度”[②]，使得他们自觉地审视执政党的政策，起到监督的效用，同时少数党派还会发动自身控制的报刊和舆论媒体，对执政党进行舆论监督。

三是执政党把持议会与政府。立法权与行政权的相互独立并不像制度设计的那样理想。立法权掌握在联邦议院手中，行政权在联邦政府手中。由于党团政治因素的影响，“在实际运行中，立法权与行政权都集中于联邦议院执政党多数手中，而联邦议院关于法律草案的制定辩论会也多是执政党与反对党之间的交锋，议员们议事的准则是其所属党团的准则。”[③] 而“联邦议院整体做出的决议，事实上仅由议会多数党议会党团就可以进行定夺，这样的多数规则同样

---

① 张千帆：《西方宪政体系（下册）欧洲宪法》，中国政法大学出版社2005年版，第239页。

② Sebastian Adrian Popa，“Political sophistication in Central and Eastern Europe：How can parties help?” *Party Politics*，Volume 21，Issue 3，2015，p. 448.

③ ［德］沃尔夫冈·鲁茨欧著，熊炜等译：《德国政府与政治》，北京大学出版社2010年版，第210页。

也规范了联邦总理的选举和联邦政府的组成问题。”①德国的决策体制在很大程度上是由执政党决定的。

四是党派交锋影响政府决策效率。由执政党控制的联邦议院提请重大议案，如果遭到反对党控制的联邦参议院的抵制就会很难得到通过，会使政府总理在决策上优柔寡断。② 经济全球化以及安全形势日益严峻的趋势要求一个国家的政策要果断明确，而党派交锋可能带来的政策效率低下无疑是致命的缺陷。例如，由默克尔总理主导的欧元救助计划受到了反对党的攻击与阻挠，影响了欧债危机的解决进程。③

从以上的分析中可以看出，德国政治体制的构成深受自身历史与文化传统的影响，在接受战败的结果和反思中，德国政治体制的设计真正意义上体现了民主共和的观念。而象征民主的三权分立体制也进一步包含并决定了其决策体制的结构和运行。德国政府的决策权受到议会监督，德国政府和联邦议会又都受到联邦宪法法院的约束，联邦宪法法院的法官又由联邦议院和联邦参议院推选产生。三者的权力来自人民。德国的决策体制虽然对决策和决策执行的效率上有所负面影响，但其保证了其决策和执行决策正确性，其不再受到“独裁与无能”两种因素的影响，从而真正意义上确立国家政治的稳定与进步，为德国的复兴提供了坚实的基础。

第三节　德国政治体制与国家安全体制的关系

国家安全是国家的根本所在，是高于一切的国家利益，也是一个国家生存和发展的保障。二战结束时，德国作为被占领国一度不

---

① 连玉如:《新世界政治与德国外交政策——“新德国问题”探索》，北京大学出版社 2003 年版，第 118—119 页。

② 樊迪生:《从总理更迭看德国社会》，载《上海外国语大学科学报告会（第二十七届）论文集》（吴友富主编），上海外语教育出版社 1999 年版，第 14 页。

③ 冯迪凡、陶蕾:《德国反对党力挺欧元债券——对赌默克尔政府》，《第一财经日报》2012 年 8 月 9 日，第 6 版。

能享有完全的国家主权，处于分裂的状态，直到两德统一之后，德国才从国际法意义上被确认为一个完整的国家，因此德国的国家安全观念十分重视国家完整以及反思战争，追求和平。[①] 而这种观念则直接体现在国家政治体制与国家安全体制的设计上：德国政治体制追求民主共和，国家安全体制则负责保障政治体制的平稳运行，国家安全体制的健全是政治体制平稳运行的根基，而政治体制的民主化与平稳性则又影响其国家安全体制。当然影响国家安全体制设计的因素不只有政治体制的性质，国家安全环境的变化与国家安全战略的变动都会改变国家安全体制的结构。德国国家安全面临的威胁伴随着全球化的日益扩展而多样化，非传统安全问题日渐增多，德国安全及其安全体制与政治体制面临巨大挑战。

一、德国国家安全体制的结构

德国国家安全体制包括联邦安全委员会、情报安全体制、国防安全体制及应急安全体制。这些机构在德国国家安全体制中发挥着不同的作用。联邦安全委员会是德国国家安全决策体制的中枢，在德国国家安全体制中发挥着决策和协调功能。情报安全体制、国防安全体制和应急安全体制属于执行体制：情报安全体制主要负责搜集、整理情报；国防安全体制以维护传统安全为主；应急安全体制的任务则为应对非传统安全问题。

联邦安全委员会。联邦安全委员的主要组成人员包括联邦总理、外交部长、国防部长、内政部长、财政部长、经济合作与发展部长、司法部长、邮电交通部长、联邦国防军总检察长和总理府主任等，联邦总理担任委员会主席，联邦总理府主任及国务秘书均作为安全会议协调人员存在。[②] 联邦安全委员会的主要任务就是国家安全问题和安全政策向联邦政府进行咨询、建议，为联邦总理或联邦政府的

---

① 陈德兴：《德国新时期的国家安全观与安全战略》，《当代世界》2005年第12期，第21页。

② 张骥主编：《世界主要国家国家安全委员会》，北京：时事出版社2014年版，第189页。

决定做准备工作，是为其准备决议的机构。[①] 联邦安全委员会的会议内容具有高度机密性，其会议时间、会议地点、会议表决情况均属于国家高度机密，不对外公布。同时联邦安全委员会具有高度自主性，不受议会监督。[②]

情报安全体制。德国情报安全体制主要包括三大组织：联邦情报局和联邦宪法保卫局以及设置于军方的军事情报局。

联邦情报局是德国情报机构的核心，也是德国唯一一个被法律允许在境外进行情报搜集工作的情报组织，被称为“德国政府的预警系统”。联邦情报局直属联邦总理府领导，主要负责搜集国外政治、军事、经济和科技等各类情报，并对收集的情报进行分析研究，其分析研究报告是德国政府制定对外政策的重要依据之一。[③] 联邦宪法保卫局是以联邦宪法为基础而设置的反间谍和反恐怖主义活动的机关，属内政部管辖，“其主要任务是搜集和分析各类危及国家安全的情报，侦破间谍、特务、颠覆、暗杀等活动，并参与制定各项保密制度和措施以及对身居要职的政府工作人员的政审工作”[④]。军事反间谍局是德国武装力量的组成部分，属国防部管辖，是德国最高军事情报反间谍组织。其职能是在国防部权职范围内履行宪法保卫机关的职责，保卫联邦军事安全，保证联邦军人的作战状态，防范外国情报机构对联邦国防军的渗透，评估德国及其盟国武装部队的安全形势。[⑤]

国防安全体制。德国国防安全体制的主要力量是德国国防军，由海、陆、空三个军种组成的国家武装力量。联邦总理为最高统帅，国家最高决策机构为联邦安全委员会。国防部长在和平时期是最高军队长官，根据联邦总理的政策负责管理全国武装力量，在战时全

---

① 陈志斌：《德国政体教程》，第419页。

② 朱建新、王晓东：《各国国家安全机构比较研究》，北京：时事出版社2009年版，第17页。

③ 綦甲福、赵彦等：《德国情报组织揭秘》，北京：时事出版社2013年版，第77页。

④ 赵渊主编：《顶级情报机构揭秘》，北京：化学工业出版社2013年版，第137页。

⑤ 边和平等编：《国家安全法通论》，北京：中国海洋大学出版社2004年版，第105页。

军指挥权则交由联邦总理。而德国军队的代表——联邦国防军总监察长则是联邦总理和国防部长的军事顾问，负责制定国防总体方案，并通过武装力量指挥参谋部对全军实施业务领导，可列席参加联邦安全委员会会议。而联邦总理主要通过国防部和海陆空三军指挥参谋部对全国武装力量实施领导和指挥。①

应急安全体制。德国的应急安全体制分为两个部分：民事防卫应急安全体制与国家防卫应急安全体制。联邦内政部是应急安全管理的最高领导和协调机构，应急安全体制的主要机构均由内政部管辖。内政部下辖的民事防卫机构以及国家防卫机构分别对应民事安全防卫事务与国家安全防卫事务。

民事防卫应急安全体制主要针对的是跨区域重大灾害以及地区级别的突发事件。在联邦层面，主要由内政部下属的联邦民事保护灾难救助局和联邦技术救援署统筹协调，其他相关部门提供事务支持；而在州这一层面，主要由州内政部统筹协调，下辖有消防队、警察局、应急医院等相关部门及救援组织。联邦与州之间为加强各组织系统间信息沟通与合作，组建了情报通报联合中心并开发了德国紧急预防信息系统，负责收集处理灾害信息，跟踪监测灾害态势以及评估灾害损失情况。②

国家防卫应急安全体制主要针对的是危害国家安全的重大犯罪问题。在德国内部负责国家防卫事务的机构主要是警察机构。德国实行的是自治型警察体制，全国没有统一的警察组织，各州警察机构的设置均由州内政部负责。而在联邦层级上，主要设有内政部管辖的联邦刑事警察局和联邦边防机构。除此之外，警察系统还包括“不属于联邦和州内政部系统管辖的法警、看守警、执行警察职务的海关人员、宪兵以及铁路、邮局、税务等缉私收税人员等”，③ 不过

---

① 陈德第主编：《国防经济大辞典》，北京：军事科学出版社 2001 年版，第 37 页。

② 钟开斌：《中外政府应急管理比较》，北京：国家行政学院出版社 2012 年版，第 80 页。

③ 师维：《警察法若干问题研究》，北京：中国人民公安大学出版社 2012 年版，第 215 页。

在"9·11"事件后有所变动。

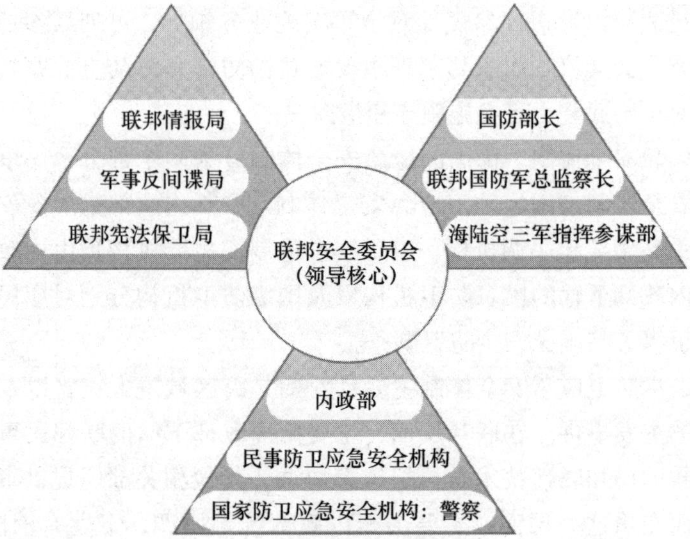

图10－4　德国安全体制结构图

二、国家安全体制是德国政治体制的核心

德国国家安全体制镶嵌于政治体制之中。德国国家安全体制既有其独立的体制建制，又镶嵌在国家政治体制之内。德国政治体制包括了以总理为首的内阁行政体制、宪法法院独立的司法体制、各州自治的联邦体制以及采取多党制的政党体制。而德国国家安全体制的主要机构则大都是内阁行政体制内的国家机构，并且接受联邦总理的领导，受联邦宪法法院的监督，各州也拥有自身的安全防卫机构。可以看出，担负维护德国国家安全的职能部门镶嵌在德国政治体制的结构中，其设置也受到德国政治体制的制约。其政治体制领导其国家安全体制，又包含其国家安全体制，其国家安全体制是其政治体制的核心。

安全事务是德国国家核心事务。有关国家安全、社会秩序、公民人身和财产权益的问题都属于国家管理的事务，被称为国家事务。国家事务的外延很广，涉及到国家经济、政治、文化、社会等各个层面，但其中最重要的就是关乎国家安全的事务。国家安全是一国赖以存在的根本，在所有国家事务中具有高于一切的地位，关乎国家最高利益。德国国家安全事务主要针对威胁到德国国家稳定，破坏国家主权与领土完整，造成国家重大利益损失的事务。安全事务因其极端重要性，受到德国国家机构的重点关注，以联邦总理为首的联邦安全委员是管理国家安全事务最高领导机构。

三、德国政治体制是其国家安全体制的基础

没有政治体制，德国国家安全体制无从谈起。德国《基本法》规定："主权属于人民，它由人民通过选举和全民投票的方式，以及通过有立法权、行政权和司法权的专门机构行使之。"① 也就是说源自人民赋予的国家权力的执行必须通过政治体制的机构组织所承担的职能来实现，而国家安全事务更是国家事务的核心，关乎国家存亡，只能由国家职能部门承担维护国家安全的任务。如果没有健全稳定的政治体制，国家缺少相应有效的职能部门，国家安全体制根本就无从谈起，国家的安全也就无法保证。因此，政治体制是国家安全体制存在的前提和基础。

德国政治体制决定其国家安全体制。有什么样的政治体制就有什么样的安全体制。德国实行的是以三权分立原则和民主原则为基础的政治体制，其国家安全体制也贯彻了三权分立原则和民主原则。德国国家安全体制内的机构组织都需要接受以联邦总理为首的联邦政府的领导，其决策中心——联邦安全委员会更是联邦总理直接参与决策指导的机构。而国家安全机构执行效果的评估，则由联邦议院以及政府内部的审计局担负。在财政预算方面，联邦议院下辖的联邦预算委员会有专门小组负责审查国家安全机构的财政开支。由此可见，德国国家安全体制的决策由联邦总理领导的联邦安全委员会完成，决策的执行是具体的政府机构的任务，监督责任则主要由联邦议院和政党承担。可见，德国政治体制从决策、执行到监督等

① 杨祖功:《西方政治制度比较》，北京：世界知识出版社 1992 年版，第 327 页。

各方面决定了国家安全体制的结构与运行。

四、德国国家安全体制具有相对独立性

德国国家安全体制具有相对独立性，具体表现在结构和运行上。德国国家安全决策机构——联邦安全委员会，其成立后的构成是基本稳定的，其决策的过程也是在联邦总理的领导下独立决策，通常情况下，联邦安全委员会的决策就是最后决策。德国国家安全执行机构，包括情报机构、国防机构和应急安全机构，这些安全机构的成立和运行都是在德国相关法律的指导下进行，它们在执行各自的任务时基本不受干涉。无论是决策机构，还是执行机构，其最高领导是德国联邦总理，而联邦总理只能通过联邦议院“建设性不信任投票”才能被推翻，因此，其决策和决策执行具有很高的独立性，这样才能保证德国安全机构的效率，才能保证政府有足够的行动能力来执行国家安全任务。

五、德国国家安全体制反作用于政治体制

德国国家安全体制在一定程度上加强了对政治体制的监督力度。通过法律修改，德国议会授予行政机关广泛的紧急权力的同时，为了防止权力的滥用，也通过对原有法律规范进行调整，或制定新规范，以此来加强议会对政府机构和安全机构的监督力度。例如“德国议会对‘9·11’事件后新法规效力设定了限制条款：《联邦宪法保护法》《联邦情报局法》《军事反间谍局法》《第十条款法》《安全审查法》和《联邦刑事局法》第7条第2款从2007年1月11日开始重新使用2001年12月31日的法律文本，除非议会再次授权。”① 如果没有联邦议会的再次授权，德国国家安全机构所享受的权力会按期自动失效。“大部分情报服务部门法规的新增条款都会受到日落条款的限制，一般只有五年的有效期，这样规范性的保护措施是为

① 戚建刚、杨小敏：《行政紧急权力的制约机制研究》，华中科技大学出版社2010年版，第70页。

了防止权力的滥用。”[1] 除了在立法上受到强力的监督外，德国国家安全机构还要定期向议会相关的委员会进行工作通报。德国国家安全体制的日常运行还进一步推动反对党对执政党的国家安全事务政策与行为加强监督，并且利用新闻媒体进行舆论制约。例如，德国联邦情报局陷入“窃听门”丑闻，被媒体曝光其协助美国国家安全局监听一系列欧洲企业和政要。丑闻曝光后，左翼党要员谴责“这是叛国行为”，绿党则要求政府追究责任并进行人事调动。德国主流媒体《南德意志报》表示这是“民主的耻辱”。[2] 联邦议院国家安全局调查委员会根据反对党提供的证据对窃听事件展开调查，并要求政府限期交出美方刺探名单，默克尔总理表示在与美国完成磋商程序以后再做出决定，并指出各国情报合作的重要性。[3]

德国国家安全体制运行机制的调整有利于推进国家决策体制的完善。在德国，由于政治体制结构的原因，德国政府各部门、各党派之间会因为利益不合或沟通不畅而影响政府工作效率。例如在国防领域，在海外行动等问题上时常会出现一些政府决策与国防军作用不符的局面，就是否对外派遣武装力量上，国内政治力量相互争论不休，严重影响了德国军队在安全问题上发挥建设性的作用，使德国难以主动参与到国际安全事务中，削弱了德国在盟国面前的发言权和威信，制约了德国成为世界性政治大国的夙愿。[4] 为了改变这样的局面，一方面，德国积极将其军队纳入到国际多边体系中，在北约和欧盟等合作框架下进行出兵，抢占道义高地，打消别国的军

① Kim Lane Scheppele, “Other People's Patriot Acts: Europe's Response to September 11,” *Loyola Law Review*, Volume 50, Issue 1, October 2004, p. 116.

② 王莉兰：《德国联邦情报局陷窃听门　德总理府被批把关不严》，环球网国际新闻，2015 年 4 月 27 日，http://world.huanqiu.com/exclusive/2015-04/6282740.html。

③ 王莉兰：《德要员要求默克尔政府交出替美方跟踪对象名单》，环球网国际新闻，2015 年 5 月 4 日，http://world.huanqiu.com/exclusive/2015-05/6338067.html。

④ 彭光谦主编：《世界主要国家安全机制内幕》，江苏人民出版社 2014 年版，第 198 页。

事疑虑;[①] 另一方面，德国积极向海外派遣军队参与维和行动，建设联合反恐部队，通过向境外输出安全力量彰显国家实力。与此同时，针对国内的疑虑：一是通过加强党派间协调合作减少政治阻力；二是提请联邦宪法法院进行裁决，为域外行动提供坚实的法律基础[②]；三是进行舆论宣传转变民意倾向。通过这样的调整措施，德国国家安全体制在一定程度上改善了以往的情况，并且提升了德国在安全问题上的行动力，体现德国作为欧洲大国的地位。

德国国家安全体制可能会破坏相互制衡的政治体制结构。德国国家安全体制从法律和现实两个层面增强了国家安全机构的权力。例如在恐怖主义袭击的严重威胁下，德国国家安全机构的权限被大幅扩大，作为安全机构载体的政府部门在预防和打击恐怖主义威胁上的权力得到了扩张。因情报需要，联邦议会对涉及到情报部门的相关法律进行了适当的修改，在一定程度上放弃了对行政紧急状态下权力的制约。[③] 政府扩大的权力打破了原先政治体制主体间相互制衡的状态。如果默克尔政府在2008 年进行的联邦安全委员会改革获得成功，极有可能会造成现有国家安全机构职能权力上的偏移，将原本由政府部门掌握的职权转移到以总理为首的国家安全委员会身上，在具体事务上总理办公室等辅助总理工作的机构权力会增大，使得德国总理可以绕开政府内部反对党的力量，大权在握，这必将极大地破坏了德国政治体制的力量平衡。[④]

从以上的分析中可以看出，德国政治体制和和国家安全体制相互作用、相互影响。一方面，德国国家安全体制深受政治体制的影响，并嵌套在政治体制当中，德国政治体制是其国家安全体制的前提和基础。也可以说，德国政治体制包含了其国家安全体制，没有政治体制就没有其国家安全体制。另一方面，德国国家安全体制具

---

① Felix Berenskoetter, Bastian Giegerich, "From NATO to ESDP: A Social Constructivist Analysis of German Strategic Adjustment after the End of the Cold War," *Security Studies*, Volume 19, Issue 3, 2010, p. 413.

② 吴友法:《论德国统一后的自主性全方位外交》,《武汉大学学报（哲学社会科学版)》, 1999 年第 6 期，第 140 页。

③ 戚建刚、杨小敏:《行政紧急权力的制约机制研究》，第 69 页。

④ 彭光谦主编:《世界主要国家安全机制内幕》，第 204 页。

有相对独立性，对德国政治体制有反作用。德国国家安全事务的变化带来国家安全体制的改革，并进一步影响到德国政治体制的功能和运行，甚至有可能带来德国民主制度的变化。

第十一章
日本政治体制与安全保障体制

第一节　日本政治体制

拥有安全不易察觉，失去安全方知其可贵。对国家而言安全的重要性更毋需多言。日本出于自身利益需要，也成立了国家安全保障会议，欲图挑战二战后的国际秩序。为了历史不再重演，为了中国的长治久安与和平繁荣，也为了世界的可持续安全与稳定，有必要对日本国家安保体制机制进行尽可能深入地研究。而国家安保体制作为政治体制的一环，其意义在于对外保证国家的周边安全环境，对内保证政权和治安稳定。因此，要考察日本的国家安保体制，首先要考察日本的政治体制。

一、二战前日本的政治体制

明治维新后，日本废除了封建等级制度，开始朝现代资产阶级政治体制的方向发展。1868 年明治天皇颁布了《五条誓文》和《政体书》，明确了由天皇掌管国家最高统治权。在天皇之下，设太政官制，太政官下设议政官、行政官和刑法官三职，从形式上实行立法、行政和司法的三权分立。但是，由于太政官可以独揽大权，而天皇又完全超脱于法律之上，明治初期的政治体制是完全以天皇为中心的中央集权制。

随着自由民权运动的兴起，明治政府在对外谋求独立，对内发展文明的国家目标下，于 1889 年颁布《大日本帝国宪法》（以下简称明治宪法)，开始迈出君主立宪制的步伐。这不仅奠定了日本至二战结束时政治体制的基石，甚至成为战后日本政治体制形成的原点。①

在明治宪法框架下，天皇的统治权被分割开来。如行政权被新设立的内阁和枢密院，立法权被新设立的议会分别掌管。尽管如此，天皇依然是宪法所规定的一切之中心，还握有军队统帅权，且这一权力不受议会和内阁的干涉和监督。也正是这一制度设计，导致了此后议会、内阁、枢密院以及军队的多方博弈，直到最终军部势力在国家政治中压倒一切。特别是自20世纪20年代以后，法西斯化的天皇政权完全替代了资产阶级的政党政治。军国主义不仅给整个日本带来了灾难性的后果，也反过来成为明治宪法体制的掘墓人。②

二、二战后日本政治体制的生成

1945年8月15日，日本宣布无条件投降。半个月后，便完全处于美国占领之下。当时的杜鲁门总统指示盟军司令麦克阿瑟“必须完全解除日本武装，并使之完全非军事化”。于是，盟军在短时间内将日本国内外700余万的军队解除武装或遣返、对军国主义分子进行整肃且不允许其担任公职等。此外，通过审判日本战争罪犯，让天皇发表自己并非神的“人间宣言”，解散包括特别高等警察在内的各政府部门等，在相当大程度上改变了日本旧的政治体制。

此后，美国出于独占日本的考虑，在麦克阿瑟主导下，分别令占领当局民事局和当时的币原内阁起草新的宪法草案。双方在保留天皇制的立场上截然相反，币原内阁依然坚持最高统治权归天皇所有，而美方则只同意在形式上保留天皇制。在美国的坚持下，日本同意接受由麦克阿瑟主导的新宪法草案。1946年11月3日，《日本国宪法》正式颁布，并于翌年5月3日开始施行。

---

① 武寅:《近代日本政治体制研究》，北京：中国社会科学出版社1997年版，第72页。

② 王振锁、徐万胜著:《日本近现代政治史》，北京：世界知识出版社2010年版，第9页。

在新宪法的框架下，日本的政治体制有了本质的变化：

第一，国家权力不再只属于“神圣不可侵犯”的天皇，而在于国民。一方面，天皇的权力基本被废除，只能行使宪法所规定的国事行为，没有实质性的政治权力。另一方面，国民的基本人权、平等权、财产权、参政权、生存权、自由权、人身自由权和要求赔偿权 8 大类权力得到宪法的广泛规定。①

第二，国会作为最高权力部门，成为唯一的立法机关。通过将最高立法权由天皇转移到国会，日本完成了由人治到法治国家的转变。通过取消贵族院，建立众议院和参议院，议员由国民投票选举而产生。

第三，内阁由在国会占多数的政党选举产生，内阁总理大臣由政党总裁担任。二战前的内阁及总理大臣，若得不到军部支持，不是被刺杀就是倒台。新宪法框架下的内阁，拥有一切行政权，同时又被要求对国会负连带责任。如此一来，内阁的行政权就必须受到国会的监督，进而客观上必须考虑选民的利益，实现“为多数人服务”的民主。

此外，地方自治制度、选举制度和司法制度也都在新宪法框架下得到改革。特别是司法制度方面，新宪法规定一切司法权属于最高法院及其下属法院，不受国会和内阁的干涉，从而实现了欧美国家普遍采用的三权分立原则。

根据上述原则成立的国会以及内阁，其立法权和行政权既有明确划分，又不完全割裂，彼此相互合作与依存。但宗旨是为了体现民主政治原则，不让行政权过大，要受立法机关的监督。因此，议会内阁制下的行政活动必须合法，不能超越法律规定范围而单独行事。②

三、日本政治体制决定其安保体制

根据前述政治体制，政党通过在国会取得半数以上多数席位，

---

① 徐万胜、潘远强、董琦著：《战后日本政治》，天津：南开大学出版社 2009 年版，第 3—5 页。

② 齐乃宽：《日本政治制度》，上海：上海社会科学院出版社 1987 年版，第 40—41 页。

便可获取政权。由此，国会有可能出现一党独大，两党势均力敌、多党联合等几种力量结构。与之相对应的，是一党执政、两党轮流执政和多党联合执政等政权形式，其受国会监督程度则呈递增趋势。即，当某一党派在国会占据大多数席位后，会自然倾向于支持本党派政权，该政权受到来自国会的阻力和约束会相应减少。反之，在多党联合执政的情况下，由于各党派在国会的力量过度分散，利益诉求并不一致，该联合政权受到国会的阻力和约束会相应增加。

1955年11月，保守阵营的自由党和民主党宣布合并，由此进入了长达几十年的自民党一党执政时代，日本的安保体制也在此期间得以建立。除了重整军备，成立海上保安厅等外，最为关键的是设立了国防会议，即国家安全保障会议（以下简称国安会）的前身。

成立于2012年末的国安会是日本安保体制的核心，其设于内阁之中，拥有最高行政权的同时还拥有最高规划权，是整个日本安保体制的顶层设计。

根据日本的政治体制，以及安保体制在其中的地位，国会应当对国安会拥有监督权、立法权等一系列权力，而国安会则应接受国会的监督。但是在现实中，两者的关系并非如教科书一般固定不变。我们以国防会议为例来进行说明。

1985年6月18日，针对国防会议有可能摇身变为安全保障会议的动向，日本《朝日新闻》和《日经新闻》不约而同的使用“大总统式首相”一词，来形容该机构成立后个人权力得到强化的日本首相。[①] 耐人寻味的是，日本政府却轻描淡写地将此次改革说成“内阁调节职能的强化”，安全保障会议也只是咨询机构，并非执行部门。时任内阁官房长官后藤田正晴在众议院内阁委员会上解释道，“有关国内外事务均同各个省厅相关。如此一来，各部门立场不同，难以统一……此时若没有由上自下的决策，政府将难以从整体上进行应对。这是很危险的。因此，拟将上述事宜放在安全保障会议中审议。”“安全保障会议上决定的是方针。各部委基于该方针予以执

① ［日］川村俊夫、「安全保障会議と日本型ファシズム」、『季刊科学と思想』、新日本出版社、1987年1月、第27頁。

行。所以，安全保障会议不是执行部门”[1]。后藤田正晴的目的本在于淡化人们的质疑，但却暴露出安全保障会议高于各省厅权限的本质。

微妙之处在于，在这个被轻描淡写的首相个人的“咨询机构”中，议长也是首相。这俨然就是一个自问自答的机构设置。就在1986年4月，安全保障会议设置法案接受审议的过程中，一份名为“国防会议议事运营规则”的文件被当时的社会党议员矢山有作披露，其内容如下：

第一条 会议召开前，提前告知议案，由议长召开。

第二条 会议必须由过半数议员出席方可召开。

第三条 议长应允许内阁官房长官和国防会议事务局长列席常务会议。

第四条 议事应由议长和出席议员遵循全体一致原则决定。

第五条 会议为非公开。

第六条 国防会议事务局长在会议召开时，负责记录并保管出席人员、议案及决策内容等事宜。

第七条 除本规则规定事项以外，有关国防会议运营的必要事宜，由议长召开会议商定[2]。

该文件一经曝光，举世哗然。这意味着国防会议绝非单纯的“咨询机构”，其从成立伊始，就有着明确的组织和纪律，拥有仅由少数人在“非公开”的情况下秘密制定政策的权限。而根据当时的国防会议法第五条第二项规定，“议长、议员及曾任议员者，不得泄露与本职务相关之事务”。如此一来，就技术上而言，首相完全可以在秘密的情况下进行近乎独裁的统治。

如前文所述，在日本宪法所承认的议会内阁制下，国会作为国家最高权力机关，将行政权授予内阁。也就是说，内阁行使的一切权力，都要受到国会的制约和监督，这样才可以防止少数人的暴政。

---

① 後藤田正晴，第104回国会衆議院、内閣委員会議録、第12号（104—衆—内閣委員会—12号）、1986年4月22日，第3、5頁，

② 藤島宇内、「安全保障会議の背景と機能——日米共同作戦下の冷戦型権力体制（中）」、『文化評論』、新日本出版社、1986年9月、第103頁。

然而，国防会议及其运营规则的存在，则将使国会对行政的监督形同虚设。众多有关日本国家前途与国民命运的问题，都在极少数人的秘密商议下“被决定”。

理论上说，既然国防会议设置法本身违反了宪法，那么关于其具体运营的“运营规则”则更是违宪。不仅如此，该“规则”的存在更是严重违背了日本宪法所承认的议会内阁制度。

但是，此次国防会议议事运营规则的曝光，并没有改变其违宪事实，反而在中曾根内阁的运作下得以助长。引用时任防卫厅长官加藤弘一的话，就是“安全保障会议将一如既往地继承国防会议的职能及任务”①。

自此一直到国安会成立的漫长岁月中，关于违宪的讨论越来也少，更勿谈国会对其监督。在一个缺乏国会有力监督的政治体制下，安保体制也难以受到严格约束。

综上可知，日本的安保体制随着其政治体制的变迁，相关权力愈发朝政府，特别是内阁集中。与此同时，国会的约束力总体呈下降趋势。在诸多既定事实面前，与其再拘泥于国安会违宪这一话题，不如更进一步了解现实情况下各项政策是如何被决定出台的。

第二节　日本的决策体制

为尽可能全面地考察一国决策行为，需同时从国内和国际两个层次切入。就国内层次而言，与决策有关的核心参与者是关键。而在国际层次，对该国有至关重要影响的国际环境则是关键。必须要强调的是，安全永远是国家决策的核心问题。

在日本的决策体制中，国内参与者主要有首相、官僚、政党等。媒体和利益集团虽然也是重要因素，但其介入核心安全问题的程度依然是有限的，因此不列入本节考察的主要对象。在国际环境方面，本节将重点考察日美同盟的影响。

---

①　加藤弘一，第104回国会衆議院、内閣委員会議録、第12号（104—衆一内閣委員会—12号）、1986年4月22日，第16頁。

一、日本的决策体制

就对政策的影响程度而言，不同时期的主导者会发生变化。例如，从1955年至20世纪90年代初，日本的安全政策主要是官僚主导型，而20世纪90年代中至末期是政党主导型，进入21世纪初期特别是小泉内阁时期则为首相官邸主导型。①

首先看首相的权限变化。在明治初期，由明治维新元老担任的太政官集大权于一身，因此太政官制度也被称为大宰相主义。随着日本在1885年正式采用议会内阁制并于1889年制定大日本帝国宪法，大臣的权力开始被分散削弱。由此而来的结果便是首相变成了“同辈人中的首席”。不仅如此，在该体制下的陆海军大臣对内阁的牵制很大，以致于内阁在制定政策的时候无法忽视上述部门的声音。有意思的是，二战前的日本和德国不同，并非由于独裁者将大权揽于一身而导致最后的覆灭。相反，恰恰因为缺少政策制定的中心，领导人在相互推诿、纠结以及应接不暇中被迫做出自我灭亡的决定。②

二战结束后，在新宪法框架下，日本首相拥有了两项巨大的权力：第一，任命权。通过政治任命阁僚，首相得以组建个人领导班子。重大的安全问题，几乎都由首相及其阁僚共同商议决定。特别是进入“国安会”时代，主要安全事务由首相、内阁官房长官、外务大臣、财务大臣、防卫大臣、总务大臣、经济产业大臣、国家公安委员会委员长和国土交通大臣九人商议确定，即“九大臣会议”。最为敏感和机密的“防卫、外交、反间谍和反恐”情报则由首相、内阁官房长官、外务大臣和防卫大臣四人决定，即“四大臣会议”。第二，军权。根据日本宪法和自卫队法，首相是自卫队的最高统帅，拥有军事最高指挥权。具体而言，分为以下情况：在遇到针对日本

---

① 王新生：《首相官邸主导型决策过程的形成及挫折》，《日本学刊》2008年第3期，第3—15页。

② 飯尾潤、『日本の統治構造―官僚内閣制から議院内閣制へ』、中央公論社、2007年、第17頁。

的武力攻击事态时，首相可动用自卫队。不过，上述行动需遵守宪法第九条，且需要得到国会的批准；对于间接侵略事态和其他紧急事态，当一般的警察力量不足以维持治安时，首相可动用自卫队。首相下达上述行动命令后，20 天之内需上报国会，获得批准。未被批准的情况下，需立刻撤回自卫队；出动自卫队后，若有必要，首相可将海上保安厅的力量划入防卫大臣麾下。①

其次是官僚。我们的错觉是首相可以号令一切，但是若把目光继续延伸，可发现大多数决策的最终落实，是由近 30 万名职业官僚们及其机构完成的。特别是日本，职业官僚参与国家安全事务的程度似乎更为广泛而深入。的确，首相可以任命官僚机构的一把手，进而通过民选官员对各级官僚逐层控制。国会同样也很重要，因为重要的法案必须征得国会同意，而且国会还握着官僚机构的钱袋子。在这样的背景下，官僚机构必须两面下注，左右逢源。或者说，官僚机构必须要玩政治才能保证其生存。于是，每一个官僚机构就会理所应当的将本部门利益置于其他部门之上。这便是放之四海而皆准的官僚机构权力规则。

那么，既然官僚机构并非由选民选出，那他们凭什么获得管理这个国家的权力呢？

首先是其专业知识。并非所有官僚机构都能凭借无可替代的专业知识获得权力，但是同样很难想象没有法学背景的医学博士来从事军控谈判工作。来自日本最一流大学的法学系学生，经过严格选拔后，大多进入了外务省、防卫省等部门。正是因为高度的专业化，上述机构高级官僚的判断很少受到议员或大臣的质疑。

其次是来自高层的依赖。首相和官僚机构绝非铁板一块，但彼此需要对方的程度却是一致的。比如安倍晋三需要成立国安会，防卫省和外务省的支持就显得至关重要。作为回报，安倍在某些关键问题上如预算、内阁的职位方面给予其支持。而当民主党政权威胁要排挤官僚时，在日常及重大事务方面，官僚则通过不作为或踢皮球的方式让高层体会到其重要性。

---

① 『緊急事態関係法令集』、内外出版、2013 年、第 169、190—191 頁。

总体而言，在日本的政治生态中，在官僚政治的惯性影响下，安全、外交、情报等部门各自为政的情况依旧严重，有关国家安全事务的议事过程和政策决定仍然依靠“全会一致”的集体商议原则。

最后是政党，特别是长期执政的自民党对内阁及政府各部门拥有较大的影响力。在1955年体制下，自民党经过长期执政，积累了丰厚的执政经验和基础，对官僚部门具备了强大的话语权。即便经历了数次政权更迭，官僚机构似乎更适应在自民党领导下运转。比较经典的案例是小泉纯一郎执政时期和民主党执政时期。在小泉主政期间，由官邸主导进行自上而下的政策决定。特别是要制定重要法律前，若未获自民党内审议通过，便不会召集阁僚进行最终决策。如果说上述决策方式以前是“潜规则”，到了小泉时期则成为“惯例”。其背后重要原因，是出于平衡自民党内部各派利益的需要。

民主党虽然于2009年获得了近4年的执政空间，也试图获得像自民党那样过问政府各类事务的权力。但在安全问题上，效果并不明显。2010年2月10日，陆上自卫队上校在美日陆军联合演习的开幕式致辞中，讽刺时任首相鸠山由纪夫道，“所谓同盟，不是靠外交和政治的华丽辞藻来维持的，更不是只凭说‘相信我’就能做到的”。对此，时任防卫大臣北泽俊美认为该思想非常危险，有涉嫌政变的嫌疑。① 此后，自卫队与执政党民主党的矛盾开始激化。同年7月27日，在出席航空自卫队入间基地的纳凉节时，民主党众议院议员松崎哲久对自卫官进行了恐吓。在11月3日同一基地的航空节，出席该活动的嘉宾，该基地的会长说道，“再这样下去尖阁诸岛（钓鱼岛，笔者注）和北方领土就危险了。这样的内阁是不对的。还是自民党正经一些。现在的执政党全是左翼。大家一起打倒菅政权，回到自民党政权吧！”②

对如此激烈的言论，引起了时任防卫省大臣、副大臣和政务官

---

① 財团法人平和·安全保障研究所、『アジアの安全保障 2011—2012』、朝雲新聞社、2011年，第51—53頁。

② 同上书，第53—58頁。

的高度重视，并给予了通告批评，认为该会长的言论“超越了政治行为的界限并招致误解，是极为不合适的”。对此，自民党认为上述批评违反了言论自由、违反了宪法，并要求撤回批评。

随着2012年自民党重新执政，日本政坛更加趋于保守。特别是继2013年7月自民党等执政党取得参议院的多数优势地位后，其整体已由右倾化发展到右翼化的新阶段①。2013年《防卫计划大纲》为代表的一系列文件，或经过自民党审议，或直接由自民党提出草案后方得以出台，其对政府的影响力可见一斑。

二、安全决策体制是日本决策体制的核心

在决策过程中，安全问题的决策也包含其中。从决策参与人员的角度来看，决策安全问题的主要人物是首相、主要大臣以及少数特定部门的司局级干部，不仅人员数量少，而且级别高。

从决策参与机构的角度来看，主要是官僚机构和政党的相关委员会。这些机构的特点是专业性强，特别在当前日本的政治体制下，其受国会监督的力度越来越低，因而更容易实现本部门的政策建议。

从决策问题的性质本身来看，安全问题是国家决策要面临的永恒话题，其本身就有保密性强和重要性高的特点。随着安倍晋三时期，对安全问题的决策、保密等环节进行了一系列强化，进一步巩固了安全决策体制在整个日本决策体制中的核心地位。

三、日美同盟对日本安全决策体制的影响

在日本的安全决策体制中，必须要面对的，是强化日美同盟和挑战战后国际秩序这一结构性矛盾。日美同盟从《日美安全条约》

① 根据刘江永的定义，日本政治右倾化发展到一定阶段就会变成右翼化。其标志之一，是右翼势力在已控制众议院多数议席的情况下，于2013年7月又取得了参议员的多数议席。引自刘江永：《安麻体制与中日关系》，《现代国际关系》2013年第6期，第8页。

签订伊始，双方的话语权就是不平等的。尤其是其中著名的“远东条款”规定，“由日本授予并由美利坚合众国就接受在日本国内及周围驻扎美国陆、海、空军之权利。此种军队得用以维持远东的国际和平与安全和日本免受外来武装进攻之安全……”。[①] 根据美方的解释，该条款主要针对朝鲜，但由于远东这一概念并不清晰，使得日本企图依靠美国保卫其安全的愿望落空，也为美国最大程度地主导日本预留了很大空间。因此，历届日本内阁重要任务之一，就是要求美国向日本承诺，在日本或远东有事时提供相应的保护。可以说，避免在关键时刻被孤立是强化日美同盟的核心内容。强化日美同盟，符合美国的全球战略，也在某种程度上符合日本的短期国家利益。

冷战结束后，日本对其周边安全环境的认识以及自身在地区及世界格局中的定位开始发生变化，甚至一度陷入国家战略和目标不确定的“彷徨”状态。[②] 但在重大安全问题方面，日本几乎全部跟随美国。无论是早期的朝鲜战争、越南战争、冷战，还是此后的两伊战争、阿富汗战争等均是如此。

从长远角度来看，日本似乎始终图谋安全事务上的完全独立自主。特别是2009年美国提出“重回亚洲”战略后，日本明确了以中国为首要威胁的安全防卫战略，并欲借机突破战后体制。这明显违背二战后确立的国际秩序，也会伤害日美同盟中美国的利益。这种结构性矛盾带来的后果就是东亚地区的安全困境，因此无论日美双方如何表示友好，猜忌的种子永远也不会消除。

事实上，日本从根本上也不信任美国，无论其内阁是亲美还是反美均如此。给自身松绑一直以来都是日本的终极追求，只是需要合适的时机。这就可以理解和解释日本安保体制机制发展过程中的反复性、渐进性和谨慎性。

特别是进入21世纪初期，尽管美国作为超级大国的地位不可动摇，但其实力的相对下降同样也是事实。安倍早早意识到这一点，

---

① 《美日安全条约》第一条，周建明、王成至编：《美国国家安全战略解密文献选编1945—1972》第二册，第778页。

② 刘江永：《彷徨中的日本》，天津人民出版社2000年版，第1—30页。

认为对日本跳出美国束缚而言是好机会，开始表露出对美国在关键时刻恐难保卫日本的担忧。[①] 而第二任安倍政府不断要求美国在中日发生冲突时承诺介入，则更是从根本上不信任美国的表现。不仅如此，此后安倍在国会讲话明确表明要改变“旧制度”，并在参拜靖国神社问题上越走越远，也引起了奥巴马政府的反感和警惕。

总体而言，短期内日本安全决策体制的战略目标仍将以强化日美同盟为主，美国因素依然是重要变量。中长期来看，日本右倾化道路恐难完全受美国政府左右，其谋求挑战战后国际秩序的方向也不会改变。

本节考察了日本安全决策体制的内部及外部因素，并对日美同盟和日本安全决策体制独立性之间存在的结构性矛盾进行了剖析。从技术角度来看，日本的安全决策体制并非基于完整的主权意义。但从现实道义以及历史的角度看，日本要想证明自己对和平的真诚态度，就应当诚恳接受二战后由盟国确立的国际秩序安排。

第三节　日本安全保障法律体系

法制是现代民主国家之根本，对于日本而言亦是如此。无论是位于顶层设计的宪法，还是作为基础法律的保密法体系，以及针对特定目标的《国家安全保障会议设置法》，都是日本安全保障法律体系的一环，更是日本政府施政的依据所在。通过对该法律体系的了解，便能更好地分析和预测日本的安全政策走向。

一、日本的和平宪法

1947 年实施的日本新宪法第九条明确规定：“1. 日本国民衷心谋求基于正义与秩序的国际和平，永远放弃以国权发动的战争、武力威胁或武力行使作为解决国际争端的手段。2. 为达到前项目的，

---

① ［日］安倍晋三、岡崎久彦、『この国を守る決意』、扶桑社、2005 年 8 月、第 57—63 頁。

不保持陆海空军及其他战争力量，不承认国家的交战权。”正是由于这一条款，使得日本宪法又被称为和平宪法，至今仍未改变。

日本战后通过一系列钻空子、打擦边球的行为，实际上拥有了精锐的军事力量。这一现实看似与和平宪法相矛盾，但换个角度而言，正是由于和平宪法的约束，才使得拥有强大军力的日本尚未发动战争。

事实上，自宪法制定伊始，日本政府的态度就是暧昧的。在1946年众议院审议宪法草案时，吉田茂曾明确表示：“……由于日本多半的战争是在行使自卫权的名义下进行的，九一八事变及大东亚战争军事如此……因此首先放弃任何名义下的交战权……为确立世界和平做出贡献。”“就宪法草案有关放弃战争的条款，我认为基于国家正当防卫权的战争，看来是正常的，但是承认这种战争，将是有害的……”。[①] 可是1950年后，吉田茂在其施政演说中却讲道：“完全放弃战争并不意味着放弃自卫权”。[②] 从现实政治的角度出发，为了日本能够尽快恢复主权，并获得美国宽大的媾和政策，日本政府在重整军备问题等方面做出了较大让步。

对比二战前的政治体制就会发现，正是因为将军队统帅权归于天皇且不受议会及内阁的监督，才会让军国主义分子绑架整个国家，让普通百姓深受其害。若非如此，新宪法便不会受到广大百姓和舆论的支持。矛盾的是，吉田茂一方面承认大多数国民支持新宪法这一事实。同时他又强调，修改宪法是由占领军提议的，所以新宪法不像被日本提议的宪法那样容易扎根。[③] 由此可以看出，吉田茂对拥有广泛民意基础的宪法并不认同。

受国内广泛的和平思潮影响，相当长时期内，日本多数领导人都会避讳直接谈及修改宪法。然而随着冷战结束，日本国内政治思潮开始出现右倾化趋势。特别是进入21世纪后，在国际格局中实力的相对下降以及国内矛盾的长期淤积，令日本不再有以往的优越感，

---

① 王蕾：《旧金山媾和与中国》，世界知识出版社2009年版，第218页。

② 同上书，第219页。

③ 吉田茂著，李杜译：《激荡的百年史》，陕西师范大学出版社2010年版，第96页。

这为民族主义的生存发展提供了温床。

早在2007年，安倍晋三第一次任首相时，就提出了“走出战后体制，必须修宪”的施政方针。[①] 由于当时各方面条件并不成熟，其并未获得更多施展拳脚的机会。待到第二任内阁时，则在多个场合反复提及上述方针。

由于直接修宪的难度太大，安倍便联合日本维新党、大家之党等，就修改宪法第96条进行合作。[②] 而宪法第96条规定，宪法修正案需参众两院2/3以上议员同意方可通过。此举意在将修宪门槛降低到“过半数”的标准，自民党干事长石破茂对此也毫不讳言。若能成功实现，下一步修改宪法第九条的难度将大大降低。

对此，日本《每日新闻》刊登社论，对安倍上述行动表示担忧，并警告日本将有可能因此失去国际社会多年来的信任与地位。[③] 日本共产党甚至直言自民党改宪草案将把日本带入黑暗时代。[④] 随着2013年7月自民党在参院选举中获得过半数议席优势，安倍政权获得3年左右相对稳定的执政时间，为其下一步推行法案铺平了道路。同年8月，安倍任命积极支持行使自卫权的前日本驻法大使小松一郎为内阁法制局长，并于9月再次启动个人的咨询机构“关于重建安全保障的法律基盘的恳谈会”，讨论的核心问题便是如何修改对宪法的解释，以允许自卫队行使集体自卫权。

经过近一年的准备，上述机构向安倍递交了解禁集体自卫权的草案。2014年7月1日，安倍内阁正式通过了名为《关于以顾全国家存立、保护国民为目的的全方位安全保障法制的整备》议案。之所以不使用集体自卫权的字眼，是为了尽量降低和缓解日本内外的抵抗，并达到混淆视听的目的。正如日本政府在国会答辩上承认的，该议案作为修改对集体自卫权解释的实质并未改变，因为其明确了

---

① 「第166回国会における安倍内閣総理大臣施政方針演説」、http://www.kantei.go.jp/jp/abespeech/2007/01/26sisei.html.

② 《安倍表示将为修宪与维新会和大家之党合作》，日本共同社5月4日电。

③ ［日］「社説：憲法と「9条改正」武力行使偏重は危うい」、『毎日新聞』、2013年5月5日。

④ ［日］『全批判——自民党改憲案』、日本共産党中央委員会出版局、2013年3月、第12頁。

日本行使武力的三原则：[①]

第一，当发生对日本或有密切关系第三国的武力攻击，并威胁到日本的存立，且该危险将明确影响到国民的生命、自由及追求幸福的权利时；第二，为了顾全国家存立，保护国民，除行使武力外别无其他手段时；第三，武力行使应限定在必要最小限度。

综上所述，该议案的出发点与和平宪法秉承的“不行使武力”完全背道而驰，是对和平宪法的悍然挑战，也将给整个日本安保体制机制带来深远影响。这不禁让人想起日本发起全面侵华战争的标志性事件，即卢沟桥事变的场景。根据其逻辑，安倍内阁完全可以如法炮制，以军演走失士兵为由，打着保卫国家和国民的幌子，再一次发动战争。正是出于破坏和平的担忧，这项决议遭到了日本国内外的激烈抗议。遗憾的是，日本政府不仅对这些声音充耳不闻，甚至大有越走越远之势。东亚的军事格局和安全形势，也因此遭遇严峻的挑战。

二、国家安全保障会议设置法

就相关性而言，日本国内外涉及安全方面的法律非常多。[②] 其中最重要的，当属 2013 年 10 月通过的《国家安全保障会议设置法》(以下简称国安会设置法)，该法案的通过使酝酿已久的国安会正式面世。[③] 以此为分水岭，日本的国家安保体制机制迎来重大转型。

---

① 国家安全保障会議、閣議決定、「国民を守るための切れ目のない安全保障法制の 整備について」、2014 年 7 月 1 日、第 2—8 頁。

② 国内法有：宪法、内阁法、内阁府设置法、国家行政组织法、防卫省设置法、警察法、海上保安厅法、刑法、应对武力攻击事态法、自卫队法、公安调查厅设置法、领海及接续水域相关法、周边事态法、灾害对策基本法、灾害救助法、大规模地震对策特别措施法、原子力灾害对策特别措施法、原子力基本法等。国际法有：联合国宪章、国际司法裁判规章、日美安保条约及各项子条约、日澳物品劳务相互提供协定、国际海洋法、国际民航条约等等。见『緊急事態関係法令集』、内外出版、2013 年、第 3—6 頁。

③ 也被称为日本版 NSC——笔者注。

表 11－1　国安会设置法的主要内涵及变化

审议事项	事务机构及权限	成员
国防基本方针 防卫计划大纲 基于防卫计划大纲的相关产业计划大纲的调整 应对武力攻击事态的基本方针 应对武力攻击事态的重要事宜 应对周边事态的重要事宜 自卫队法第三条第二项第二号关于自卫队活动的重要事宜 除前述事宜以外的国防重要事宜 除前述事宜以外，有关国家安全保障的外交及防卫政策的基本方针及相关重要事宜 应对重大紧急事态的重要事宜 其他有关国家安全保障的重要事宜	专门成立“国家安全保障局”；拥有统筹协调日本国家安全各项事务的权力；对国家安全战略的规划权；权限高	**内阁总理大臣** **内阁官房长官** **外务大臣** **防卫大臣** 财务大臣 总务大臣 经济产业大臣 国家公安委员会委员长 国土交通大臣

注：表中黑体字表示不同于之前的变化。表 11－1 根据《国家安全保障会议设置法》（2013 年）绘制。

如表 11－1，结合国安会设置法的变化，日本的安保体制机制将发生以下变化：

首先，国安会的权力边界得到扩展。根据国安会设置法，其审议事项达到 11 条，超过安全保障会议所审议事项的 9 条。如果说小泉内阁时期对日本安保体制机制的改变主要体现在强化首相个人意见，那么安倍内阁则更为赤裸，将武力攻击事态、周边事态、重大紧急事态的基本方针和应对事宜全部划入国安会审议条款。其标志就是关于审议事项的表述，国安会设置法去掉了此前安全保障会议设置法中“内阁总理大臣所认为”的字样，替代为应对上述事态的“基本方针”和“重要事宜”。

其次，事务机构职能和权限也得到相当程度的强化。在国防会议和安全保障会议时代，日常事务由内阁官房处理，但难以上升到顶层设计的高度。事态应对专门委员会集结了多数主管安全事务的局长或事务次官，但一年才召开一次会议。[①] 因此伴随国安会成立的国家安全保障局（以下简称国安局）将成为更重要的实权机构。首任局长为前内阁官房参事官谷内正太郎，编制为60人。在国安局内有总括、战略、情报、同盟·友好国、中国·朝鲜、其他地区六大部门，要职均由来自防卫、外务和警察部门的高级官僚担任。在国安局的统筹管理下，直接服务于国安会决策的情报系统和政策制定系统将得到强化，国家安全特别是涉外安全的国内指挥协调和危机管理决策机能将得到加强。通过建立国安会、国安局，日本还将进一步强化与美国等国在军事、外交战略、政策方面的密切沟通与协调。

最后，密室政治特色凸显。国安会的核心人员虽然没有数量上的变化，但“有关国家安全保障的外交及防卫政策的基本方针及相关重要事宜”，却是仅限于首相、官房长官、外务大臣和防卫大臣四人审议。该条款涉及内容事实上非常宽泛，可以说为四大臣在秘密状态下为日本外交及防卫政策进行顶层设计提供了温床。这个黑匣子不仅将行政部门排除在外，还置民意于不顾，这便不难理解为何各大媒体会强烈担忧国安会恐将日本国民带回战争。[②]

总体而言，国安会设置法是对日本现有安保体制机制具有重要意义的改革。结构上，它注重在现有编制和部门基础上进行渐进的、适度的改良，而不是没有任何执政基础的空壳。功能上，则全面确立了在政策、情报、危机管理等方面的中枢地位。此外，该法也受到了公明党、民主党以及日本维新会等保守势力的合作，为下一步推动日本修改集体自卫权的解释乃至宪法奠定了基础。[③]

---

① ［日］金子七絵、「安全保障会議の機能と役割」、『時の法令』、朝陽会，2010年3月、第71頁。

② 《日本国内舆论忧虑“国家安全保障会议”法案通过》，中国新闻网2013年11月8日电，http：//www.chinanews.com/gj/2013/11－08/5482063.shtml。

③ 张骥：《世界主要国家国家安全委员会》，时事出版社2014年版，第225页。

三、既有的保密法体系

除特定秘密保护法外，日本主要有4部法律涉及在安全问题方面的保密事宜。这4部法律分别是《国家公务员法》《自卫队法》《日美相互防卫援助协议的秘密保护法》（以下简称MDA法）、《基于日美相互合作及安全保障条约第六条美军在相关设施、地区及日本国内地位协定的刑事特别法》（以下简称《刑事特别法》）。

如表11－2，根据上述法律，日本政府所认定的秘密种类主要包括公务员事务相关和防卫机密两大类，其中以防卫机密为主。具体而言，已有的保密法制中有50%是保护美国向日本提供的情报，特别是军事情报。这一反常现象等于从法律层面默认了日本自身的秘密不如美军情报重要的事实。

然而，上述结论却无法解释长期以来日本政府内部泄密事件不断的原因。因此，需要对各类法制的惩罚机制或曰罚则进行详细分析。

通过表11－3可知，日本已有的保密法对违法者的最高处罚分别为10年有期徒刑或50万日元罚款。虽然罚款力度不是很大，但判刑力度也谈不上小。然而进一步分析则能发现，对泄露美军机密和日本机密的惩罚力度彼此却相差甚远。

首先，执法标准不同。《国家公务员法》仅有“泄露”和“周边相关行为”两种界定违法行为的标准，《自卫队法》在此基础上增加了“过失犯罪”一项，但却没有“侦测收集”这一标准。相反，MDA法囊括了上述所有违法行为的界定标准。《刑事特别法》除没有“过失犯罪”一项外，其他界定标准均在列。由此可知，日本对泄露美军秘密的执法标准更为严格和细致。

表11－2　既有法律对秘密种类的认定情况

法律名称	秘密种类	明细
国家公务员法	因工作得知的秘密	与所担任职务直接相关的秘密；与所担任职务无关，但在执行任务时接触得知的秘密

续表

法律名称	秘密种类	明细
自卫队法	防卫秘密	一、自卫队法附表4所列出的事项 1. 有关自卫队的使用、发展预测、规划或研究；2. 有关防卫的信号情报、图像情报或其他重要情报；3. 针对前项情报的收集整理或能力；4. 有关防卫力量的发展预测、规划或研究；5. 武器、弹药、飞机及其他防卫用物品（包括船舶、第8、9项亦适用此标准）的种类或数量；6. 防卫用通信网络的结构或通信方式；7. 防卫用密码；8. 武器、弹药、飞机及其他防卫用物品，以及对上述物品研发阶段的样品、性能或使用方法；9. 对上述物品研发阶段的制造、检查、修理及试验方法；10. 防卫用设施的设计、性能或内部用途（不包括第6项所指内容） 二、未公开的事项 三、在防卫事务方面必须要保密的事项 四、防卫大臣指定的事项
MDA法	特别防卫秘密	一、根据日美相互防卫援助协议，有关美国政府提供的装备的文本、图像及物件情报。具体包括：构造及性能；制造、保管及修理相关的技术；使用方法；品目及数量 二、未公开事宜
刑事特别法	美军机密	一、有关美军下属事宜的文本、图像或物品情报 1. 防卫事项：防卫方针或计划的内容及实施情况；部队的隶属系统、部队数量、部队兵力及装备；部队任务、部署及行动；部队使用军事设施的位置、结构、设备、性能及强度；部队使用舰船、飞机、武器、弹药及其他军需品的种类和数量 2. 编制及装备事项：有关编制或装备的计划内容或实施情况；编制及装备的现况；舰船、飞机、武器、弹药及其他军需品的构造或性能 3. 运输或通信事项：军事运输的计划内容或实施情况；军用通信的内容；军用密码

注：本表根据《国家公务员法》《自卫队法》《MDA法》《刑事特别法》及《情報保全の在り方に関する有識者会議》会议资料等制作。

表 11-3 既有保密法体系的惩罚机制

罪行	国家公务员法	自卫队法	MDA 法	刑事特别法
泄露	因职务获得的秘密，处 1 年以下徒刑或 50 万日元以下罚款	1. 工作涉及防卫秘密者，处 5 年以下徒刑	1. 以损害国家安全为目的的，处 10 年以下徒刑 2. 工作涉及特别防卫秘密者，处 10 年以下徒刑 3. 上述情形以外者，处 5 年以下徒刑	1. 泄露秘密属于必须用非正当手段侦测收集的，处 10 年以下徒刑
过失犯罪		2. 工作涉及防卫秘密者，处 1 年以下监禁或 3 万日元罚款	4. 工作涉及特别防卫秘密者，处 2 年以下监禁或 5 万日元以下罚款 5. 第四项情形以外的，因工作获知特别防卫秘密者，处 1 年以下监禁或 3 万日元以下罚款	
侦测收集			6. 以损害国家安全为目的或通过不正当途径的侦测收集，处 10 年以下徒刑	2. 以损害美军安全为目的或通过不正当途径的侦测收集，处 10 年以下徒刑

续表

罪行	国家公务员法	自卫队法	MDA 法	刑事特别法
周边相关行为	有泄露的企图、命令、故意允许、唆使、帮助的，处1年以下徒刑或50万日元以下罚款	3. 工作涉及防卫秘密者，在泄密事件中有合谋、教唆、煽动行为的，处3年以下徒刑	7. 第1、2项所指泄密情形的阴谋、教唆、煽动者，处5年以下徒刑 8. 第6项所指侦测收集情形的阴谋、教唆、煽动者，处5年以下徒刑 9. 第3项所指泄密情形的阴谋、教唆、煽动者，处3年以下徒刑	3. 第1、2项所指情形的阴谋、教唆、煽动者，处5年以下徒刑
处罚依据	本法109、111条。自卫队法第118条。地方公务员法第60、62条。外务公务员法第3、27条	本法第122条	本法第3、4、5条	本法第6、7条

注：本表根据《国家公务员法》《自卫队法》《MDA 法》《刑事特别法》及《情報保全の在り方に関する有識者会議》会议资料等制作。

其次，量刑标准不同。同样对泄露行为的量刑，《国家公务员法》最高仅判处1年有期徒刑或50万日元罚款。《自卫队法》最高则可判处5年有期徒刑，这已是对泄露日本自身秘密的最高惩罚标准。然而根据《MDA 法》和《刑事特别法》，其最高判则为10年有期徒刑。而针对“周边相关行为”的判罚，泄露日本机密最高可根据《自卫队法》判处3年有期徒刑，泄露美军机密最高则可判处5年有期徒刑。可见对日本而言，泄露美军机密比其自身机密的后果要严重得多。

虽然反间谍机制也是遏制泄密行为的重要因素，由于日本真正建立反间谍机制的时间较晚，故暂不列入本章考察范围。单就上述法制体系而言，相比美国最高可判死刑或无期徒刑、德国最高可判无期徒刑以及英法等国最高可判 14 年—15 年监禁，窃取日本秘密的成本相对较低，会变相鼓励提高窃密者的犯罪动机。这在一定程度可以解释日本政府内部频发泄密事件的原因。

四、关于日本安全法的争论焦点及问题

在围绕各项安全法规的争论中，关于宪法第九条的讨论可谓汗牛充栋，以致于有人将关于宪法第九条的讨论称为“神学”。[①] 正如前述，日本不仅在实际防卫力量方面不断突破宪法制约，还通过修改解释的方式，令日本在某种程度上解禁了集体自卫权。

国安会设置法也并非新鲜产物，早在第一任安倍内阁时便已有雏形。不仅如此，在野党和执政党在设置国安会的问题上立场也基本趋于一致。2013 年 11 月 6 日，日本民主党、公明党、维新党等在野党均对设立国安会法案投赞成票。当天就该法的众议院答辩会上，民主党议员大岛敦、长岛昭久、维新党议员藤井孝男、公明党议员上田勇等更是直言其所代表党派亦有意成立国安会，仅在细节安排上与自民党不同而已。日本共产党和大家党虽然投了反对票，但无奈在国会中的实力不济，只能眼看法案通过。

关于特定秘密保护法的争议则最为激烈，以至于安倍内阁最后于 2013 年 12 月 6 日深夜强行推动该法在参议院通过。该法的支持者声称，为维护国家安全，需要对机密严加保护，因此相关法律必不可少。而反对者则认为该法将带来诸多后患，甚至会将日本变成能发动战争的国家。[②] 尽管安倍内阁在制定实施细则时做了相应考量，但以下几大问题成为其无法回避的硬伤。

---

① ［日］田中明彦、『安全保障—戦後 50 年の模索』、読売新聞社、1997 年、第 1—12 頁。

② ［日］佐藤優、「戦争ができる普通の国への道」、『月刊日本』、2014 年 1 月、第 12—17 頁。

第一，国民知情权遭到侵害的问题。该法第22条规定，不得对法律做扩大解释，不得侵害国民基本人权，对有利于国民知情权的报道采访，须确保其自由。然而事实上，一旦外交、防卫、反间谍及反恐等情报被指定为特定秘密后，普通民众若要求信息公开，政府将不可能给予回应。唯一可能的，只有政府内部人士出于特定目的将信息泄露给相关媒体时，民众才有机会得知。但这种被动的信息获知和知情权在法理上性质是完全不同的。

第二，秘密内容被肆意指定的问题。由于秘密指定权掌握在行政机关首长手中，根据该法第18条规定，定密和解密的标准亦是由政府统一决定。由于被指定为特定秘密的内容密级高、保密性强，无论从官僚主义的惯性行为模式，还是人性恶的逻辑出发，政府机构不肆意指定秘密的可能性都非常低。

第三，监督机制被架空的问题。现代民主政治的精髓之一就是权力平衡，日本作为典型的采用西方民主政治制度的国家，在国家安全保密方面理应具备高效透明的监督制衡机制，来防止“最坏的民主”。虽然当前自民党占据国会的多数议席，但少数党也可根据特定秘密保护法第19条要求政府每年向国会报告并公开内容，从而实现权力的制衡。但在对该法的实施筹备工作中，安倍内阁计划设立一系列如“情报保全咨询会议”“保全监视委员会”“情报保全监察室”等第三方监督机构，和国会却无半点关系。这种掩人耳目的手段，就好像手握钥匙，虽然看似将自己关进带锁的笼子里，但实质上并不构成任何威慑。

第四，保密期限过长影响终身问责机制的问题。客观的说，定期解密机制对日本而言是一项新的进步，实现了从无到有的跨步，理论上消除了一密定终身的隐患。每5年对需要保密的情报进行评估，进而判断是否需要延长保密期也是一项比较合理的安排。但是30年甚至60年这一最高保密期限则有待商榷。一般而言，日本主管安全事务的处级领导至少在40岁左右，部长在60岁左右。假设某情报经过30年的保密期后，需要对最早负责的领导进行问责，那时上述责任人已分别是70岁和90岁。尤其对后者，即便在普遍长寿的日本，也很难再追究其责任。[①]

特定秘密保护法的出台，使日本的保密法体制得到进一步的补充和完善。需要说明的是，特定秘密保护法中对防卫秘密的明细规定和自卫队法对防卫秘密的规定部门相重叠，实质上提高了日本自身防卫秘密的密级。也正因此在前者出台后，自卫队法将被修改。从这个意义上来说，特定秘密保护法对于既有保密法制的关系并非简单相加，而是既有继承，又有创新。

客观来说，每个国家都有各自的保密要求，因此相关保密法制度的设计本身并无问题。但是，日本的保密法却明显倾向于为日美同盟特别是美国服务。尤其是特定秘密保护法，从一开始就严重受到政治力量支配，都是为了增强美国对日本的信赖，更加便于美国向日本提供情报。而对他国提供情报的保护程度，远高于本国并损害本国民众的利益，是一国主权不完整的表现。

另一值得注意的是，日本一方面打着信息公开的旗号，却进一步强化各类情报的保密工作。在制定特定秘密保护法时，日本政府曾借鉴了美、德、法、英等主要西方发达国家的定密和罚则标准，这体现了其较好的横向比较意识。而在制定实施细则时，则本能地选取对自身有利的部分。比如，其第一次情报保全咨询会议召开时，内部讨论特别强调要重视“茨瓦内原则”的精神。[②] 事实上，“茨瓦内原则”主要包括披露与公众利益高度相关的信息、对告密者和媒体的保护、所有公共部门披露的义务等几方面，核心在于要求政府信息公开透明。[③] 日本实际参照了该原则的第三部门 A 单元，即对

---

① ［日］黒井文太郎、「国家安全保障会議、特定秘密保護法、揺るがぬ国の安全基盤となり得るか!? 日本版 NSCの初仕事は北朝鮮粛清対処か!」、『軍事研究』、2014 年 2 月、第 203 頁。

② “茨瓦内原则”全称为“关于国家安全和信息权的普遍性原则”（The Tshwane Principles on National Security and the Right to Information），于 2013 年 6 月 12 日在南非首都茨瓦内发布。该文件由索罗斯的开放社会基金赞助，由来自 70 多个国家的 22 个组织，共计 500 余名专家参与起草。

③ Open Society Justice Initiative，*Understanding the Tshwane Principles*，June. 2013. http：//www. opensocietyfoundations. org/briefing-papers/understanding-tshwane-principles.

信息的定密及解密规则部分，不仅半点未提上述原则公开透明的核心精神，也在从实际行动上不断将秘密锁进黑箱。[①]

这样一部法律，理论上可以将各类情报活动，甚至战争计划“保护”起来。正是出于对不可预测后果的担忧，日本民众和各界精英均对此表示强烈反对。自民党前政调会长，现无党派议员亀井静香则尖锐地指出，在广大日本国民深感不安的情况下，强行通过特定秘密保护法，最终也将不起作用。[②] 但木已成舟，要全面评估特定秘密保护法的长远影响，排除小概率事件的例外，恐怕只能靠时间来检验。

综上所述，尽管日本安全法律体系尚未发生结构性变化，但却面临其他多方面的挑战。例如，通过修改对宪法的解释来解禁集体自卫权，日本的安保体制由过去的相对克制，开始表现出明显的攻击性。通过国安会设置法，日本政府可以在安全事务方面享有近乎一言堂的特权。而特定秘密保护法，则挑战了其一直标榜的言论自由。这种趋势或许还将持续下去，积累到一定程度，则必然动摇和平宪法的根本。届时的日本，也将变得更加危险。

第四节　日本安保体制的构成

根据国家安全保障会议设置法，能够参与并决策日本最高级别安全事务的一共有 9 名大臣。与之对应的机构则分别是国家安全保障会议及其事务机构、防卫省、外务省、国土交通省、国家公安委员会、法务省、总务省和财务省。

其中，国家公安委员会下属的警察机构和法务省方面主要是下属的公安调查厅涉及安全事务较多，情报机构的职能更强。此外，总务省负责与情报流通相关的监管，财务省主管财政等。而国家安

① ［日］情報保全諮問会議、「第 1 回議事要旨」、2014 年 1 月 17 日。见日本内阁官房网站，http：//www. cas. go. jp/jp/seisaku/jyouhouhozen

② ［日］亀井静香、「特定秘密保護法は機能しない」、『月刊日本』、2014 年 1 月、第 50 頁。

全保障会议方面，重点介绍务虚的事态应对专门委员会和务实的国家安全保障局（以下简称国安局）。国土交通省则主要是下属的海上保安厅，由于其广泛的海洋执法职能属性，在海洋安全和领土争端方面扮演重要角色。

一、事态应对专门委员会

该委员会自2001年安全保障会议成立时便已设立。其初衷是为了在紧急事态下，通过对事态的分析及判断，在极为有限的时间和条件下，基于平时的调查分析，为各大臣会议提供建议。一般情况下，该委员会一年召开一次会议。① 该委员会的委员长是内阁官房长官，委员基本由各省厅相关部门局长级官僚构成。这是因为，无论是“四大臣会议”也好，“九大臣会议”也罢，真正的政策执行与建议还需仰仗各行政部门。在日本近30万名公务员队伍中，司局级以上干部约有600人，这些高级官僚均为名校出身且训练有素，是不折不扣的中坚力量。而与安全保障相关的局长或事务次官更是屈指可数的22人左右，他们是真正贯彻国安会方针政策的群体。②

从操作层面来说，各类事务直接让大臣进行商议也缺乏回旋余地，不利于稳妥的制定政策，因此并不可行。关于这一点，在国安会筹备期间，日本政府内部已进一步予以确认并达成共识。③ 通过在事态应对专门委员会中由次官和局长级的事务层级会议后，再转到

① ［日］金子七絵、「安全保障会議の機能と役割」、『時の法令』、朝陽会，2010年3月、第71頁。

② 事态应对专门委员会的委员有：内阁官房副长官、内阁危机管理总监、内阁官房副长官助理、内阁情报官、警察厅次长、总务省总务审议官、消防厅长官、法务省入国管理局长、外务省综合外交政策局长、外务省北美局长、财务省财务官、财务省关税局长、文部省学术政策局长、厚生劳动省技术总括审议官、农林水产省消费安全局长、经产省贸易经济合作局长、资源能源厅长官、国土交通省国土交通审议官、海上安保厅长官、防卫省防卫政策局长、防卫省运用企画局长、统合幕僚长。

③ 「有識者会議における国家安全保障会議の運営についての指摘」、国家安全保障会議の創設に関する有識者会議、第六回、2013年5月28日。

阁僚层进行讨论，这种由制度安排产生的阶层结构可有效保证运营的灵活性。不过，总体而言，该委员会务虚的意味更多。

二、国家安全保障局

作为国安会的事务部门而成立。在安全保障会议时代，日常事务是由内阁官房副长官助理负责，工作人员约32人。升格为国安会后，国安局不仅人员编制扩充至60人，还专门设立了总务、战略、情报三大部门以及按地区划分的同盟・友好国、中国・朝鲜、其他地区等三大地区业务部门，合计六个部门。

作为国安局的起家班底，六大部门的负责人均为相关省厅的资深官僚。其中，负责整体协调的总括部门为核心牵头部门，起用防卫省日美防卫合作科长增田和夫。战略部负责人为防卫官僚赤瀬正洋，他曾担任过冲绳防卫局企画部部长及冲绳高级协调官，是“冲绳问题通”。情报部门负责人为警察官僚、现在进入内阁情报调查部的白井利明。同盟・友好国部门将启用在美使馆负责安保方面工作的船越健裕，中国・朝鲜部门将启用负责日美安保条约的科长鲶博行，其他地区部门将启用防卫省宣传科长伊藤茂树。[①] 同时，安倍还任命内阁官房副长官助理兼原信克（外务省出身）、内阁官房副长官助理高见泽将林（防卫省出身）任副局长。此外，安倍还指定身为首相助理的矶崎阳辅专司国家安保事务。

关于国安局长的人选，安倍内阁的要求是“能与美国国家安全事务助理保持电话沟通、拥有极为专业的见解、能与各国进行讨论并符合大家心目中国安局长形象的人。[②] 最终，与安倍理念相近的内阁官房参事谷内正太郎被任命为首任国家安全保障局长。谷内曾在安倍第一任内阁时作为外务省事务次官，建议安倍任首相后出访中

---

① 《日政府确定国家安全保障局人事任命，设中朝专部》，中新网2013年11月14日电，http：//www. chinanews. com/gj/2013/11－14/5504609. shtml。

② ［日］「有識者会議における国家安全保障会議の運営についての指摘」、国家安全保障会議の創設に関する有識者会議、第六回、2013年5月28日。

国，实现“破冰之旅”。同时，他也积极倡导“民主与自由之弧”的价值观外交，并主张变更对宪法的解释、行使集体自卫权并牵制中国。不仅如此，谷内曾任日本驻洛杉矶总领事，并对美国国家安全委员会极为熟悉。安倍再次出任首相后，便将谷内招入内阁任内阁官房参事，成为安倍的最高外交顾问。可以说，谷内是安倍第二任内阁中最被信任的智囊之一，甚至被称为自民党外交政策的总设计师。就在谷内被任命后，安倍称“希望谷内局长能够立即展开工作，出访世界各国，尤其是访问美国和英国等主要国家的国家安全委员会，并展开紧密合作。”① 由此可见安倍对其寄予的厚望。

三、内阁首相

自战后至今，在日本安全法律体系未发生根本性变化的情况下，不同的内阁首相，其任内安保体制的运作也不同。即在不同安全观影响下，每个首相对安全事务的介入程度及政策议程不同，由此安保体制中的政策、法规、机构、权力等也将有所差异。

例如，二战结束至 20 世纪 60 年代，在吉田茂、岸信介等为代表的保守主流安全观主导下，日本一方面回应美国和民众的要求，通过了和平宪法，同时又努力保留了天皇制。根据实际情况，优先发展经济，进行有节制、有计划的重整军备。

进入 20 世纪 70 年代，随着日本经济的高速发展，以大平正芳为代表的综合安全保障论提出需同时依靠日美安保条约和高质量有限度的本国防卫力量，提高外交自主性，构筑日本的安保体制。② 大平的安全观强调全球视野，主张军事与经济安全同等重要，认为保障安全的手段应综合政治、文化、经济等多方力量。

20 世纪 80 年代以后，长期执政的中曾根康弘主张大力发展防卫，谋求政治大国地位，并公然宣称要突破和平宪法。在这一被称

---

① 《安倍宣布起用谷内正太郎担任日本“国安局”首任局长》，国际在线 2013 年 12 月 4 日电。http：//gb. cri. cn/42071/2013/12/10/6991s4352011. htm。

② ［日］長富祐一郎、『近代を超えて—故大平総理の遺されたもの』、大蔵財務協会、1983 年，第 10—35 頁。

作新保守主义安全观的影响下，国防会议于1986年正式转变为安全保障会议，日本的安保体制也开始具备应对重大紧急事态的功能。此外，还设立了内阁调查局，赋予其与内阁法制局相当的策划调查实权，强化了以首相官邸为中枢的情报系统等。①

冷战结束后的相当长时间内，日本开始迷失发展方向，政局也陷入动荡。这一时期的首相不仅任期普遍较短，其个人安全观也并不具备十分明确的目标。

而进入21世纪后，小泉纯一郎采取鲜明的紧跟美国的策略。在其任内，日本的安保体制以强化日美同盟为中心，有了非常明显的改变。通过推动《有事三法案》，强化安全保障会议的权限，设立事态应对专门委员会等一系列改革，日本得以合法、合理、高效的配合美国在全球范围的军事行为。比如，相比2001年的阿富汗战争，日本在2003年支援美国打伊拉克战争时遇到的法律和政策障碍不仅变少，甚至更加“理直气壮”。

鸠山由纪夫积极主张修改宪法，追求日本的独立自主。重要的是，其修宪是以排除美国为前提的，因此其安全观则倾向于脱离美国。对此，鸠山也曾直言日本对美从属是一种病态。② 相比之下，福田康夫、麻生太郎以及菅直人和野田佳彦等人则总体表现为，在日美同盟及和平宪法的框架下运行日本的安保体制。这些首相，或许在观念细节上有所差异，但都认识到无法从根本上改变日本安保体制的基轴，因此其本质同保守主流安全观并无大异。

安倍晋三也主张修宪，但并不公开采取和美国对抗的方式。其一边紧密追随美国，同时又利用美国，借机挑起地区事端，为其修宪造势。

通过对日本首相的安全观进行分类，可以发现进入21世纪以来，多数首相是以日美同盟为基础来运行日本的安保体制。在上述人员当中，又以信奉权力政治的现实主义者居多，这在某种程度上

---

① ［日］中曽根康弘，《日本二十一世纪的国家战略》，海南出版社2004年版，第240—263页。

② ［日］鳩山由紀夫、孫崎享、植草一秀、『対米従属という宿痾』、飛鳥新社、2013年。

也可以解释日本安保体制开始出现进攻性的趋向。

四、内阁官房

内阁官房是日本安保体制机制的中枢协调机构，不仅承担内阁官房所辖范围的危机管理事务，还承担相当于安全保障会议事务局的角色。当危机发生时，还要负责在官邸的危机管理中心的综合协调工作。

内阁官房的总负责人是内阁官房长官，负责内阁官房与内阁府。下设3名官房副长官，其中一名官房副长官主管危机管理事务。① 此外有内阁危机管理总监一职，由首相任命并全面负责危机管理事务（除国防事务外），属于特别公务员，通常由警视厅资深官僚担任。危机管理总监在遇紧急事态时，首先召集各省厅负责危机管理的司局级领导，成立紧急集合小组，采取相应措施。

每位官房副长官配备一名助理，其中一人负责安全保障·危机管理。官房副长官助理是危机管理事务层面的主要协调人，其职责是当发生危及或有可能危及到日本国及其国民的生命、身体及财产安全的重大紧急事态时，进行应对措施的企画、立案，经首相及阁僚决定后，负责在首相官邸危机管理中心的具体落实。此外，还负责安全保障会议的事务工作。同时，也协助管理内阁危机管理总监的公文运转；在内阁官房副长官助理手下，通常配备一名危机管理审议官，根据实际情况需要，还会配备一名内阁参赞。

内阁官房副长官之下，设有内阁情报调查室，负责人为内阁情报官。其主要职责是调查和分析发往内阁的政治、经济、军事及国内外，短期和中长期情报。其中，和危机管理直接相关的部门为内阁情报收集中心和内阁卫星情报中心。

五、防卫省

从安保体制的构成来说，防卫大臣及所辖的防卫省是实际的政

---

①　其余2名副长官分别负责外务、内政。

策制定和决策机构，区别于陆海空自卫队等实战机构。防卫省是在2006年时由防卫厅升格而来。一字之差的变化，伴随的是防卫省权限和地位的全面提升。首先，防卫大臣无需经过内阁，可直接向国会提交防卫相关的议案及预算案。其次，防卫大臣可要求召开内阁会议，由此影响政府议题设置和政策走向。最后，包括国际救援、联合国维和等事务在内成为自卫队的正常任务而非附属任务，防卫大臣无需再获得国会审议，即可派自卫队赴海外执行上述任务。

在防卫大臣之下，有两名防卫副大臣和两名防卫大臣政务官。防卫省内部对防卫相关事项及方针政策的审议机制名为“防卫会议”，主要成员有防卫大臣、副大臣、大臣政务官、大臣助理、事务次官、官房长官、各司局局长、统和幕僚长、陆海空幕僚长、情报本部长等。

六、外务省

外务省是负责日本对外关系的最高政府机构。截至2014年，本部包括大臣官房在内共有14个司局，工作人员2200人左右。其全部驻外使领馆及办事处则有共计约3500人。

在机构改革方面，最近的一次是2004年将领事移住部升格为领事局，将原有国际情报局改组为国际情报统括官组织，以及在综合外交政策局内新设立裁军不扩散·科学部等。2006年，在亚洲大洋洲局内新设南亚部，以加强同印度及东盟的关系。同时，将原有的经济合作局和大臣官房国际社会合作部整合为国际合作局。

在职能方面，2009年7月外务省进行了一次体制改革，将有限的人力资源投入到以下7大方面进行强化。具体主要有：1. 气候变化；2. 同阿富汗及巴基斯坦的关系；3. 安全保障政策；4. ODA方面；5. 经济外交方面；6. 战略情报对外宣传方面；7. 大臣官房职能等。①

---

① ［日］『平成21年の機構改革に関する詳細』、外務省、2009年7月，http：//www.mofa.go.jp/mofaj/annai/honsho/kai_genjo/pdfs/kikoukaikaku_h21.pdf。

在外务省根据世界形势变化一直做出相应调整的同时，其在日本安保体制机制中的地位更值得关注。在二战期间日本军国主义横行时，外务省就曾是军部的马前卒，整个日本的外交也是为侵略而非和平服务。时至今日，特别是在国安会的四大臣会议上，随着防卫省地位的上升以及日本政坛整体右倾化朝右翼化的转变趋势，外务省是扮演谈判及妥协的角色，还是成为右翼化浪潮中的附庸者，将对日本的安全局势走向有决定性影响。

七、海上保安厅

作为一个海洋国家，除了可在远洋行动的海上自卫队以外，日本保卫其漫长海域的最前线力量是隶属国土交通省下的海上保安厅(以下简称海保厅)。它是当今世上实力仅次于美国海上警卫队的准军事力量。截至2012年末，共有12689人。其中，部署在地方保安管区有11106人，巡逻船及飞机编队有5988人。在装备力量方面，则有446艘舰船和73架飞机。①

根据日本自卫队法第80条规定，当日本首相需要出动自卫队时，可发布政令，将海保厅划归防卫大臣指挥。② 当海保厅隶属防卫大臣指挥时，其在使用武器方面的权限则要依据《自卫队法》。故此可以认为，日本海保厅是变相的海上自卫队及海上警察部队。

由于受国内宪法限制及国际社会紧盯，海上自卫队的行动并不自由。而让海保厅来执行前线护卫工作的好处在于，可以缓冲由海上自卫队直接行使武力所带来的敏感因素和战争风险，同时又增加其根据国内法律执行公务的合法性。

根据日本战后出台的首个《国家安全保障战略》，国安会将作为司令塔，通过强大的政治领导，从战略体系层次实施国家安全政策。经过改革后的日本安保体制，将通过有层次的机构设置和相对柔性

---

① ［日］海上保安庁、『海上保安レポート2013』、日経印刷株式会社、2013年。

② ［日］《自衛隊法》第80条，http：//www. mod. go. jp/j/presiding/law/index. html。该法最新修正于2012年11月26日。

化的运营，以战略规划为主，强化对外宣传、情报和危机管理等功能。由于领导人因素的重要影响，安倍内阁任期内的安全体制将充满其个人特色。

第五节　日本安保体制的运行机制

政治决策过程通常包含决策者对问题的认识过程、各种政治主体相互作用以及决策机制的运行过程等过程的叠加和重复，甚至有时更加复杂多变①。总体而言，一般决策机制包括安保机制在内，其主要包括预警、决策、执行和反馈四个环节。考虑到情报传递、内部协商和博弈等因素，这四个环节未必会完美的按照时间序列进行，有时会同步甚至反复。为便于分析，我们取某一瞬时的横截面，对各个环节进行考察。

一、预警机制

如图 11－1，预警机制是安保体制运行的第一道防线，具有基础性、广泛性和连贯性的重要意义。所谓基础性，是指各个安全机构

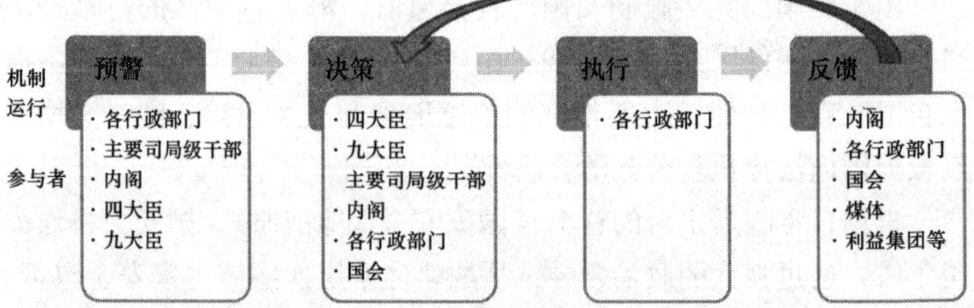

图 11－1　日本安保机制运行示意图

① 唐晓、杨帆著：《政治科学基础》，世界知识出版社 2007 年版，第 215—216 页。

位于了解和应对安全事态的最前线。广泛性则是指对各种可能的安全事态要有尽可能全面的认识、分析、评估和应对方案。连贯性则强调预警行为需要自始至终保持运转，特别是当事态发生时，要保持对事态持续高度的监控。由此可发现，预警机制的核心，是情报机制。

事实上，进入国安会时代后，日本情报的共享及流转机制进一步被理顺。国安局有权向各部门定制情报，并进行汇总分析。这不仅拓宽了情报传递渠道，从制度上减少情报部门之间各自为政的弊端，从而提高了预警能力。

不仅如此，在国安会领导下，各情报部门的服务对象更加明确，服务目标更为一致，客观上有利于强化预警效果。就像物理中力的概念是同时包含能量和矢量两个要素的，预警机制也包含能力和方向两方面。只有确定明确的方向，预警能力的运转才具有实际意义。

二、决策机制

在安全决策机制中，参与人员主要由九大臣及各部门司局级领导组成，参与机构则包括内阁和各行政部门。在国安会体制下，政党和国会参与决策的机会越来越少。

总体而言，日本的安全决策机制有三种模式：

第一种是九大臣议事模式，即由首相等九名阁僚针对国防基本方针、防卫计划大纲、应对武力攻击事态等事项进行决策。[①] 这种机制主要是对常规安全事务进行一般性审议，以获取多角度、综合性的观点为目的。鉴于议题的普遍性，其意义更多在于维持文官统治的机能。

第二种是四大臣议事模式，即由首相、内阁官房长官、防卫大

① 具体而言，九大臣审议的事项有：国防基本方针；防卫计划大纲；基于防卫计划大纲的相关产业计划大纲的调整；应对武力攻击事态的基本方针；应对武力攻击事态的重要事宜；应对周边事态的重要事宜；《自卫队法》第三条第二项第二号关于自卫队活动的重要事宜；除前述事宜以外的国防重要事宜；应对重大紧急事态的重要事宜；其他有关国家安全保障的重要事宜。

臣和外务大臣 4 人针对除前述事项外，“有关国家安全保障的外交及防卫政策的基本方针及相关重要事宜”。正如前述，这一表述的内涵非常宽泛，实际上赋予该机制对日本中长期安全战略的决定权，从顶层设计的角度确定安全政策方向。

第三种是紧急事态模式，即以四大臣为中心，根据重大突发事件召集其他不同大臣，对需要做出高度政治决断的事项进行审议。在此机制下，首相会提前根据事件性质指定相关大臣参会，成员未必都在九大臣之列。例如，当发生领海入侵或非法登陆的紧急事态时，除四大臣外，法务大臣、国土交通大臣和国家公安委员会委员长也会参与决策。这里的法务大臣就不在 9 大臣名单中。因此，这套机制旨在强化应对紧急事态，力求迅速、稳妥的解决问题[①]

三、执行机制

当决策下达后，各行政部门负责具体操作执行。根据前述决策机制，不同模式所应对的议题性质不同，因此执行机制也会有所差异。具体主要体现在执行时间、执行强度等方面。

在执行时间方面，紧急事态模式下的决策要求在短时间内执行到位，稍有不慎便会造成重大影响。而无论是四大臣议事模式所讨论的战略型议题，还是九大臣议事模式讨论的一般性议题，其对执行时间的要求都会相对宽松。

在执行强度方面，执行紧急事态的任务要求在短时间内动用大量资源来解决问题，特别是多数紧急事态属于传统安全问题，往往涉及是否使用军事力量、是否采取对抗、干预等，对国家动员及调配资源的能力有很高挑战。战略型议题的执行也会涉及多方面，但其执行强度会有所下降。一般性议题的执行强度相比最低，通常由官僚机构根据日程完成预定任务即可。

举例而言，制定防卫计划大纲、修改日美安保条约和应对朝鲜

① ［日］内閣官房国家安全保障会議設置準備室、「国家安全保障会議について」、国家安全保障会議の創設に関する有識者会議・第六回会合、2013年5月28日、第1頁。

发射导弹这三个议题分别应对九大臣决策模式、四大臣决策模式和紧急事态模式。防卫计划大纲通常是一个10年计划，其执行时间相当长，即便需要修改，留给领导层进行决策的空间也足够。修改日美安保条约对日本而言属于战略型议题，一旦提上日程，至少需要在本届首相任期内达成一定成果。考虑到日本首相并不算长的任期，实际执行时间也比较有限。为达成所需成果，日本需要不断和美方进行外交、防卫及更高层级的磋商和沟通。而当朝鲜发射导弹时，理论上只需数分钟便可飞到日本本土，将预警的时间除外，事实上留给日本应对的时间只能用秒计算。这种情形下，不仅需要决策者在极短的时间内做出决断，还要求行政部门必须执行到位。

四、反馈机制

这是对上一轮决策进行综合评估的必要程序，其目的是为了检验和改进政策效果。若有必要，则继续执行一轮预警—决策—执行—反馈的环节，直到取得预期效果为止。因此，反馈应该至少包括博弈和调整两个环节。

博弈包括对外和对内两个层次。对外博弈主要是日本同安全政策所针对的目标国和第三国之间的博弈。对内博弈主要指官僚机构之间、媒体和民众、利益集团的博弈。

调整则是用引导或强制性手段，使政策效果朝预期状态发展。理想的状态应该是目标国的反应完全在己方预料之内，第三国不表示反对或支持，而国内官僚机构铁板一块，媒体和民众则一片叫好。现实情况是，目标国往往会表示激烈抗议，第三国态度暧昧或表示反对，国内官僚机构为本部门利益争斗不止，媒体不断曝光，民众表示不满等。

日本在国安会时代的反馈机制得到进一步理顺，即通过整合内部一致对外。例如，通过特定秘密保护法和国安会设置法等，减少媒体和民众参与监督及发声的机会。引入严格的泄密惩罚机制，让官僚机构不敢轻易将内部政策曝光出去。由此，对内博弈的激烈程度大为下降，从而可以统一思想和口径，一致为其联美反中的政策预期服务。

本节对日本安全决策机制尝试了模块化的分析。通常人们会认为，国家制定政策的过程应该是井然有序的，权责是分明的，这样才是合理的。[①] 但这并不代表我们必须陷入“机械化”的思维及分析模式。由于安全问题的敏感性和重要性，大多数时候我们并无法打开“黑箱子”对其进行精密地观察。了解日本的决策机制，最终目的是为了预测日本在安全问题上的政策走向，进而为中国的政策决定提供尽可能可信、可靠的依据。

① ［美］罗杰·希尔斯曼等著：《防务与外交决策中的政治——概念模式与官僚政治》，商务印书馆2000年版，第94页。

第十二章 以色列政治体制与国家安全决策体制*

以色列自建国以来一直面临着复杂的国内外安全环境。在国内，有犹太人与阿拉伯人、犹太族群彼此之间以及世俗与宗教之间的矛盾；在国外，与周边阿拉伯国家之间有领土争端，特别是“巴以争端问题”。正因为如此，以色列始终将安全作为国家政策的中心议题，国家安全决策始终处于其政府决策的核心。

目前，国内外学者关于以色列国家安全决策的研究主要集中在以色列国家安全决策的体系结构层面。有学者运用合法性视角探讨了以色列面临的追求国际合法性的安全困境对以色列安全政策制定的影响。[①] 也有学者运用社会安全困境概念探讨以色列的民族关系，认为以色列境内的犹太人和阿拉伯人安全身份的不同导致以色列陷入安全困境，这也是影响以色列安全决策因素之一。[②] 以色列前国家安全顾问弗雷利克（Charles D. Freilich）是研究这一问题的重要学者。他分析了以色列国家安全决策体制的弊端，并提出改进建议，他希望借此能提升以色列国家安全决策的效率。[③] 另外一名学者科恩

---

* 本章为2017年国家社科基金重点项目“美国国家安全危机预警体制机制及启示研究”的中期成果（项目编号：17AGJ004）。

① Ronnie Olesker, *Israel's Securitization Dilemma: BDS and the Battle for the Legitimacy of the Jewish State*, Taylor and Francis 2021.

② Ronnie Olesker, “Israel's Societal Security Dilemma and the Israeli-Palestinian Peace Process,” *Nationalism and Ethnic Politics*, Volume 17, Issue 4, 2011.

③ Charles D. Freilich, “National Security Decision-Making in Israel: Processes, Pathologies, and Strengths”, *The Middle East Journal*, No. 4, 2006, pp. 635 - 663.

(Stuart Cohen) 分析了宗教对以色列的安全话语和当代犹太思想中安全关注重点的影响。[①] 国内学者的研究主要集中于以色列国家安全委员会，这可能与中国2013年成立中央国家安全委员会开始重视国家安全决策体制建设有关。唐恬波在《以色列国家安全委员会》一文中梳理了以色列国家安全委员会的发展历程和影响制约因素，[②] 艾仁贵在《以色列国家安全委员会在国家安全决策中的作用》一文中探讨了以色列国家安全委员会在国家安全决策中的作用，包括完善国家安全的顶层设计、增强国家安全决策的科学性与合理性、强化反恐怖主义与危机状态的管理和控制、推动国际安全事务的对话与合作等方面对以色列国家安全决策具有重要的意义，[③]高庆德在《以色列情报组织揭秘》一书中则梳理了以色列的情报机构，包括其情报机构的成立与发展、摩萨德等情报组织、情报侦察与训练系统等。[④]

总的来看，学界鲜有关于以色列国家安全决策的犹太教因素影响机制的学术成果。以色列作为世界上唯一以犹太民族为主体的国家，从建国伊始就与犹太教产生了千丝万缕的联系，"犹太人的宗教性与民族性密切联系在一起"，[⑤] 形成犹太教（Judaism）和犹太复国主义（Zionism）[⑥] 和犹太民族主义（Jewish Nationalism）相互影响的基本观念结构，涉及以色列的宗教观念、国家认同和民族文化等各个方面。犹太教在以色列国家安全决策中的地位举足轻重，探究犹太教因素对以色列国家安全决策的影响机制有助于理解其国家安全决策的深层逻辑。本章拟通过分析以色列政教关系模式，并据此进

---

① Stuart Cohen, *Divine Service? Judaism and Israel's Armed Forces*, UK: Ashgate, 2014.

② 唐恬波：《以色列国家安全委员会》，《国际研究参考》，2014年第2期，第19—23页。

③ 艾仁贵：《以色列国家安全委员会在国家安全决策中的作用》，《国际安全研究》，2014年第5期，第68页。

④ 高庆德：《以色列情报组织揭秘》，时事出版社2012年版。

⑤ 傅有德：《美国犹太教改革派的百年嬗变：三个向度的解读》，《武汉大学学报（哲学社会科学版）》，2020年第4期，第39页。

⑥ 犹太复国主义，也称"锡安主义"（Zionism），旨在支持或认同于以色列地带重建"犹太家园"的行为，也是基于犹太人在宗教思想与传统上对以色列土地之联系的一种意识形态。

一步探讨犹太教因素影响以色列国家安全决策的机制。

第一节　以色列政教关系模式

政教关系有狭义和广义之分。从狭义上看，政教关系是指世俗权力集团和宗教权力集团在国家政权结构中的权力分配状态，是“世俗权力集团与宗教权力集团基于相互间的利益和力量对比状况所形成的、能够支配国家政权及其统治方式的一种客观态势。”① 狭义的政教关系认为世俗权力集团和宗教权力集团是独立的二元结构，并依此逻辑将政教关系分为政教合一和政教分离两种形态，然而事实上在很多的政教关系中世俗权力集团与宗教权力集团二者无法完全分割开来，往往互相渗透。例如，在以色列政教关系中世俗权力集团中的政党包括宗教政党，宗教权力集团中的神职人员又是世俗政党的重要支持力量。因此，简单的二分法无法解释现实政治中复杂的政教关系，这就需要从广义上理解政教关系的内涵，即政教关系不仅指世俗权力集团与宗教权力集团在国家权力结构中的分配状态，还包括宗教与政治意识形态、宗教与政治文化等之间的关系。广义上政教关系中的“政”不仅仅指世俗权力集团，还可以指政治意识形态和政治文化，“教”不仅仅指宗教权力集团，也可以泛指一切宗教文化现象，② 摆脱了狭义理解的局限性。

“意识形态是特定社会阶级或集团对现存或构想中的社会制度进行解释、辩护或对某种社会制度进行批判、改造的理论体系。”③ 政治意识形态是意识形态在政治领域的体现，其实质是政治权力集团构建其权力的合法性体系，而宗教与政治意识形态的结合为政治权

---

① 王林聪：《中东国家政教关系的变化对民主实践的影响（上）》，《西亚非洲》，2007 年第 6 期，第 21 页。

② 张践：《论政教关系的层次与类型》，《宗教学研究》，2007 年第 2 期，第 132 页。

③ 黄新华：《当代意识形态研究：一个文献综述》，《政治学研究》，2003 年第 3 期，第 58 页。

力赋予宗教意义提升了政治权力的合法性，从而形成具有宗教特点的政治文化。政治意识形态与政治文化并不完全相同，政治意识形态被社会个体成员接受的过程就是政治文化的形成过程。政治文化强调社会和其中个体的政治态度和情感，它不完全受政治意识形态的影响。宗教与政治文化结合可以对社会和其中个体的政治态度和情感产生影响。[①]

当前学术界对政教关系类型的理解虽然有细微差别，但分类依据和结果基本一致，将政教关系分成四种类型。[②] 他们利用政教关系的三个维度，即宗教与政治权力、宗教与政治意识形态、宗教与政治文化来定义不同类型的政教关系。本章将参考这一视角对政教关系进行分类，具体包括政教一体、政教相依、政主教从和政教分离四种类型。

以色列政教关系模式是介于“政教相依”和“政主教从”之间，具有其自身的独特性。到目前为止，以色列尚未制定宪法，主要通过 12 部《基本法》来规定国家的基本政治制度。由于以色列世俗权力集团和宗教权力集团之间未能就国家的政教关系达成一致意见，这也是以色列至今没有制定涉及政教关系《基本法》的主要原因。

以色列政教关系的法理依据是以色列建国初期世俗权力集团与宗教权力集团所达成的《现状协议》（status quo agreement）[③]，它是以色列国内两大权力集团妥协的结果。在奥斯曼帝国时期，巴勒斯坦地区被奥斯曼帝国统治，生活在这里的犹太人臣服于帝国统治。这一时期的以色列政教关系表现为奥斯曼帝国政权与巴勒斯坦犹太人宗教社团之间的关系，奥斯曼帝国对犹太教社团施行内部自治。

---

① 张践：《论政教关系的层次与类型》，《宗教学研究》，2007 年第 2 期，第 133 页。

② 张践：《论政教关系的层次与类型》，《宗教学研究》，2007 年第 2 期，第 133—143 页；王林聪：《中东国家政教关系的变化对民主实践的影响（上）》，《西亚非洲》，2007 年第 6 期，第 21 页。

③ 《现状协议》，即 1947 年 6 月 19 日犹太代办处执行委员会发给世界以色列正教党联盟的一封信，信上有本·古里安及其他一些执委会官员的署名。该协议奠定了当代以色列政教关系的基础。

犹太教社团在遵守帝国法律的前提下，可享有宗教、教育、文化等方面的自治权，帝国授权宗教团体可独立行使宗教权力及进行与宗教事务有关的活动。[①] 在英国委任统治时期，英国接替了奥斯曼帝国对整个巴勒斯坦地区的统治，并延续了奥斯曼帝国处理以色列政教关系的思路，实施犹太人自治的“伊休夫”制度。[②]“伊休夫”制度自治程度更高，在宗教事务自治的基础上还实现了部分政治和经济领域的自治，这一制度一直延续至以色列 1948 年建国之前。二战后，巴勒斯坦地区的犹太人在英美的帮助下建立了一个以犹太人为主体的以色列国。在建国过程中，以本·古里安（David Ben-Gurion）为首的以色列建国一代领导人面临着如何处理以色列政教关系的难题，经过几个回合的博弈，世俗派与宗教社团最终达成妥协，确立了以《现状协议》为基础的以色列政教关系。在该协议中规定了犹太教在犹太律法、婚姻、宗教教育方面所具有的权利，并明确政府支持宗教教育和不推行世俗婚姻。可见，《现状协议》延续了奥斯曼帝国时期和英国委任统治时期犹太教所具有的权利，但其权利范围并没有扩张，这主要是因为世俗权力集团的制约。

以色列的政教关系模式随着世俗权力集团与宗教权力集团的博弈而不断调整。以色列于 1948 年宣布建国，“犹太复国主义运动”的目标得以实现，[③] 这是从西奥多·赫茨尔（Theodor Herzl）到本·古里安几代犹太复国主义者不断努力的结果。在以色列建国时，以人民主权、民族国家为核心的“犹太复国主义”等观念已成为以色列社会的民族主义政治意识形态。虽然犹太宗教观念仍具有很大的影响力，但不再是国家的政治意识形态，而是作为政治文化的组成

---

① Sezgin Yüksel，“The Israeli Millet System：Examining Legal Pluralism Throuh Lenses of Nation-Building and Human Rights”，*Israel Law Review*. Vol. 43. No. 3，2010，pp. 631 – 632.

② “伊休夫”（Yishuv）在希伯来语中的意思为定居，“伊休夫”制度指的是在英国委任统治时期，英国统治者给予生活在巴勒斯坦地区的犹太人以一定的自治权，犹太人以犹太社团为单位行使自治权。英国委任统治当局承认了伊休夫及其代表机构的法律地位。

③ “犹太复国主义运动”指散居世界各地的犹太人要求回到古代故乡巴勒斯坦，重建犹太国的政治主张与运动，其思想根源于犹太复国主义。

部分，因此，在这一时期以色列具有“政主教从”型政教关系模式的特点。我们也注意到，以色列犹太教势力通过犹太教政党嵌入以色列国家权力并对其施加影响，特别是1977年右翼政党利库德集团（Likud）首次执政以来，以色列宗教权力集团的影响力不断扩大。具体表现在两个方面：一是犹太教权力集团对以色列的国家政治意识形态“犹太复国主义”进行宗教化解释，赋予“犹太复国主义”以“弥赛亚救赎”① 的意义，使国家政治意识形态与犹太教的观念逐渐融合甚至趋同；二是以色列政府通过不同的形式支持犹太教，强化了犹太教在以色列政治文化中的特殊地位，如通过政府拨款支持犹太教社团，通过立法实质免除正统派犹太教信徒的兵役等。虽然以色列没有直接将犹太教设立为“国教”，但犹太教已成为事实上的“国教”，以色列也具有“政教相依”型政教关系模式的特点。

因此，当前以色列的政教关系模式可以称之为“政主教从”式的“政教相依”模式。形式上，以色列没有将犹太教设立为国教，而将“犹太复国主义”作为国家的根本政治意识形态，犹太宗教观念则视作政治文化的构成单元，符合“政主教从”的政教关系模式。但实质上，犹太教一方面受到以色列政府的大力扶植，另一方面将犹太教的观念内核植入“犹太复国主义”之中，实现犹太教与国家政治意识形态的结合，符合“政教相依”的政教关系模式。通过上述分析可知，以色列政教关系模式形式上属于“政主教从”型，实质上属于“政教相依”型，即“政主教从”式“政教相依”模式。以色列政教关系模式具有以下特点：一是犹太教与国家政治意识形态相结合，彼此相互依赖，犹太教可以通过影响政治意识形态来直接参与国家政治，国家也需要犹太教作为政治意识形态在一定程度上为政府提供合法性；二是犹太教作为政治文化的组成部分，利用其持久的文化影响力，深刻地影响以色列决策者和国民的政治态度、政治信仰和政治情感，间接影响国家政治。

以色列的政教关系必然会导致犹太教对国家权力产生影响，这其中包括对以色列国家安全决策产生影响。笔者认为，犹太教主要

---

① “弥赛亚救赎”，指带领以色列国恢复大卫统治时期的辉煌盛世，弥赛亚为耶稣基督的别称。

是通过犹太教观念、犹太教政党、犹太教极端团体以及美国犹太团体四条基本路径影响以色列国家安全决策。

第二节　犹太教观念界定以色列国家安全利益

犹太教是当今世界最古老的宗教之一，其宗教思想的核心是一神教观念，即世界上只存在唯一的真神。在犹太教的基础上逐渐形成的犹太民族认为，他们是上帝的天选之子，并以《摩西五经》的形式将宗教思想上升为宗教规范，通过恪守《摩西五经》所规定的宗教戒律将宗教规范外化为宗教行为，进而形成系统的犹太教观念体系。在以色列“政主教从”式的“政教相依”关系模式中，犹太教观念通过与政治意识形态和政治文化的结合界定以色列国家安全利益，实现对以色列国家安全决策的影响，具体有以下几个方面：

一、充当以色列国家安全利益的“路线图”作用

犹太教观念对国家安全有三方面的作用，即界定国家安全利益，充当“路线图”的作用；当存在多种利益竞争时，观念能起到黏合剂作用，有助于合作和联盟的形成；观念可以转化为制度，而制度化的观念可以对国家安全行为具有持久的约束力和影响。[①]在人类社会的各种观念中，宗教观念根深蒂固，其对国家安全利益的影响巨大且深远，犹太教观念亦是如此。

第一，犹太教观念结合犹太复国主义共同界定以色列国家安全利益。犹太教观念与犹太复国主义有着历史的内在联系。[②] 在以色列建国的过程中，犹太教观念对犹太复国主义的形成起到关键作用，正是由于犹太教观念中将犹太人视作为上帝的选民，巴勒斯坦地区

---

① 刘骞：《后冷战时代的宗教文明和国家安全》，中国社会科学出版社2017年版，第73页。

② 高庆德著：《以色列情报组织揭秘》，时事出版社2012年版，第253页。

为上帝给予犹太人的“应许之地”，才使得在巴勒斯坦地区建立犹太民族国家的犹太复国主义思想具有了一定的合理性，而犹太复国主义思想反过来为犹太教观念转变为现实提供了条件。二者共同作用界定以色列国家安全利益集中表现在耶路撒冷的归属问题上，无论是正统派犹太人，还是犹太复国主义者都对犹太教圣地耶路撒冷有着难以割舍的情怀。因为耶路撒冷既是犹太教的宗教圣地，又是犹太复国主义者实现“复国”梦的标志和象征。为了共同的利益，犹太教观念与“犹太复国主义”相互结合并共同将耶路撒冷界定为以色列的核心安全利益，迫使政府在耶路撒冷问题上没有让步的空间，因为在涉及国家核心安全利益的问题上，政府不可能做出让步。

第二，犹太教观念结合犹太复国主义政治意识形态产生的共有观念，能够弥合以色列国内犹太教和世俗利益集团在国家安全利益和决策上的分歧。在1967年第三次中东战争（即“六日战争”）时期，以色列在东线战场与约旦作战时面临是否攻占耶路撒冷老城的问题，虽然耶路撒冷老城是犹太教圣地，但它同时也是伊斯兰教圣地和巴勒斯坦人的聚居区，攻占它必然会付出高昂的代价。起初，正统派犹太人害怕占领行动会导致重大人员伤亡而提出反对意见，但最终以色列各利益集团还是决定攻占耶路撒冷老城。[①] 这在很大程度上是因为犹太教观念和犹太复国主义结合的“弥赛亚犹太复国主义”观念影响所致，在这一共有观念聚合之下犹太教和世俗利益集团最终在攻占耶路撒冷问题上达成一致。夺得耶路撒冷的“六日战争”也可以说是以色列根深蒂固的犹太教观念的胜利。[②]

第三，犹太教观念使得以色列国家安全利益以法律等制度化的形式固定下来，进而对以色列国家安全决策形成了持久的约束力。以色列于1980年第九届议会通过《基本法：耶路撒冷——以色列的首都》，确立耶路撒冷作为以色列首都的地位，并确保其完整性和统一性，并明确耶路撒冷是国家总统、议会、政府和最高法院的所在

① 阿伦·布雷格曼著，杨军译：《以色列史》，东方出版中心2009年版，第117页。

② 西蒙·蒙蒂菲奥里著，张倩红、马丹静译：《耶路撒冷三千年》，民主与建设出版社2017年版，第606—616页。

地。该法律还涉及圣地的地位、保障圣地所有宗教信仰者的权利等内容。[1] 由于以色列将耶路撒冷的犹太圣地观念渗透《基本法：耶路撒冷——以色列的首都》，使以色列政府在涉及耶路撒冷问题的国家安全决策中受到持久的制度性约束，在涉及耶路撒冷问题上没有太大的决策空间。

二、犹太教观念影响以色列国家安全决策者

影响以色列国家安全决策的因素是多样的，其中国家安全决策者在其中扮演重要角色。以色列自建国以来，国家安全的最高决策权掌握在以色列总理及政府安全内阁手中，[2] 这种决策方式虽然高效、反应迅速，[3] 但缺乏充足的信息沟通和外部制约。第四次中东战争和第一次黎巴嫩战争暴露了这种决策方式所存在的问题。以色列在 1999 年设立国家安全委员会（NSC）试图解决这一问题，[4] 但该机构由于缺少明确的法律授权，往往被排除在国家安全决策程序之外，无法起到有效作用。在经受 2006 年第二次黎巴嫩战争的惨痛教训之后，以色列政府认识到必须改革原先的国家安全决策体制，并于 2008 年制定《国家安全法》（NSL），决定设立国家安全参谋部（NSS），通过立法明确其法律职能，包括为总理和政府提供国家安全决策参谋、为国防和外交事务预算提供参谋与选项、国家安全顾问作为内阁安全会议的召集人等。[5] 虽然《国家安全法》增加了国

---

① 以色列议会官方网站：Basic Laws of the State of Israel [EB/OL]，[2020 - 4 - 10]，https：//main. knesset. gov. il/EN/activity/Pages/BasicLaws. aspx。(上网时间 2020 年 5 月 20 日)

② 以色列政府安全内阁是以色列政府最高安全决策机构，一般由总理或代总理、副总理、国防部长、外交部长、财政部长、国家安全局局长等重要部长组成。

③ Charles D. Freilich，“National Security Decision-Making in Israel：Processes，Pathologies，and Strengths”，pp. 659 - 660.

④ 潘楠、倪峰：《以色列国家安全政策变迁》，《现代世界警察》，2020 年第 9 期，第 57 页。

⑤ 艾仁贵：《以色列国家安全委员会在国家安全决策中的作用》，《国际安全研究》，2014 年第 5 期，第 72—76 页。

家安全参谋部在国家安全决策中的作用，但以色列国家安全最终决策权依旧掌握在总理及政府安全内阁手中，决策的制度化水平和外部监督制约机制依旧不足，决策者的个人特质对国家安全决策具有十分重要的影响，特别是总理和高级部长的个人政策偏向常常会对以色列的国家安全决策产生过大的影响。以色列几任总理包括拉宾（Yitzhak Rabin）、巴拉克、沙龙和奥尔默特（Ehud Olmert）完全或几乎完全凭自己的认知，在巴以和平进程中采取了新政策。①

犹太教观念主要是通过政治意识形态实现对决策者个人政策偏向的影响。在以色列政教关系模式中，犹太复国主义植根于犹太教观念，并随着以色列右翼势力的崛起逐渐与犹太教观念深度融合。犹太复国主义作为以色列的国家政治意识形态具有跨党派的特征，无论是左翼工党还是右翼利库德集团的国安决策者都将犹太复国主义作为其的政治意识形态，区别在于左翼工党的决策者采取温和的犹太复国主义路线，对“以色列地”的领土诉求比较理性克制，而右翼利库德集团的决策者采取较为激进的犹太复国主义路线，其对“以色列地”的诉求受到“弥赛亚救赎”的犹太教观念影响。例如，1977 年右翼利库德集团赢得以色列议会选举，由贝京（Menachem Begin）出任总理。由于贝京是激进的犹太复国主义路线的坚定支持者，在涉及到以色列国家安全利益的约旦河西岸的犹太人定居点问题上，贝京深信，犹太人有权定居在《圣经》中“以色列地”的任何区域，并支持“信仰者集团”（Gush Emunim）等定居者组织在约旦河西岸新建犹太人定居点。②

三、以色列国家安全决策受民众犹太教观念的约束和影响

由于以色列采用西方民主政体架构，因此以色列国家安全决策

---

① Charles D. Freilich, “National Security Decision-Making in Israel: Processes, Pathologies, and Strengths”, pp. 652 – 653.

② 阿伦·布雷格曼著，杨军译：《以色列史》，东方出版中心 2009 年版，第 177—178 页。

一定程度上受到来自民众的制约，而民众对以色列国家安全的看法又深受政治文化的影响。在以色列政教关系模式中，犹太教观念是政治文化的重要组成部分，塑造着以色列犹太人的政治态度和情感。由《旧约》“人神盟约”记载所生成的“上帝选民”的优越感、“应许之地”的归属感等深植于犹太民族内心深处，并建构了犹太民族与“应许之地”的精神联系，[①] 犹太教观念中关于“应许之地”的表述已成为以色列政治文化的组成部分，塑造着以色列犹太人的政治态度和情感，而这种政治态度和情感反过来约束政府在“应许之地”，尤其是耶路撒冷问题上做出让步行为，涉及的核心问题依然是国家的领土安全利益。这也就不难理解为何以色列政府可以归还西奈半岛给埃及，可以从黎巴嫩与以色列缓冲区单方面撤军，可以从加沙地区撤离犹太人定居点，但在耶路撒冷问题上不仅没有让步反而不断加强对其控制。这些控制措施包括对耶路撒冷进行军事占领；通过《基本法》将耶路撒冷作为以色列首都；呼吁各界承认以色列拥有耶路撒冷的“主权”，游说他国政府特别是美国将驻以色列大使馆迁往耶路撒冷等。特朗普政府承认以色列拥有耶路撒冷的“主权”，并将美国驻以色列大使馆从特拉维夫迁往耶路撒冷就是以色列游说的结果，其根源在于以色列民众的犹太教观念。

第三节　犹太教政党影响以色列政治权力分配结构

在以色列政教关系中，虽然犹太教不直接与政治权力相结合，但犹太教权力集团一直在利用犹太教政党对以色列政治权力施加影响。由于犹太教政党在以色列政教关系中扮演着重要角色，所以其对以色列国家安全决策具有重要影响。犹太教政党是犹太教权力集团在以色列议会中的代言人，这些犹太教政党成员往往利用其在联合政府内的关键少数地位影响政府的国家安全决策，将犹太教观念

① 马丽蓉：《巴以和解政策困境中的耶路撒冷问题》，《阿拉伯世界研究》，2013 年第 4 期，第 19 页。

植入以色列国家安全决策的过程中，使犹太教观念与政治权力、意识形态、政治文化的联系更加紧密，进一步强化了以色列的“政主教从”式“政教相依”型政教关系模式。

一、以色列政党体制与犹太教政党

以色列议会选举采用完全的“比例代表制”，这一制度源于以色列建国前英国委任统治的“伊休夫”时期，主要是根据各政党在议会选举中的得票数占总投票数的比例分配议会的全部议席，基础得票率门槛在 1992 年前为 1%，之后升至 1.5%，2003 年提升为 2%。[①] 最新修订的以色列基本法《议会》的规定将基础得票率门槛升至 3.25%。“比例代表制”的优点在于可以最大限度保证不同利益群体在议会中有自己的代表，便于通过协商民主的形式保障国家政策尽可能满足绝大多数人的利益。其缺点是选票过于分散，往往要组成执政联盟甚至大联合政府，导致政府决策效率和稳定性不佳，小党往往可以发挥关键的平衡作用，成为左右国家决策的重要因素。

以色列政党政治大体经过了三个阶段：第一阶段是工党主导时期，时间从 1948 年到 1977 年，以本·古里安为代表的以色列建国一代具有极高的威望，由这些人所组成的工党在议会中占据绝对优势，小党的平衡作用尚不明显。第二阶段为 1977 年到 1996 年，这一阶段是工党和利库德集团两大党争夺以色列领导权时期。这一时期以色列诸多小党特别是宗教政党是一股不容忽视的力量，往往成为组成联合政府的关键少数，有较强的平衡作用。第三阶段为 1996 年至今，以色列政党政治格局的碎裂化日趋严重，联合政府组建的难度进一步加大，介于左右两大传统政党之间的世俗中间党派和宗教政党的力量不断加强。[②]

---

① 以色列议会官方网站：Elections for the Knesset [EB/OL]，[2020 - 4 - 20]，https：//main. knesset. gov. il/EN/mk/Pages/Elections. aspx。(上网时间 2020 年 5 月 20 日)

② 王彦敏：《以色列政党政治的多维考察》，《阿拉伯世界研究》，2018 年第 6 期，第 47—48 页。

以色列犹太教政党主要分为继承传统的正统派和奉行犹太复国主义的现代正统派两大类，两者的差异主要包括三个方面：第一，在关于犹太社区的观点上，正统派采用与世隔绝的策略，而现代正统派则与其相反，强调开放和融合。第二，关于现代化以及科学对宗教观念的挑战，正统派采取敌对的态度，而现代正统派则强调要学会接纳和调整。第三，两者在对待犹太复国主义的态度和积极参与以色列的重生与发展方面存在根本区别，正统派不认同犹太复国主义的观点，而现代正统派认为犹太复国主义是一种宗教价值。① 正统派政党主要包括以色列正教党（即圣经联合阵线）和沙斯党，而现代正统派主要是全国宗教党（即犹太家园党）。以色列正教党的支持者主要是信奉正统犹太教的选民。沙斯党的支持者主要是信奉正统犹太教的赛法尔迪犹太人（Sephardi Jews）② 和部分世俗的赛法尔迪犹太人，具有鲜明的族群特征。全国宗教党的支持者主要是信奉现代正统派的犹太选民。

二、通过加入联合政府影响以色列国家安全决策

犹太教政党对以色列政府的组建往往起到关键作用。由于以色列议会选举实施完全的“比例代表制”，导致议会中的120个议席的分配较为分散，几乎没有单一政党能够获得组建政府所需的至少61个议席，所以利库德集团或工党要组建政府就必须与其他政党联合，犹太教政党因此在组建联合政府中扮演着关键角色。以色列建国初期，工党在在议会中没有挑战者，工党为了巩固以色列新生政权，要尽可能团结一切力量，当然也包括宗教政党，体现出协商民主的特点。尤其是工党与代表现代正统派的全国宗教党结盟，起到了稳

---

① Chaim I. Waxman, “The Haredization of American Orthodox Jewry”, *Jerusalem Letter/Viewpoints*, No. 376, February 1998, pp. 1 – 2.

② 赛法尔迪犹太人（Sephardi Jews）又称东方犹太人，主要是指来自于亚洲、地中海沿岸等地的犹太人所组成的族群。与之相对应的族群是阿什肯纳兹犹太人（Ashkenazi Jews），又称西方犹太人，主要是指来自欧洲的（除地中海沿岸）的犹太人所组成的族群。

固左翼政府的作用。直到1977年议会选举，右翼利库德集团成为议会第一大党，利库德集团为了能顺利组建联合政府对宗教政党做出诸多让步以满足宗教政党的要求，自此，宗教政党开始扮演关键角色。由于关键时刻的平衡作用，宗教政党具有较强的议价能力，能从政府那里获得了较大的财政支持和政策倾斜，并在政府中担任重要岗位。例如1977年全国宗教党向贝京开出高价作为加入利库德政府的条件，拿走了包括教育部长和文化部长在内的三个部长职位。以色列正教党提出的条件更为苛刻，包括犹太经学院的学生可以在年满18岁后继续读书而不用像其他人那样去服兵役，获得议会财政委员会主席的职位等条件。[①] 2001年3月，沙斯党和圣经联合阵线以“高要价”加入以沙龙为首的联合政府，沙斯党凭借其议会第三大党的有利地位，独揽内政部、宗教事务部、劳动及社会事务部、耶路撒冷事务部及卫生部5个部长职位，权力范围明显扩大。[②]

犹太教政党对联合政府的国家安全决策能施加直接影响。弗雷利希认为，制约以色列国家安全决策的因素主要有以色列的外部安全环境、“比例代表制”和脆弱的国家安全机构。[③] 严峻的外部安全环境要求以色列需要强有力的国家安全决策能力，而“比例代表制”导致政府的稳定性较弱，以色列政府为了保证政府的稳定性必须考虑联合政府中其他党派的意见，这其中就包括在联合政府中扮演关键少数的犹太教政党。犹太教政党凭借其关键少数地位影响以色列国家安全政策走向。如在涉及约旦河西岸地区被占领土问题上，犹太教政党非常强硬。1978年，全国宗教党甚至以退出政府威胁贝京政府以书面形式保证实施大规模修建定居点计划。迫于犹太教政党的压力，1979年年初，贝京向全国宗教党签署了在约旦河西岸新建

① 阿伦·布雷格曼著，杨军译：《以色列史》，东方出版中心2009年版，第166页。

② 冯基华：《宗教政党对以色列政局及阿以冲突的影响》，《西亚非洲》，2006年第5期，第56页。

③ Charles D. Freilich, “National Security Decision-making in Israel: Improving the Process”, pp. 257 – 266.

6个定居点的保证书。①1998年10月，内塔尼亚胡政府在与巴方签署关于以军撤出约旦河西岸部分领土的《怀伊协议》后，受到来自以全国宗教党为代表的犹太教政党的沉重压力，被迫中止执行此协议。②

三、通过退出联合政府对以色列政府施压

当政府在国家安全决策方面与犹太教政党的利益发生冲突时，犹太教政党会通过退出联合政府使其变为“跛脚鸭”，甚至导致联合政府垮台。1999年5月举行大选中，左翼工党候选人巴拉克成为以色列总理，其主要政治目标是继承前任总理伊扎克·拉宾和西蒙·佩雷斯（Shimon Peres）未完成的使命——实现“巴以和平”。为了实现这一目标，巴拉克与时任巴勒斯坦民族权力机构主席阿拉法特（Yasser Arafat）进行了多轮会谈，但没有取得任何进展。而在国内，由于宗教政党看到巴拉克如此热心同阿拉法特达成协议，担心其损害以色列的国家安全利益，所以全国宗教党、沙斯党和以色列贝卡利亚党的26名议员在巴拉克出发前往戴维营与阿拉法特会谈之前退出联合政府，使得联合政府在议会中的支持从68席骤降到42席，③低于组建联合政府所需要的61席简单多数，导致联合政府在议会中成为少数派，并最终使得巴拉克政府垮台。

第四节　犹太教极端团体阻碍和破坏中东和平进程

在以色列的“政主教从”式“政教相依”型政教关系中，犹太

① 冯基华：《犹太文化与以色列社会政治发展》，社会科学文献出版社2010年版，第243页。

② 冯基华：《宗教政党对以色列政局及阿以冲突的影响》，《西亚非洲》，2006年第5期，第55—56页。

③ 阿伦·布雷格曼著，杨军译：《以色列史》，东方出版中心2009年版，第262页。

教不仅通过犹太教观念和犹太教政党影响以色列国家安全决策，而且还会借助犹太教极端团体对以色列国家安全决策施加影响。犹太教极端团体与犹太教权力集团有着千丝万缕的联系，其往往采用激进甚至极端暴力的方式影响以色列国家安全决策。

一、以色列的犹太教极端团体

犹太教极端团体具有极端的政治意识形态和极端政治文化，秉持极端的宗教观念并将这些观念付诸于政治实践，严重恶化了以色列国家安全环境。以色列的犹太极端团体从 1967 年第三次中东战争之后开始发展壮大，到 20 世纪 90 年代到达顶峰，这一时期也是“巴以和平”问题渐露曙光之时，从侧面印证了当犹太教势力无法通过犹太教观念和犹太教政党影响以色列国家安全决策时，犹太教极端团体便活跃起来。以色列的犹太教团体众多，基本上都分属三大犹太教政党派别，即以色列正教党、沙斯党、全国宗教党。这些宗教政党直接或间接参与议会政治，进而影响以色列国家安全决策。以色列也有一些犹太教极端团体有诸如“信仰者集团”（Gush Emunim）及其地下组织、“卡赫运动”（Kach Movement）、“圣殿山和以色列地忠诚者运动”等，主要通过实施激进甚至极端暴力行为影响以色列国家安全决策。

“信仰者集团”是以小库克拉比（Rabbi Zvi Yehuda Kook）及其父亲老库克拉比（Rabbi Abraham Isaac Kook）的宗教犹太复国主义思想为指导的民族宗教极端团体，以全面定居和吞并“以色列地”（即约旦河西岸）为首要的近期目标，以实现民族宗教救赎为最终目的。[①] 该组织最初属于全国宗教党的一个分支，但由于其立场激进，最终从全国宗教党中分离出来。“卡赫运动”是另一个以色列犹太教极端团体，由梅尔·卡汉（Rabbi Meir Kahane）在 1971 年创立，奉行犹太宗教极端主义和犹太种族主义思想，具有极强的暴力属性。该组织历经几次议会选举失败后，于 1984 年进入以色列议会。然

---

① 欧振华、傅有德：《信仰者集团与西岸犹太宗教——政治定居点问题研究》，《山东大学学报（哲学社会科学版）》，2018 年第 5 期，第 122 页。

而，在议会选举法修正案通过禁止政党煽动种族主义后，“卡赫运动”被禁止参加议会选举。1990 年卡汉遇刺后，该党分裂出“卡汉活着”（Kahane Chai）组织，“卡赫运动”和“卡汉活着”这两个组织在 1994 年被以色列政府认定为恐怖组织。①

以 1995 年前总理伊扎克·拉宾遇刺为分界，犹太极端团体的势力大为削弱，但 21 世纪初巴勒斯坦第二次“因提法达”（Intifada，即巴勒斯坦起义运动）时期，犹太极端团体的势力又有所回升。犹太极端团体的人数规模虽小，但其对以色列国家安全决策的影响却是深远的。

二、犹太教极端团体影响以色列国家安全决策的具体方式

由于在以色列得不到大众的广泛支持，又有法律的约束与禁止，犹太教极端团体因此一直处于边缘地位，很难通过选举进入议会。即使偶尔有代表进入议会也会因为其极端的宗教理念而被取消议会参选资格，如“卡赫运动”在 1984 年参加以色列大选，获得 2.6 万张选票，卡汉也当选为议员，但由于该党公开主张将阿拉伯人从以色列驱逐出去，煽动种族主义，被禁止参加 1988 年的议会选举。②所以犹太教极端团体影响以色列国家安全决策的方式主要是在议会外开展激进或极端暴力活动。

一是通过开展激进的定居活动，极大地改变了西岸地区的人口分布状况，使巴以和谈陷入泥沼。在开展激进定居活动中最具代表性的是“信仰者集团”及其地下组织。“信仰者集团”认为，约旦河西岸是希伯来《圣经》中记载的上帝给予犹太人的“应许之地”，是不容分割的，必须将西岸的被占领土完全转化为犹太人实际控制，该组织推行激进的定居行动来实现其目的。

在工党执政时期，其激进定居行动受到严格限制，但在利库德

---

① 陈双庆：《犹太极端组织及活动特点》，《国际资料信息》，2007 年第 8 期，第 13—14 页。

② 同上。

执政后得到支持和快速发展。由于工党政府推行的是实用主义的定居点策略，即主要通过向西岸地区中阿拉伯人稀少的约旦河谷定居，增加以色列的安全缓冲区，并尽可能减少与西岸阿拉伯人的直接冲突。即便如此，“信仰者集团”在工党执政时期（1973年—1977年）的激进定居行为受到了严格限制。但1977年右翼利库德集团在议会选举中历史性地取得胜利后，便开始放任甚至借助“信仰者集团”扩建定居点。在1977年以色列第一任右翼政府当选之后，总理贝京的第一个行动是参观由“信仰者集团”所建立的位于约旦河西岸的卡德姆营（Camp Kaddum）犹太人定居点，并宣布他的右翼政府将建立更多的犹太人定居点，贝京领导的利库德政府在任职的第一年就致力于协助建立另外11个犹太人定居点，并帮助建立行政和组织结构，以供将来建立更多定居点。[①] 在利库德集团政府的支持下，经过几十年的定居行动，“信仰者集团”的定居点数量和规模不断发展壮大，大量犹太人随着定居点的建设迁往约旦河西岸地区，在该地区形成犹太人定居点与阿拉伯人聚居区犬牙交错的格局，阿拉伯人聚居区被分割成若干互不相连的区域，使得巴以和平“两国方案”“土地换和平方案”的实施面临几乎难以逾越的障碍。同时也为阿拉伯人与以色列人的冲突埋下了隐患。

“信仰者集团”通过激进的定居点行动，造成西岸地区阿拉伯人与以色列人混居的既成事实，使以色列历届政府在做出“巴以问题”的安全决策过程中受到很大制约，“信仰者集团”这一宗教极端团体也因此间接地影响着以色列国家安全决策。从“信仰者集团”的角度来看，其定居策略是“成功”的，它大幅推进了西岸地区的定居点建设，增加了以色列政府对西岸的实际控制，但从长远来看，其定居策略将带来巴以地区纷争不断，最终也将损害以色列本国的利益。

二是通过采取暴力行动阻碍和平进程，从而间接影响以色列国家安全决策。采取暴力行动是宗教极端团体的一项重要特征。犹太

---

① Newman David, “The Right in Israel Ⅱ from Hitnachalut to Hitnatkut: The Impact of Gush Emunim and the Settlement Movement on Israeli Politics and Society,” *Israel Studies*, Vol. 10, No. 3, 2005, p. 195.

教极端团体在实施激进定居行动的过程中难免要与阿拉伯人发生冲突，暴力活动时有发生。如“信仰者集团”策划实施炸毁圆顶清真寺、刺杀阿拉伯人市长、炸毁阿拉伯人乘坐的公交车等暴力恐怖活动。“卡赫运动”及其地下组织与“信仰者集团”相比，其种族主义观念更强，制造了一系列暴力事件，这些事件针对的对象不仅有阿拉伯人，还有推进巴以和平的犹太人。1995 年 11 月 4 日，“卡赫运动”地下组织“埃亚尔”（EYAL）成员伊加尔·阿米尔（Yigal Amir）刺杀了时任以色列总理的伊扎克·拉宾，其目的是阻止拉宾所主导推进的巴以和平进程。

犹太教极端团体通过使用暴力手段，破坏巴以间政府和民众的互信，并且不惜针对自己的犹太同胞使用暴力，其行为在一定程度上阻碍了巴以和平进程的推进，也影响了以色列国家安全决策。

第五节　美国犹太团体游说影响以色列国家安全决策

美国是以色列最大的赞助者，包括在经济援助、军事援助、外交保护和战时支持，可以说正是由于得到美国的支持，以色列才能在巴勒斯坦地区建国，才能在数次中东战争中击败阿拉伯联军。可见，美国的中东政策，特别是关于以色列的态度和立场对以色列国家安全和决策具有重要的影响，而美国的中东政策很大程度上受到美国国内的犹太团体的影响。①

一、美国犹太团体及政策倾向

以色列犹太教势力不仅限于国内的犹太教政党、犹太教极端团体，还包括以色列国外的犹太教势力，这其中最具影响力的是美国

① 约翰·J. 米尔斯海默、斯蒂芬·M. 沃尔特著，王传兴译：《以色列游说集团与美国对外政策》，上海世纪出版集团 2009 年版，第 27—51 页，第 3—4 页。

犹太团体。“当今全球83.9%的犹太人口集中在以色列和美国两个国家”。[①] 1880年前后犹太人开始从欧洲向美国进行大规模迁移，美国逐渐取代东欧成为犹太人口和文化的主要中心。[②] 美国拥有全球最大的犹太人社区。截至2018年，美国大约有750万犹太人。美国犹太人的“家园”是美国，他们从国籍上看是美国人，从宗教信仰上看是犹太人。[③] 这正是始终以色列与美国维持着一种特殊亲密关系的根本所在。[④] 由于犹太教是全世界犹太人的精神纽带，所以美国犹太人群体对以色列有着天然的亲近感，他们“身在美国而心系以色列”，[⑤] 对犹太复国主义有着天然的认同感。犹太人与基督徒的通婚加大了犹太人对美国国家安全决策的影响力。[⑥]

美国犹太人利益集团泛指由美国犹太人所组成的团体，也是“在美国影响最大的一个外国利益集团”，[⑦] 对美国以色列安全政策的影响不可小觑。其中“以色列游说院外集团”热衷于政治游说，致力于确保美国推进有利于以色列的外交政策。他们“与以色列驻美大使馆保持着密切联系，直接通过大使馆了解特拉维夫的意图，并采取种种手段影响美国政府的对以政策”。[⑧] 这些游说团体包括“以色列公共事务委员会”“美国主要犹太组织总裁会议”“美国犹

---

① 宋立宏：《坚守与妥协：以色列极端正统派犹太人的基要主义》，《阿拉伯世界研究》，2020年第5期，第4页。

② 雷蒙德·P. 谢德林著，张鋆良译：《犹太人三千年简史》，浙江人民出版社2020年版，第179页。

③ Allan C. Brownfeld, “Alienation of American Jews From Israel Dramatically Affects U. S. Policy”, *The Washington Report on Middle East Affairs*, January/February 2020, pp. 48 –49.

④ 杨阳：《以色列与美国犹太人关系研究》，中西书局2016年版。

⑤ 赵建明：《美国犹太组织与奥巴马政府对伊朗的政策》，《美国研究》，2011年第1期，第45页。

⑥ Jonathan D. Sarna, *American Judaism: A History*, Yale University Press, 2004, p. 362.

⑦ 谢立忱、李文俊：《以色列的外交策略》，《西亚非洲》，2007年第3期，第35页。

⑧ 赵蔚彬：《以色列国家交全战略的核心原则》，《外国军事学术》，2009年第11期，第17页。

太人大会”“美国犹太复国主义组织”等，[①] 其中最具影响力的是“以色列公共事务委员会”和“美国主要犹太组织总裁会议”。虽然以色列游说团体在“巴以问题”上的立场有分歧，但是最具影响力的“以色列公共事务委员会”和“美国主要犹太组织总裁会议”已经向利库德集团和其他强硬派政党倾斜。[②]

二、犹太教观念是美—以犹太人的宗教情感纽带

“犹太教与犹太民族与生俱来地相互依存：犹太教是犹太人的宗教，犹太民族具有鲜明的犹太‘宗教气质’。”[③] 犹太教是连接美国犹太人与以色列犹太人的宗教情感纽带，他们拥有共同的宗教信仰和由此所产生的民族认同。犹太教观念将美国犹太团体与以色列紧密联系起来，形成美国犹太团体同情、支持以色列的政治文化，在外交上支持以色列。[④] 一方面，犹太复国主义在与犹太教弥赛亚观念结合后被赋予了宗教含义，对全世界虔诚的犹太人极具号召力；另一方面，由于犹太民族经受历史上的大流散和数次排犹、反犹运动，使得全球的犹太人都意识到建立一个犹太民族国家的重要性，这其中就包括美国的犹太人。美国犹太团体在犹太教观念和犹太复国主义现实需求的共同驱使下，在同情、支持以色列的政治文化背景下，积极开展游说活动试图影响美国的中东外交政策，进而实现其犹太复国主义的理想。

三、美国犹太团体影响以色列国家安全决策

美国犹太团体能够影响美国的中东外交政策，其中一个重要原

---

① 孙德刚：《美国与以色列的安全合作关系探析》，《西亚非洲》，2017 年第 2 期，第 41 页。

② 约翰·J. 米尔斯海默、斯蒂芬·M. 沃尔特著，王传兴译：《以色列游说集团与美国对外政策》，上海世纪出版集团 2009 年版，第 167—172 页。

③ 沈文辉：《从宗教视角透视冷战后美国中东政策的悖论》，《阿拉伯世界研究》，2009 年第 5 期，第 17 页。

④ 闵捷：《以色列公共外交与软实力建设》，社会科学文献出版社 2017 年版，第 1 页。

因是美国政治制度的开放性本质，包括美国的分权制政府、言论自由传统和竞选捐赠受到很少约束的制度。美国犹太教团体正是利用美国政治制度的开放性，通过对美国总统、国会议员、政府和公共舆论施加影响，促使美国制定和实施外交政策有利于以色列。[①] 美国前总统特朗普就是一个很好的例证，特朗普在竞选总统期间受到以色列公共事务委员会等亲以美国犹太团体的大力支持，包括其重要竞选顾问弗德里曼（David M. Friedman）和女婿库什纳（Jared Kushner）都是正统犹太人，与以色列有着密切联系。共和党赢得大选后，两人都被特朗普重用。前者被任命为美国驻以大使，后者为专门处理中东事务的“白宫高级顾问”，这也是为什么特朗普的中东政策明显偏袒以色列的主要原因所在。特朗普就任美国总统后，在亲以美国犹太团体的压力下，不断落实其竞选纲领中有关中东的政策措施。[②] 特朗普政府提出的“世纪交易”方案试图通过经济援助换取被以色列侵占的约旦河西岸巴勒斯坦领土。特朗普政府的中东政策只符合以色列单方利益，与支持特朗普的亲以美国犹太团体密不可分。这进一步庇护了以色列内塔尼亚胡当局对巴勒斯坦的强硬政策。

美国犹太团体通过影响美国的中东政策，营造有利于以色列国家安全利益的外部环境。即使有时美国政府试图采取中立的中东外交政策，美国犹太教团体会通过政治游说使得美国中东外交政策重回符合以色列国家安全利益的方向。如21世纪初美国总统乔治·布什（George Bush）执政后提出“中东和平路线图”计划，试图通过“两国方案”解决巴以问题，但这一方案遭到了以色列政府和美国犹太团体的反对。美国犹太团体通过政治游说迫使“路线图”计划无果而终。与“路线图”计划相对应的是以色列政府提出的“单边行动”计划。该计划否定了“路线图”计划中的两国方案，布什政府在美国犹太社团的压力下最终不得不默许以色列的“单边行动”计

① 约翰·J. 米尔斯海默、斯蒂芬·M. 沃尔特著，王传兴译：《以色列游说集团与美国对外政策》，上海世纪出版集团2009年版，第194—277页。

② 曹兴、魏益帆：《特朗普时代的美以关系新趋向》，《新疆社会科学》，2018年第4期，第80—81页。

划。2018年5月，特朗普政府“正式把美国驻以大使馆迁往耶路撒冷”以表示美国对以色列的坚定支持态度。[①] 由于获得来自美国的支持和默许，以色列在国家安全决策过程中容易采取强硬政策。在2006年第二次黎巴嫩战争爆发后，以色列受到来自世界各地的严厉批评，而美国政府在美国犹太团体的游说下给予以色列坚定的军事和外交支持，使得以色列政府可以顶住这些外部压力继续对黎巴嫩真主党采取军事行动。[②] 设想如果没有美国的支持，或者美国明确反对，以色列在国家安全决策过程中是不会采取全面军事行动这种强硬政策的，否则以色列难以承受军事行动造成的外部压力，尤其是阿拉伯世界的联合施压。

美国犹太团体通过影响美国的中东外交政策进而影响以色列国家安全决策，基本遵循这样一条逻辑：犹太教弥赛亚观念促使美国犹太团体接受并支持犹太复国主义理念；美国犹太团体为实现犹太复国主义理念通过游说活动促使美国制定和实施偏向以色列的中东外交政策；以色列在美国的支持下，其国家安全决策逐渐变得强硬。

影响以色列国家安全决策的因素是多样的，如伊朗、委内瑞拉、阿拉伯等世界反犹太主义势力、大国政治等，[③] 但犹太教观念与政治意识形态和政治文化的结合，形成的以色列“政主教从”式的“政教相依”型政教关系模式是影响以色列国家安全决策的深层逻辑。观念界定利益，利益影响决策。犹太教观念对以色列国家安全决策的影响是深远的。无论是以色列民众、犹太教政党、犹太极端团体还是美国犹太团体都受到犹太教观念的深刻影响。犹太教政党作为以色列政党政治的重要平衡力量，在以色列政教关系中发挥着重要作用，它会凭借犹太教的持久影响力长期影响以色列国家安全决策。犹太教极端团体的影响力虽然时强时弱，但其对以色列国家安全决

---

① 徐瑞珂：《美国驻以色列大使馆迁馆的国内因素探析》，《美国研究》，2018年第3期，第99页。

② 约翰·J. 米尔斯海默，斯蒂芬·M. 沃尔特著，王传兴译：《以色列游说集团与美国对外政策》，上海世纪出版集团2009年版，第298—461页。

③ Ben Cohen，Antisemitism in the Age of Jewish Empowerment，Edited by Robert S. Wistrich，“Anti-Judaism，antisemitism，and delegitimizing Israel，” University of Nebraska Press，2016，p. 1.

策的影响不容忽视。美国犹太团体对美国中东外交政策的影响力在美国选举政治的环境下仍将持续。由此可以推断，犹太教观念、犹太教政党和犹太教极端团体作为内因，美国犹太教团体作为外因形成影响以色列国家安全决策的合力，共同影响以色列国家安全的最终决策。

后　记

人一生会遇到很多压力，顶着压力前行，实属不易。书稿完成，还有很多问题有待解决。本书是《国家安全：理论、体制与战略》的姊妹篇（中国社会科学出版社2015年版），主要由上海外国语大学（刘胜湘）、湖北大学（刘文祥）、武汉大学（刘再起、魏玮、桂凌）、华东师范大学（门镜）、华南师范大学（钟燕慧）、苏州大学（辛田）、南京森林警察学院（赵成）、江西财经大学（陈哲）等单位的学者共同完成，刘胜湘负责拟定大纲和统稿，具体分工如下：刘胜湘撰写第一章至第五章；刘文祥撰写第六章；刘再起、魏玮撰写第七章；门镜撰写第八章；桂凌、钟燕慧撰写第九章；辛田撰写第十章；陈哲撰写第十一章；刘胜湘、赵成撰写第十二章。

图书在版编目（CIP）数据

世界主要国家政治体制与安全体制研究/刘胜湘等著．—北京：时事出版社，2022.8

ISBN 978-7-5195-0450-2

Ⅰ.①世…　Ⅱ.①刘…　Ⅲ.①政治体制—研究—世界②国家安全—体制—研究—世界　Ⅳ.①D521②D815.5

中国版本图书馆 CIP 数据核字（2022）第 104344 号

出版发行：时事出版社
地　　址：北京市海淀区彰化路 138 号西荣阁 B 座 G2 层
邮　　编：100097
发行热线：（010）88869831　88869832
传　　真：（010）88869875
电子邮箱：shishichubanshe@sina.com
网　　址：www.shishishe.com
印　　刷：北京良义印刷科技有限公司

开本：787×1092　1/16　印张：19.25　字数：282 千字
2022 年 8 月第 1 版　2022 年 8 月第 1 次印刷
定价：116.00 元